国家文化公园建设研究（2023年度）

主　编　周庆富

执行主编　任　慧

文化藝術出版社
Culture and Art Publishing House

图书在版编目（CIP）数据

国家文化公园建设研究.2023年度/周庆富主编.
北京：文化艺术出版社，2024.12 —— ISBN 978-7-5039-7769-5

Ⅰ.G122

中国国家版本馆CIP数据核字第20248XW643号

国家文化公园建设研究（2023年度）

主　　编	周庆富
执行主编	任　慧
责任编辑	刘锐桢
责任校对	董　斌
书籍设计	马夕雯
出版发行	文化藝術出版社
地　　址	北京市东城区东四八条52号（100700）
网　　址	www.caaph.com
电子邮箱	s@caaph.com
电　　话	（010）84057666（总编室）　84057667（办公室） 　　　　　84057696—84057699（发行部）
传　　真	（010）84057660（总编室）　84057670（办公室） 　　　　　84057690（发行部）
经　　销	新华书店
印　　刷	国英印务有限公司
版　　次	2024年12月第1版
印　　次	2024年12月第1次印刷
开　　本	710毫米×1000毫米　1/16
印　　张	23.25
字　　数	300千字
书　　号	ISBN 978-7-5039-7769-5
定　　价	88.00元

版权所有，侵权必究。如有印装错误，随时调换。

目　录

001　国家文化公园建设研究报告（2023年度）　　任　慧

024　长征国家文化公园红色遗产地旅游者角色认同与实践研究
　　　王兆峰　黄曼丽

049　黄河国家文化公园遗产保护与旅游利用的空间逻辑和协调机制
　　　王秀伟　何军霞　武秀杰

071　国家文化公园立法的现状审视与完善进路　　王　敏

094　国家文化公园综述
　　　——内涵特征、实践进展与理论探索
　　　毛华松　吴映华夏　王雪纯　谢守红

115　基于文化舒适物空间格局的新型城河共生模式研究
　　　——以大运河国家文化公园为例
　　　李东晔　周永博　贾文通　周　进　吴丽敏

142　建好用好国家文化公园　　吴立斌

145　文化景观史视角下国家文化公园体系构建初探
　　　吴必虎　纪凤仪　金彩玉

164　国家文化公园建设中的央地关系研究
　　　——基于制度堕距的视角　　吴承忠　彭建峰

186　中国国家公园与国家文化公园管理体制机制比较及其启示
　　　邹统钎　韩　全　常东芳

206　长江国家文化公园场景感知研究　　陈　波　庞亚婷

235　长城沿线备案博物馆建设与长城文化传播研究
　　　周小凤　焦青青　曾晓茵　毛若寒　周鼎凯　王楚涵　张朝枝

255　论长征国家文化公园立法　　周刚志　徐　华

273　文化强国战略下中国国家文化公园研究述评与展望
　　　唐承财　黄梓若　王逸菲　燕科凝　银淑华

296　中华文化传承视野下国家文化公园的价值定位及政策意义
　　　傅才武　魏　冀

323　大运河文化带国家重点文物保护单位分布特征及其影响因素
　　　焦　敏　路　璐　牛福长　和佳慧　穆学青

346　国家文化公园的旅游者文化认同生成机制研究
　　　——以黄河国家文化公园标志性自然景观为例
　　　戴靖怡　黄潇婷　孙晋坤　安红敏　郭秋琪

国家文化公园建设研究报告（2023年度）

任　慧

　　建设国家文化公园（National Culture Park），是以习近平同志为核心的党中央做出的重大决策部署，是《中华人民共和国国民经济和社会发展第十三个五年规划纲要》《国家"十三五"时期文化发展改革规划纲要》确定的推动新时代文化繁荣发展的重大文化工程。从中共中央办公厅和国务院办公厅于2017年年初印发《关于实施中华优秀传统文化传承发展工程的意见》提到"规划建设一批国家文化公园，成为中华文化重要标识"，到2019年年底印发《长城、大运河、长征国家文化公园建设方案》明确指导思想、原则、目标、任务等基本要素，从2020年党的十九届五中全会通过《中共中央关于制定国民经济和社会发展第十四个五年规划和二〇三五年远景目标的建议》中提出"建设长城、大运河、长征、黄河等国家文化公园"，再至2021年年底原国家文化公园建设工作领导小组印发通知部署启动长江国家文化公园建设，国家文化公园工作布局基本形成。

　　习近平总书记高度重视国家文化公园建设，做出系列重要指示批示，部署出台相关重要政策文件，为国家文化公园建设指明了目标方向，提供了根本遵循。党的二十大报告中将国家文化公园作为繁荣发展文化事业和文化产业的重要文化工程，提出"加大文物和文化遗产保护力度，加强城乡建设中历史文化保护传承，建好用好国家文化公园"，既明确了国家文化公园建设工作要紧紧围绕文化遗产保护工作这个中心，也提出"建好"和"用好"两个基本要求，充分体现了党和国家对发展社会主义先进文化、弘扬革命文化、传承中华优秀传统文化的高度重视，满涨着高度的文化自信，以及建设中国式现代化文化强国的美好构想。

一、整体研究态势

2023年度，学界对于国家文化公园这一新工程和新理念的关注程度再创新高。

首先，论文数量再度增长。以中国知网为主，2023年度，主题为"国家文化公园"的研究类文章有172篇（人工剔除部分非研究类成果），自2017年以来文章总量达到473篇。根据统计数据可以发现，在《中共中央关于制定国民经济和社会发展第十四个五年规划和二〇三五年远景目标的建议》公布之后，也就是明确"建设长城、大运河、长征、黄河等国家文化公园"开始，相关部委积极组织建设保护规划的研讨和起草工作，沿线建设省份扎根实际筹备分省规划，学术界对国家文化公园建设工作的参与力度和关注程度迅速增加，2021年、2022年和2023年的发表文章数量都超过百篇，远高于2019年和2020年的篇数。（图1）

内容方面，总体关注国家文化公园这一重大文化工程的主题释义、探寻体制机制建设的文章占比超过1/5。具体到长城、大运河、长征、黄河和长江五个国家文化公园的文化内涵和各级规划及地方特色，伴随大运河申遗成功十周年（2024年）的重要节点，大运河主题文章数量为34篇，位

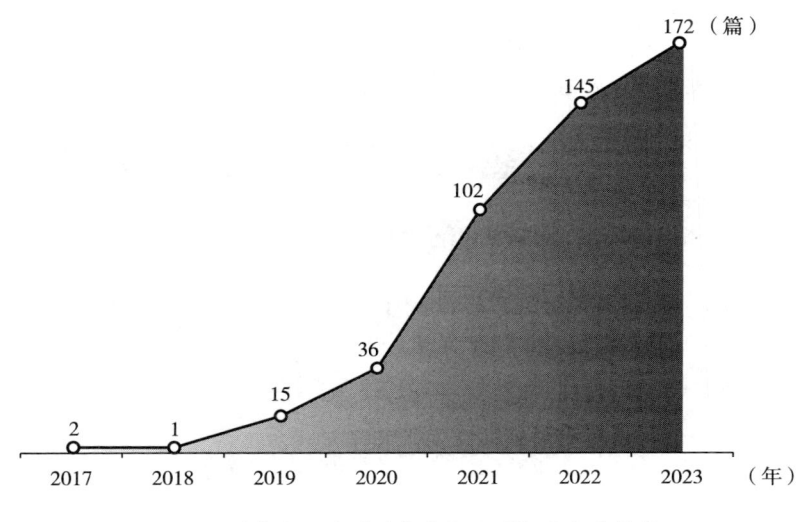

图1 近年主题为"国家文化公园"的文章数量

列第二,长江、长征、长城、黄河各主题分别以18.02%、15.12%、15.12%、10.46%位列其后。长江国家文化公园作为现有"三长两河"体系中最晚公布的国家文化公园,文章数量在2023年猛增到31篇,体现了以长江流域为主的广大专家学者的高度重视。(图2)

其次,各大报刊持续关注国家文化公园主题。2023年度,共有109家报刊发表过相关论文,发表过2篇及以上论文的报刊有25家,主要包括《中国旅游报》15篇,《民俗研究》《风景园林》各5篇,《中国社会科学报》《开发研究》《文化创新比较研究》《群众》《建筑与文化》等均为4篇,《自然资源学报》《中国生态旅游》《中国名城》《长征学刊》《文化产业》《旅游学刊》《人民城市,规划赋能——2023中国城市规划年会论文集(09城市文化遗产保护)》《光明日报》等均为3篇,还有《青海社会科学》等近十家刊物各2篇。整体而言,各类核心刊物都关注国家文化公园主题,从北大核心期刊到

排名	主题	数量	占比
1	国家文化公园	37	21.51%
2	大运河国家文化公园	34	19.77%
3	长江国家文化公园	31	18.02%
4	长征国家文化公园	26	15.12%
5	长城国家文化公园	26	15.12%
6	黄河国家文化公园	18	10.46%

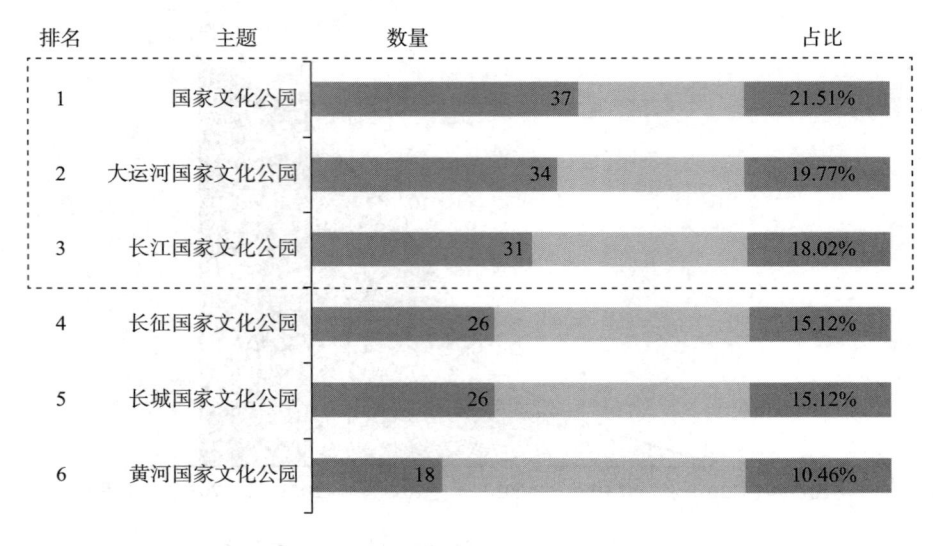

图 2　各个主题发文数量及占比

CSSCI 及扩展版和 AMI 各个系列，以及 JST、WJCI、CA 等，整体明显侧重于人文社科领域，极少数属于国内外科学技术类刊物。（图 3）

特别指出的是，《中国旅游报》作为文化和旅游部主管的主要媒体，持续高密度关注国家文化公园建设工作，报道地方建设动态，刊发研究文章。继 2022 年年底开辟专栏择优刊发国家文化公园专家咨询委员会秘书处组织委员召开学习党的二十大报告研讨会的心得体会之后，在 2023 年年底，又集中刊发长江国家文化公园的相关文章。2023 年 10 月 10 日，习近平总书记在江西省九江市考察长江国家文化公园九江城区段，了解当地长江国家文化公园建设进展情况。10 月 11 日，长江国家文化公园建设推进会在武汉召开。文化和旅游部会同相关部门制定印发《长江国家文化公园建设保护实施方案》，编制《长江国家文化公园建设保护规划》，沿线 13 个省区市制定分省规划，初步形成规划体系，为未来工作指明了方向、打下了坚实的基

[图表内容：
北大核心 38
CSSCI 33
AMI扩展 33
AMI核心 20
JST 15
AMI入库 13
WJCI 14
AMI权威 8
CSSCI扩展 4
AMI职院刊入库 1
CA 1]

注：同一期刊会同时具有多个核心标准，所以该图中涉及的不同核心类型的数量统计存在重叠。

图3 不同核心期刊种类的发文量

础。以此为契机，2023年11月至12月，《中国旅游报》在时评专栏特约刊发来自中国艺术研究院、北京联合大学、北京清华同衡规划设计研究院、四川省社会科学院、中国文化遗产研究院、吉首大学的6位专家学者的文章6篇[1]，集中呈现建好用好长江国家文化公园的思考和建议。

最后，研究视角不断拓展，研究内容更加丰富，研究深度持续增进。基于国家文化公园建设这一新时代重大文化工程，置于文化强国战略背景下，

---

[1] 任慧：《坚持六个原则　建好用好长江国家文化公园》；李柏文：《奋力写好长江国家文化公园建设旅游篇章》；霍晓卫：《推动长江国家文化公园与长江经济带融合共建》；李后强、陈杰：《建设长江国家文化公园　擦亮中华文明重要标识》；李六三：《加强文物资源保护利用　建好长江国家文化公园》；冷志明：《保护传承弘扬长江文化　建设好长江国家文化公园》。

学者们总结回顾国家文化公园研究历程，并对研究路径提出相关建议。① 除了继续深挖五个代表性文化标识的文化内涵和时代价值，部分学者回归文化遗产系统性保护这一国家文化公园的主要工作任务，围绕这一任务探求阐释国家文化公园建设管理的体制机制。更多学者依托各自研究领域，结合地方建设实际，讨论有效的建设方法和路径。

特别指出的是，党的二十大报告提出，加大文物和文化遗产保护力度，加强城乡建设中历史文化保护传承，建好用好国家文化公园。吴立斌指出："国家文化公园名为文化建设，实为文化遗产保护，或者说通过加强保护实现文化的传承发展，这是设立国家文化公园的初心所在，也是实际工作中一以贯之的要求……历史文化遗产弥足珍贵、不可再生，建设过程中，要始终把保护作为第一职责，将传承作为首要任务……国家文化公园主张的是一种原真性、融合性、系统性的文物保护行为。要划定历史文化保护线，建立遗产保护缓冲区，制定负面禁入清单。文物本体依赖于文化景观，文化景观更是一种稀缺资源，要注重维护文物周边风貌的纯朴性、完整性、延续性。要树立文化遗产与自然山水和谐共生的理念，全面保护山水林田湖草沙，维护城乡自然肌理和大地景观，使国家文化公园同时成为践行'两山'理论、助力美丽中国建设的精品力作。"② 学者们或者结合国际遗产保护理念从以物为本到以人为本的转变，讨论文化遗产范畴下的国家文化公园建设工作③，或

---

① 参见唐承财、黄梓若、王逸菲、燕科凝、银淑华《文化强国战略下中国国家文化公园研究述评与展望》，《干旱区资源与环境》2023年第6期；毛华松、吴映华夏、王雪纯、谢守红《国家文化公园综述——内涵特征、实践进展与理论探索》，《风景园林》2023年第2期；戴俊骋《国家文化公园研究的路径分析》，《旅游学刊》2023年第6期。
② 吴立斌：《建好用好国家文化公园》，《光明日报》2023年2月19日。
③ 参见王方晗、王璐璐《以人为本遗产理念下的中国国家文化公园实践》，《民俗研究》2023年第1期。

者借鉴遗产利用方式，探索国家文化公园相容性利用的原则与路径[1]，对于进一步开拓符合我国国情的文化遗产保护传承之路、寻求可持续发展的中国路径具有启示意义。

党的十八大以来，习近平同志围绕全面依法治国作了一系列重要论述。其中，文化法治建设是繁荣社会主义文化的重要保障，也是建设社会主义法治国家的重要组成部分。国家文化公园作为新时代重大文化工程，推进立法工作非常必要。国家文化公园立法，跟国家公园立法最大的差别就是有"文化"二字，要凸显文化的要素，形成独有的管理体制、运行体制，从而推动整个国家文化公园发展。很多学者从文化立法的角度，探求国家文化公园建设工作的体制机制。中国政法大学马怀德教授在接受秘书处两会采访时提出，国家文化公园立法既要明确国家文化公园的立法依据和立法目的，还要明确国家文化公园建设发展、使用管理的基本原则、基本体制和管理体制。国家文化公园立法可能要比一般的国家公园立法更复杂一些、要求更高一些，因为它是把有形和无形，把建筑地域场所和文化制度、文化内涵、文化要素勾连在一起的一种立法制度、立法要求，要广泛地吸取社会各界的意见，广求民意。在达成共识的基础上，落实中央的要求，推动立法的进程。[2] 王敏和周刚志、徐华等学者[3]分别基于黄河国家文化公园、长征国家文化公园的内涵和功能定位，论证立法选择和实践路径。

整体而言，研究视角既包括文化强国、铸牢中华民族命运共同体、乡村

---

[1] 参见邹统钎、仇瑞、张丽荣《国家文化公园相容性利用原则与路径》，《文化软实力研究》2023年第6期。
[2] 参见国家文化公园系列视频《聚焦两会系列》，https://www.zgysyjy.org.cn/park_video_list6.html。
[3] 参见王敏《国家文化公园立法的现状审视与完善进路》，《自然资源学报》2023年第9期；王敏《黄河国家文化公园的功能定位与立法选择》，《青海社会科学》2023年第6期；周刚志、徐华《论长征国家文化公园立法》，《中南大学学报（社会科学版）》2023年第2期。

振兴、"一带一路"、长江经济带、黄河流域高质量发展、文旅融合、文化数字化等国家战略，也包括文化管理、文化立法、文化景观、非遗保护、博物馆建设、艺术发展、设计、创作、传播等不断扩展，并广泛运用文化空间、文化认同、扎根、系统、圈层结构、场景、耦合等理论和方法，研究内容更加丰富，研究深度持续增进。从作者单位性质来看，主要集中于高校和科研机构。（图4）

《国家文化公园建设研究（2023年度）》作为这一研究系列的第三本，基本覆盖2023年全年的研究成果，主要来源是知网，以及光明网（日报）、人民网（日报）以及《中国社会科学报》《中国文化报》和《中国旅游报》等。通过对百余篇学术文章的认真研读和比较性研究，从宏观研究和微观研究两个方面进行回顾与反思。

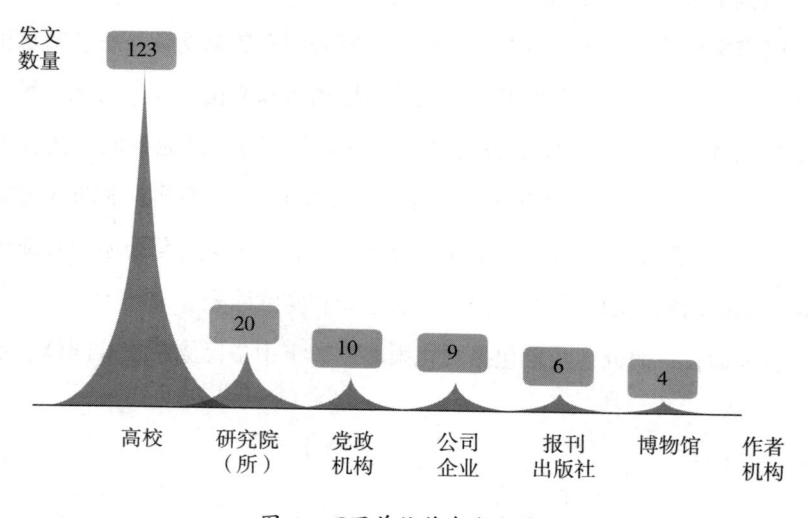

图4 不同单位作者发文量

二、具体研究情况

（一）国家文化公园宏观研究

党的二十大报告对于国家文化公园建设工作提出"建好"和"用好"的明确要求。吴立斌指出这是"对国家文化公园意义、作用的充分肯定"，进而从"突出国家主题""强化保护职责""注重载体创新""发挥综合功能"四个方面具体分析如何建好用好国家文化公园。关于国家文化公园的国家主题，吴立斌指出："建设国家文化公园是对中华文化作系统性梳理之后创新性创造性建构，强调在整合各种文化元素后突出体现整体性、共同性、持续性的国家和民族意义。长城、大运河、长征、黄河、长江是中华文明的标识性符号，其所孕育的中华优秀文化是中华民族的根和魂。建设五大国家文化公园就是要透过这些文化标识，深入挖掘其蕴含的思想观念、人文精神、道德规范，深入提炼中华文化的民族价值、国家价值、世界价值，集中打造中华文化标志，进一步坚定文化自信，砥砺文化自觉。"[1] 李燕琴等学者从国家整体性出发，关注国家文化公园在边疆省区空间布局欠缺以及共同体文化交融价值挖掘不够的实践问题，提出在"旅游促进各民族交往交流交融工作的基础上在边疆省区建设和合国家文化公园的构想"[2]。

"国家文化公园名为文化建设，实为文化遗产保护，或者说通过加强保护实现文化的传承发展，这是设立国家文化公园的初心所在，也是实际工作中一以贯之的要求"[3]，更多学者更加关注文化遗产的系统性保护工作。王方

---

[1] 吴立斌：《建好用好国家文化公园》，《光明日报》2023年2月19日。
[2] 李燕琴、罗湘阳、施佳伟：《边疆省区和合国家文化公园建设构想：时代价值、基本逻辑与实现路径》，《西北民族研究》2023年第3期。
[3] 吴立斌：《建好用好国家文化公园》，《光明日报》2023年2月19日。

晗、王璐璐[①]结合国际遗产保护理念从以物为本到以人为本的转变，讨论文化遗产范畴下的国家文化公园建设工作，提出建设国家文化公园，目的就是从整体上保护文化遗产，提高公众参与度和认知水平，实现文化遗产的活化和共享。因此要把握好整体保护与区域发展的关系、静态保护与活态传承的关系、遗产活化与旅游开发的关系、遗产地发展与原住民生活的关系，探索文化遗产保护传承利用的新机制，实现遗产的活态传承和可持续发展。邹统钎等[②]学者发表多篇文章，回顾文化遗产保护体系的发展现状，基于国内外经验探寻文化遗产保护体系的改革路径，探索构建高标准的文化遗产保护体系，推动国家文化公园建设工作。

国家文化公园建设采取"中央统筹、省负总责、分级管理、分段负责"的建设原则，国家层面调整原领导小组及办公室，正在探索新的协调机制，也包括中央和地方的协同关系。吴承忠等持续关注国家文化公园建设中的央地关系，基于制度堕距现象，指出"现有制度设计相对于国家治理现代化的目标的滞后性和现有制度文本与国家文化公园建设实践之间的非耦合性"[③]，还从推动协同和协调建设规划视角出发，探讨解决国家文化公园建设初期面临的区域发展不平衡情况。

王敏持续关注国家文化公园立法工作，基于"既有国家文化公园立法层级较低且立法进程缓慢，立法理念以抢救性保护为主、预防性保护不足，有

---

① 参见王方晗、王璐璐《以人为本遗产理念下的中国国家文化公园实践》，《民俗研究》2023年第1期。
② 参见邹统钎、邱子仪、苗慧《国家文化公园建设背景下的文化遗产保护体系改革研究》，《中国生态旅游》2023年第3期；邹统钎、韩全、常东芳《中国国家公园与国家文化公园管理体制机制比较及其启示》，《自然资源学报》2023年第9期。
③ 吴承忠、彭建峰：《国家文化公园建设中的央地关系研究——基于制度堕距的视角》，《福建论坛（人文社会科学版）》2023年第6期。

关国家文化公园保护的空间范围、管理体制、跨行政区域合作等关键内容付之阙如"[1]等问题，提出应当分情形完善国家文化公园立法："对长城、大运河、长征、长江、黄河等大型线性空间应当由国务院按照'一园一条例'制定专门的行政法规，实现差异化、针对性管理，明确国家文化公园的空间范围、管理体制，设定国家文化公园建设的基本目标与制度底线，建立跨行政区域合作制度体系，平衡多元目标与多元利益，弥合冲突；由地方省级人大常委会对点状或面状国家文化公园制定专门的地方性法规，加强点状或面状文化遗产的保护；并将文化景观在《中华人民共和国国家公园法》中予以合理表达，对自然生态系统和历史文化资源进行整体性保护。"[2]特别基于黄河国家文化公园作为"黄河文化保护传承与弘扬的关键载体、黄河文化指导黄河治理实践的重要场所、文化遗产整体性保护的示范区域与高质量发展的关键窗口"[3]的功能定位，从国家和地方两个层面论及黄河国家文化公园的立法选择，从而为其他国家文化公园提供参考借鉴。周刚志、徐华[4]基于长征国家文化公园是我国五大国家文化公园中唯一以"征战路线"为内容、以"革命文化"为主题的国家文化公园，提出我国可以各省市的"红色资源保护利用综合立法"与贵州省的"长征国家文化公园专门立法"为基础，在已有的文物保护立法基础之上，总结革命文物立法和红色资源立法的经验，根据需要适时制定《长征国家文化公园法》或者《长征国家文化公园条例》，为长征国家文化公园建设提供法治保障。

---

[1] 王敏：《国家文化公园立法的现状审视与完善进路》，《自然资源学报》2023年第9期。
[2] 王敏：《国家文化公园立法的现状审视与完善进路》，《自然资源学报》2023年第9期。
[3] 王敏：《黄河国家文化公园的功能定位与立法选择》，《青海社会科学》2023年第6期。
[4] 参见周刚志、徐华《论长征国家文化公园立法》，《中南大学学报（社会科学版）》2023年第2期。

吴必虎等[①]基于文化景观视角，认为国家文化公园是经过长期历史文化沉积形成的、具有国家象征意义的文化景观地域体系，兼具自然景观与文化景观双重属性，并以线贯性和区域性为主要空间特征。其中线贯性特征具有深刻的历史文化内涵，展现了中华文化的整体性与稳定性；区域性则是文化景观的基本特征，区域性文化景观体系也具有国家象征与认同意义，须坚持对线贯性和区域性两大特征的整合。吴映华夏等学者[②]关注流域这一跨区域、跨文化、跨古今的大型线性地理空间单元作为文化遗产天然的地域性空间载体，在文化遗产保护重视区域化、整体性的国际学术语境和大运河、黄河、长江这样三条河流性质的国家文化公园建设的实践背景下，论证梳理流域文化遗产保护的研究脉络并分析其发展方向，以期对流域文化遗产整体性保护、可持续发展以及保障国家文化公园建设提供理论参考。

傅才武、魏冀[③]基于中华民族文化传承创新视角，指出国家文化公园既从国家文化领域开创了"以中释中"的范例，以探索建构中国特色的学术话语体系，也从方法论上开启了中华优秀传统文化、革命文化和科技文化融合创新的社会主义先进文化建设模式，探索建构从传统农耕文明到现代信息文明的中华文明转型发展路径，体现着建设中华民族现代文明的当代实践路向。因此，从政策层面，既要以国家文化公园为载体探索建立区别于其他国家和地区的形象标识和民族文化符号，也要以国家文化公园为载体探索建立

[①] 参见吴必虎、纪凤仪、金彩玉《文化景观史视角下国家文化公园体系构建初探》，《民俗研究》2023年第1期。
[②] 参见吴映华夏、谢守红、毛华松《国内外流域文化遗产保护研究进展与展望（2003—2022年）》，《西部人居环境学刊》2023年第3期。
[③] 参见傅才武、魏冀《中华文化传承视野下国家文化公园的价值定位及政策意义》，《山东大学学报（哲学社会科学版）》2023年第5期。

国家文化结构与国民文化结构之间的常态化转换渠道，在丰富百姓日常的文旅消费中实现中华文化的传承创新。

（二）国家文化公园微观研究

1. 长城国家文化公园

长城作为中国最早的世界文化遗产项目，对其开展研究和保护一直是学界的热点。结合国家文化公园建设工作，学者们进一步探讨长城文化内涵和时代价值[1]，并对北京、河北、山西、山东、甘肃等省（市），特别是张家口、秦皇岛、唐山、大同、青岛、酒泉、武威等市的长城资源进行考察研究，探讨长城国家文化公园建设和文旅融合发展的关系，思考构建长城遗产阐释、展示、传播体系，以期更好地推动长城遗产的保护传承利用。

周小凤等[2]基于长城沿线739家备案博物馆的统计分析发现，目前长城沿线博物馆数量初具规模，质量稳步提升，建设主体日益多元、展览题材丰富多样，初步建成了以国有中小博物馆为主体的长城博物馆体系，但仍存在规划统筹不足、展陈题材不全、价值挖掘不够、传播影响不力等问题，亟待加强统筹规划与协同机制建设，加强长城价值挖掘与展示，增强数字化传播能力，提升社会传播影响力，以更好地配合长城国家文化公园建设，保护好、传承好、利用好长城文化。周觅等[3]以英国哈德良长城阐释框架的规划过程为参照，从构建阐释体系、提升阐释实践、转变从业者观念三方面进行

---

[1] 参见彭健、石雨诺《长城国家文化公园文化价值阐释与传播研究》，《河北学刊》2023年第1期。
[2] 参见周小凤、焦青青、曾晓茵、毛若寒、周鼎凯、王楚涵、张朝枝《长城沿线博物馆建设与长城文化传播研究报告：备案博物馆篇》，《中国博物馆》2023年第5期。
[3] 参见周觅、邬东璠、吴晶巍《国家文化公园背景下大型线性文化遗产阐释框架——以长城为例》，《风景园林》2023年第2期。

讨论，以期为该类遗产地，尤其是长城及其他大型线状历史遗迹，以及对长城国家文化公园阐释体系构建提供参考。

从景观学视野出发，胡青宇等[①]通过整合长城沿线传统聚落整体形态、自然资源和人文景观等，对长城文化聚落景观进行整理归纳，构建长城国家文化公园聚落的空间层级体系。孙宇等[②]具体探讨了明长城唐山段沿线乡村景观规划在地域文脉融合方面存在的不足，结合地域文脉元素对具有典型性的乡村进行景观规划和研究。

"文旅融合"既是国家文化公园建设工作的主体功能区，又是基础工程，于淼等[③]以北京段为例，根据国家文化公园的内涵和特质丰富文化性指标，探索构建适用于长城国家文化公园的游憩服务评价体系，开展长城国家文化公园游憩服务评价并提出优化指引策略，以期助力保护传承长城文化资源，维护区域生态环境，带动周边旅游发展。陈荟洁等[④]以北京延庆区为代表，探讨了"长城人家"民宿提升艺术水准、推进文旅融合的相关对策。

2. 大运河国家文化公园

大运河国家文化公园建设范围内包括的沿线省份相对较少，整体经济发展水平较高，特别是有多年的大运河文化带建设经验，在研究方面也具有

---

① 参见胡青宇、史路路《以时空维度建构长城国家文化公园聚落景观叙事体系》，《河北北方学院学报（社会科学版）》2023年第3期；胡青宇、林大岭、李磊、王乐茹《长城国家文化公园聚落景观叙事关联框架与时空耦合研究——以张家口堡为例》，《河北建筑工程学院学报》2023年第3期。

② 参见孙宇、陈强、李倩《长城国家文化公园唐山段——基于地域文脉的乡村景观规划策略研究》，《国际公关》2023年第2期。

③ 参见于淼、许冬、丁康、李运远《长城国家文化公园（北京段）游憩服务评价与优化》，《风景园林》2023年第5期。

④ 参见陈荟洁、孙冬梅、李守玉《长城国家文化公园（北京段）民宿艺术性提升对策研究》，《艺术工作》2023年第3期。

更加多元的视角和探索，整体更为关注的是北京、河北、江苏、浙江等省（市），特别是沧州、扬州、常州、镇江、无锡等京杭运河及浙东运河流域城市的大运河国家文化公园建设实际。

付佳明、戴林琳[①]基于已出台的大运河相关规划和国土空间规划成果，围绕现有规划之间规划层级缺位、衔接机制不明、核心内容重叠的空间衔接问题，提出"完善立足于空间的大运河专项规划体系、明确基于空间事权的规划编制审批过程、加强空间类内容的规划传导衔接与落实"三条核心路径，探索落实大运河国家文化公园建设空间需求与国土空间规划衔接路径。吴苗苗等[②]具体从空间视角，运用数理统计与 GIS 空间分析方法分析大运河国家文化公园项目空间分布特征及其影响因素，探索了国家文化公园项目的整体空间布局以及项目遴选的空间因素，以期促进巨型线性文化遗产管理的项目制研究及优化国家文化公园项目整体格局。曹磊等[③]聚焦京杭大运河，以叙事空间为切入视角，利用地图叠加法和核密度分析法对不同历史时期的运河叙事空间进行分析，为基于文化遗产价值叙事性阐释表达下的大运河国家文化公园规划设计提供依据和支撑。

焦敏等[④]以大运河文化带中 1809 处国家重点文物保护单位为研究对象，从历史地理视角出发构建地理空间分布统计理论框架，综合运用最邻近指

---

① 参见付佳明、戴林琳《基于国土空间规划的大运河国家文化公园建设实施路径探索》，《自然资源学报》2023 年第 9 期。
② 参见吴苗苗、戴俊骋、谢帆《大运河国家文化公园项目空间分布特征及其影响因素》，《中国生态旅游》2023 年第 3 期。
③ 参见曹磊、韩轶群、李子璇《叙事空间视角下的天津大运河国家文化公园空间格局构建》，《风景园林》2023 年第 2 期。
④ 参见焦敏、路璐、牛福长、和佳慧、穆学青《大运河文化带国家重点文物保护单位分布特征及其影响因素》，《经济地理》2023 年第 3 期。

数、核密度、标准差椭圆等系统分析各历史阶段下国保单位在空间上的集聚、形态、方向、规模、类型等分异特征，并基于历史地理探究其影响因素，为国家文化公园其他文化遗产类型的研究提供有力的参考。李东晔等[1]运用核密度计算和地理探测器方法对文化舒适物的空间数据进行分析，探索知识经济时代的新型城河共生模式基本特征，测度影响新型城河共生模式的主要驱动因子。戴俊骋、刘方宇[2]针对线性文化遗产不同尺度跨区域的线性空间、传承延续的文化时空融合、不同文化区之间的互动交流三大核心特征，提出了LINE（linear-integrated-natural-external）线性文化遗产评估模型，从"突出线性—时空连续—协同系统—多元数据"4个维度进行模型优化，并以中国大运河为例进行从框架到指标再到数据来源拓展的应用示范，为线性文化遗产的科学评估与保护利用提供支持。吴丽云等[3]采用层次分析法和专家访谈法构建国家文化公园文化遗产保护与利用协调水平评价体系，并引入耦合协调模型评价大运河国家文化公园江苏段遗产保护和利用协调水平。

安倬霖、周尚意[4]基于"超有机体文化"和"有机体文化"的概念，结合海德格尔"去蔽"概念，运用焦点小组和现象学反思方法，分析人们对大运河文化遗产的文化认同是如何上升为国家认同的，为国家文化公园建设中

---

[1] 参见李东晔、周永博、贾文通、周进、吴丽敏《基于文化舒适物空间格局的新型城河共生模式研究——以大运河国家文化公园为例》，《旅游学刊》2023年第9期。

[2] 参见戴俊骋、刘方宇《线性文化遗产价值评估模型的构建研究——以中国大运河为例》，《中国名城》2023年第1期。

[3] 参见吴丽云、徐嘉阳、凌倩、向子凝《大运河国家文化公园江苏段文化遗产保护与利用协调水平评价》，《开发研究》2023年第6期。

[4] 参见安倬霖、周尚意《文化遗产如何建构国家认同？——基于大运河国家文化公园的案例分析》，《中国生态旅游》2023年第3期。

如何塑造国家认同这一问题提供了借鉴意义。韩宜轩[①]提出大运河国家文化公园是地理、景观、文化的综合体，是运河文化精神的文化符号，进而从宏观、中观及微观三个方面探讨大运河国家文化公园的建设与规划。姜吉荣[②]认为大运河国家文化公园是供游客参观游览、了解大运河文化的开放性空间，其标识系统是传播大运河文化信息的重要载体，其将系统思想引入标识设计研究，希望构建具备信息传递、识别、辨别与形象传递的大运河国家文化公园标识系统。

3. 长征国家文化公园

长征国家文化公园以中国工农红军一方面军（中央红军）长征线路为主，兼顾红二、四方面军和红二十五军长征线路，建设范围包括红军长征途经的 15 个省（自治区、直辖市），沿线留存了数量庞大、类型丰富的长征文物和文化资源，是 5 个国家文化公园中最具红色基因、红色文化的区域，如何更好发掘、保护和利用红色文物和文化资源，如何通过立法提供法治保障，如何推动红色旅游发展都是学者们关注的重点。

周刚志、徐华[③]认为长征国家文化公园作为我国五大国家文化公园中唯一以"征战路线"为内容、以"革命文化"为主题的国家文化公园，主要以《中华人民共和国文物保护法》，尤其是以革命文物的相关立法体系为依托，与《长征国家文化公园建设保护规划》中的为"长征文物保护立法"要求存在差距。因此提议可以各省市的"红色资源保护利用综合立法"与贵州省的"长征国家文化公园专门立法"为基础，制定《长征国家

---

① 参见韩宜轩《重组与聚合：大运河国家文化公园的景观建构》，《中国文化遗产》2023 年第 3 期。
② 参见姜吉荣《系统论视角下大运河国家文化公园标识系统设计研究》，《江西师范大学学报（哲学社会科学版）》2023 年第 2 期。
③ 参见周刚志、徐华《论长征国家文化公园立法》，《中南大学学报（社会科学版）》2023 年第 2 期。

文化公园法》或者《长征国家文化公园条例》,为长征国家文化公园建设提供法治保障。

王兆峰、黄曼丽[①]聚焦长征国家文化公园红色遗产地,基于角色理论和场所精神,构建"角色—场所"研究分析框架,运用内容分析法探究"重走长征路"旅游者在场所中的认同与实践机制,拓展红色旅游中的角色认同理论与场所精神,以期为长征国家文化公园的旅游高质量发展提供实践参考。李哲等[②]面向红色文化密集区域的景观资源系统识别、协同演进与提质增效,以红25军长征沿线为例,通过构建红色景观微域"识别—涵化"研究框架,建立红色景观微域解析要素体系,开展长征沿线景观微域研判及其空间演进研究,以期为长征国家文化公园中红色景观的资源管控与传承发展提供分析途径,助力景观资源有序演进与高质量发展。

还有多位学者立足于长征沿线地区,包括江西、广西、重庆、四川、贵州、云南、甘肃、宁夏等省(区、市),从铸牢中华民族共同体意识、红色文化传承利用、文旅融合发展、博物馆建设、文创产品设计等方面,多角度探讨如何推进长征国家文化公园建设。

4. 黄河国家文化公园

伴随着《黄河流域生态保护和高质量发展规划纲要》的印发,近几年还有《中华人民共和国黄河保护法》和《黄河文化保护传承弘扬规划》等相关法律规划的出台,黄河流域一直受到学界的关注,黄河文化内涵价值、黄河流域文旅融合发展等视角的探讨,都在助力黄河国家文化公园建设。

---

① 参见王兆峰、黄曼丽《长征国家文化公园红色遗产地旅游者角色认同与实践研究》,《人文地理》2023年第4期。
② 参见李哲等《长征国家文化公园红色景观微域识别及涵化解析——以红25军长征沿线为例》,《风景园林》2023年第2期。

国家文化公园立法受到越来越多的学者关注。王敏[①]认为建好用好黄河国家文化公园离不开强有力的法治保障。在《中华人民共和国黄河保护法》实施的背景下，尽快完善有关的行政法规、地方性法规以形成黄河文化保护的法律规范体系具有现实性和必要性，是实现黄河文化整体保护、系统保护的基本保障。从功能来看，黄河国家文化公园是黄河文化保护传承与弘扬的关键载体、黄河文化指导黄河治理实践的重要场所、文化遗产整体性保护的示范区域与高质量发展的关键窗口。据此，在国家层面，应当由国务院制定《黄河国家文化公园条例》，由其作为实施性配套立法来细化落实《中华人民共和国黄河保护法》的有关规定，凸显黄河文化保护立法的体系性；作为专门立法，从顶层设计的角度建立黄河国家文化公园建设、保护、管理的规则体系；发挥创新功能，引领国家文化公园立法，促进我国文化传承立法从"平面"向"立体"拓展。在地方层面，应根据现实需要制定各个国家文化公园的管理办法，为复杂多样的黄河文化保护提供差异化、针对性的制度保障。

在文旅融合方面，王秀伟等[②]基于黄河国家文化公园遗产保护与旅游利用应遵循文化空间从孤立到联结、内容要素从单一到融合的内在逻辑，即通过地理空间重构实现各功能区和文化空间从孤立到联结的转变，借助空间尺度重组实现从单一形态到融合发展的升维，提出"建立空间整体性整合机制、尺度调适性对话机制、文旅反哺性补偿机制"，以期推动黄河国家文化公园遗产保护与旅游利用的协调发展。段友文、郭晋媛[③]以"流域+地域"

---

① 参见王敏《黄河国家文化公园的功能定位与立法选择》，《青海社会科学》2023 年第 6 期。
② 参见王秀伟、何军霞、武秀杰《黄河国家文化公园遗产保护与旅游利用的空间逻辑和协调机制》，《山东社会科学》2023 年第 11 期。
③ 参见段友文、郭晋媛《黄河国家文化公园建设的民俗赋能与高质量发展》，《山西大学学报（哲学社会科学版）》2023 年第 5 期。

的视角梳理黄河流域文化资源的演进机制与谱系脉络，并在此基础上突出黄河"几"字弯、"金三角"地区的示范引领作用，强化区域间的文旅融合与互动协作，重点关注流域内的民俗文化资源，以此赋能于黄河国家文化公园的高质量发展，增强文化公园建设的多元效能。

很多学者选择黄河流域景区进行具体分析。彭东慧、梁留科①以黄河干支流流经的地级市及以上城市为研究对象，从多尺度分析A级景区发展效率的时间和空间特征，发现各地发展效率受经济发展水平、市场化水平、科技信息水平、交通水平、地区接待服务能力和产业结构等因素的影响，建议景区需因地制宜，走依靠科技创新的质量效率型集约化道路，充分发挥科技赋能在保护黄河文化上的作用，推进黄河国家文化公园高质量建设。戴靖怡等②选取黄河国家文化公园标志性自然景观景区——壶口瀑布（宜川段）和黄河口景区为案例地，以随行纪实方式获取游客访谈数据，借助扎根理论范式发掘旅游者对自然景观的文化认同生成过程。该学者还提出，通过黄河国家文化公园构建文化认同，应重视黄河水域自然景观体验场景的重要作用。③

5. 长江国家文化公园

长江国家文化公园建设工作于2022年年底方才正式启动，但长江经济带发展已经是相对成熟的国家战略，从重庆、南京、武汉到南昌的四次经济

---

① 参见彭东慧、梁留科《黄河国家文化公园A级景区发展效率分异特征与影响因素分析》，《河南大学学报（社会科学版）》2023年第3期。
② 参见戴靖怡、黄潇婷、孙晋坤、安红敏、郭秋琪《国家文化公园的旅游者文化认同生成机制研究——以黄河国家文化公园标志性自然景观为例》，《旅游学刊》2023年第1期。
③ 参见戴靖怡、黄潇婷、孙晋坤《自然景观激发文化认同的多元理论研究范式——以黄河国家文化公园标志性自然景观为例》，《民俗研究》2023年第2期。

带座谈会，已经为长江国家文化公园建设工作奠定了坚实基础。

2020年11月14日，习近平总书记在江苏省南京市主持召开"全面推动长江经济带发展座谈会"时发表的重要讲话指出："要保护传承弘扬长江文化。长江造就了从巴山蜀水到江南水乡的千年文脉，是中华民族的代表性符号和中华文明的标志性象征，是涵养社会主义核心价值观的重要源泉。要把长江文化保护好、传承好、弘扬好，延续历史文脉，坚定文化自信。要保护好长江文物和文化遗产，深入研究长江文化内涵，推动优秀传统文化创造性转化、创新性发展。"贺云翱[1]依托江苏在大运河和长江两个国家文化公园建设方面的资源优势和工作定位，从"深入调查研究，做优分层规划""注重体系建构，推进统筹协同""立足文化主旨，统筹五位一体""强化特点，打通线下线上"四个方面，为建设长江国家文化公园江苏段、高标准打造国家文化地标提出合理化建议，希望共同推动长江国家文化公园和长江经济带建设工作。其他学者[2]也从体制机制、主体功能区等方面对推进长江国家文化公园建设和长江经济带协同发展提出相关政策建议。

数字再现工程是两办方案中提出的五个关键领域实施基础工程之一。孙彦斐、刘思源[3]认为加强数字化与中国特色的"文化记忆""叙事文本"的有效融合，发挥数字化在遗产修复、价值彰显等方面的作用，是长江国家文化公园数字化建设的必经之路。同时，他们提出在数字化实践上，应尊重长江

---

[1] 参见贺云翱《高起点推进长江国家文化公园江苏段建设》，《群众》2023年第5期。
[2] 参见王君也、王佳宁《长江国家文化公园和长江经济带协同发展的趋势判断》，《中国发展观察》2023年第5期；徐纯正《长江国家文化公园建设管理中的"委托—代理"难题及其破解之策》，《长江论坛》2023年第6期；赵煌《在主体功能区视域下建设长江国家文化公园》，《学习月刊》2023年第2期。
[3] 参见孙彦斐、刘思源《数字化赋能长江国家文化公园建设的逻辑与向度》，《南京社会科学》2023年第10期。

文化的在地性，建立虚拟与在地空间的互动互联；明确长江文化的结构性，建立多尺度数字化文化保护机制；重构长江文化的记忆性，建立诗性自觉的数字化国家记忆，使得长江文化成为特色鲜明的"国家记忆"，增强中华民族凝聚力。其他学者[1]具体依托于湖北、江苏、安徽等地区，探讨国家文化数字化战略、传统村落数字化保护与长江国家文化公园建设工作的有机结合与互动共进。

曹海燕[2]基于民族、国家、文明三位一体的认同体系，提出长江国家文化公园建设需要三个维度的价值取向：以民族认同为纽带凝聚坚韧不拔的中华民族精神；以国家认同为基础建构兼容并包的中国国家形象；以文明认同为桥梁向全世界呈现生生不息、辉煌灿烂的中华文明魅力，进而提出"系统规划—符号载体—传播路径"的建设思路。陈波、庞亚婷[3]认为长江国家文化公园是中华民族重要的文化基因宝库和集体记忆载体，其空间构建需以满足公众感知探索、唤醒文化认同为基本前提。通过空间感知理论和场景理论构建场景介质下空间感知结构模型，论证公众空间感知与场景融合共生关系，提出长江国家文化公园建设可以公众感知为基本导向，以场景营造为方法，打造各有侧重、特质丰富的超级空间有机体。具体到高质量景区建设方面，何银春等[4]通过最近邻指数、核密度分析、空间自相关分析方法对长江

---

[1] 参见张洋、凌欣辰《长江国家文化公园湖北段传统村落数字化保护方法探究》，《湖北经济学院学报（人文社会科学版）》2023年第8期；郭新茹、任文龙《文化数字化赋能长江国家文化公园江苏段建设》，《群众》2023年第10期。
[2] 参见曹海燕《认同理论下长江国家文化公园建设的价值取向与创新路径》，《青海社会科学》2023年第3期。
[3] 参见陈波、庞亚婷《长江国家文化公园场景感知研究》，《江汉论坛》2023年第4期。
[4] 参见何银春、陈果、曾斌丹、王金伟《长江国家文化公园高质量景区空间分布格局及其影响因素》，《地域研究与开发》2023年第6期。

国家文化公园高质量景区空间分布及影响因素进行分析，各项数据结果对长江地区文旅融合发展具有一定的参考指导意义。

三、结语

　　建设国家文化公园是由习近平总书记亲自谋划的重大文化工程，以国家为标准，以文化为核心，以公园为载体，是新时代文化自信的重要表征。作为新时代文化建设的新探索、新举措，需要全社会凝聚合力共同推动。从研究成果来看，2023年度进一步取得丰硕成果，但仍存在极大的上升空间，广大学者应依托专业领域，以国家文化公园建设方案等系列文件和相关规划为基础，认真研究，充分调研，聚焦打造长城、大运河、长征、黄河、长江等中华文化重要标志，立足四类主体功能区和五个基础工程，围绕坚定文化自信和充分彰显中华优秀传统文化持久影响力、革命文化强大感召力、社会主义先进文化强大生命力，为贯彻落实"建好用好国家文化公园"贡献智慧力量。

长征国家文化公园红色遗产地旅游者角色认同与实践研究[*]

王兆峰　黄曼丽

长征国家文化公园是中国遗产话语国际化交往和本土化实践双重作用下的创新性成果。[①] 在民族复兴、文化强国和旅游高质量发展的时代背景下，长征国家文化公园建设是塑造国家形象、促进民族认同、推动多功能/公益性/大尺度线性空间建立的重要推手。2019 年 7 月，中央全面深化改革委员会审议通过《长城、大运河、长征国家文化公园建设方案》，指明长征国家文化公园到 2023 年年底基本建成，长征沿线文物和文化资源保护传承利用协调推进局面初步形成。作为一个面向全民族和全社会的重大国家文化建设工程，长征国家文化公园以红色文化为建设核心，以参观者为文化内涵体验者，以旅游者为重点体验客群。长征国家文化公园秉持"节点—斑块—廊道"、局部到整体的建设思路[②]，然而，这一建设过程缺失对参观主体的充分考量，旅游者在长征国家文化公园内部的认同和实践机制尚不明晰，存

---

[*] 本文系国家社会科学基金重大项目（项目编号：21ZDA080）成果。
[①] 参见李飞、邹统钎《论国家文化公园：逻辑、源流、意蕴》，《旅游学刊》2021 年第 1 期。
[②] 参见李磊、陶卓民、赖志城等《长征国家文化公园红色旅游资源网络关注度及其旅游流网络结构分析》，《自然资源学报》2021 年第 7 期。

在"游客缺席"问题①，阻碍了文化交往、文化认同和文化多样性的保有与存续，影响了长征国家文化公园文化建设和全民性参与。

旅游者是长征国家文化公园文化内涵的体验主体，以往研究多从地理层面分析长征国家文化公园的红色景点空间分布②，或从历史与文化层面探究长征史实和长征精神③，缺失了旅游者主体研究。旅游者角色是个体根据自身对旅游的理解而在旅游互动过程中实际扮演的角色④，个体在角色扮演时的行为和态度与角色期望一致则称为角色认同⑤，旅游者角色认同一定程度上反映了目的地形象的塑造成效，影响旅游目的地的规划与建设。红色旅游研究中，部分学者从角色感知层面，证实了旅游者可以从红色旅游中感受社会记忆与集体记忆，获得敬畏感、自豪感⑥和归属感；从角色认同层面，探究了旅游者产生政党认同⑦、国家认同⑧和国民幸福感⑨的过程；探讨了角色感知与角色认同对旅游者亲环境行为与文明旅游行为⑩等角色实践的作用。

---

① 参见马东艳、张旭辉《民族村寨旅游行为意向研究——以桃坪羌寨、甲居藏寨、泸沽湖为例》，《西南民族大学学报（人文社会科学版）》2021年第1期。
② 参见李磊、陶卓民、赖志城等《长征国家文化公园红色旅游资源网络关注度及其旅游流网络结构分析》，《自然资源学报》2021年第7期。
③ 参见李单晶《长征精神及其当代价值研究》，博士学位论文，电子科技大学，2017年。
④ 参见喻安伦《社会角色理论磋探》，《理论月刊》1998年第12期。
⑤ Farmer S. M., Tierney P., Kung-McIntyre K., "Employee Creativity in Taiwan: An Application of Role Identity Theory", *Academy of Management Journal*, 2003, Vol. 46, No. 5, pp. 618-630.
⑥ 参见徐克帅《红色旅游和社会记忆》，《旅游学刊》2016年第3期。
⑦ 参见左冰《红色旅游与政党认同——基于井冈山景区的实证研究》，《旅游学刊》2014年第9期。
⑧ 参见刘润佳、黄震方、余润哲等《红色旅游对游客国家认同的影响》，《自然资源学报》2021年第7期。
⑨ 参见郑华伟《红色旅游价值观内化的网络文本研究——兼论国民幸福感的生成机制》，《旅游学刊》2016年第5期。
⑩ 参见李文明、敖琼、殷程强等《韶山红色旅游地游客亲环境行为的驱动因素与影响机理》，《经济地理》2020年第11期。

就红色旅游研究的区域而言，研究案例地多为单个红色遗址地，缺乏大尺度线性红色遗产地，线性红色遗产场所具有区别于单个景点的场所精神，影响旅游者的角色认同与实践。就红色旅游的角色认同类型而言，研究聚焦文化认同、政党认同和国家认同，在国家文化公园蕴含的"共同体思想"和"天下观"价值理念下[①]，旅游者存在人类身份认同等角色认同的可能。因此，本文聚焦长征国家文化公园红色遗产地这一大尺度线性场所类型，基于角色理论和场所精神构建"角色—场所"研究分析框架，探究"重走长征路"中旅游者的角色认同与实践，以期为高质量推进长征国家文化公园建设提供实践参考。

一、文献综述

（一）长征国家文化公园红色遗址地场所

长征国家文化公园是依托红军长征历程和行军线路，以工农红军长征史实为基础，整合沿线自然人文资源的巨型线性遗产体系。[②]红色是长征国家文化公园建设的底色，红色遗产地是呈现长征文化的鲜活载体。场所是人类活动并通过活动赋予其特性的一个空间，包括实体形态和场所精神两个部分，具有人类活动和空间两个属性。场所精神由诺伯格·舒尔兹（Norberg Schulz）提出[③]，借用了拉丁文中"Genius loci"的概念，即任何事物都有独

---

① 参见李飞、邹统钎《论国家文化公园：逻辑·源流·意蕴》，《旅游学刊》2021年第1期。
② 参见邹统钎、黄鑫、陈歆瑜《长征国家文化公园建设发展要把握的五对关系》，《中国旅游报》2019年12月31日。
③ Vecco M.,"Genius Loci as A Meta-concept", *Journal of Cultural Heritage*, 2020, Vol. 41, pp. 225-231.

特而内在的精神和特性，是一个场所的精神或灵魂，蕴藏着空间、场所及场所精神的相互关系①，在旅游领域中被用于建筑、村落、古镇等遗产的保护与再利用，为长征沿线红色文化挖掘与地方文化保护提供了可供参考的元概念。

在流动性范式的背景下，旅游学者开始关注场所精神的流动性。从旅游目的地角度而言，克里斯托（Christou P. A.）调查了经历重大旅游发展的沿海城镇阿亚·纳帕，发现旅游参与是一个地方场所精神变化的主要因素②，因本土文化的多元要素，如景观、建筑、精神、灵魂和气场，都经历了重大的修缮和整理。孙佼佼和谢彦君探讨了汉武帝茂陵的场所精神从权力在场到审美在场的变迁过程③，表明场所精神会随旅游发展而改变。从旅游者的角度而言，冯一鸣等关注革命历史纪念空间，认为在表达同一红色文化主题的"空间共同体"中，旅游者能感知到空间内部诸如内涵、节律、情感等场所精神的流动④，该研究将场所精神引入红色旅游领域，拓展了场所精神的内涵，并提出将场所精神应用于具有同一文化属性的"空间共同体"的构想。

场所精神的内涵和适用范围在旅游领域得到了拓展，但研究的对象仍聚焦于单个目的地场所，尽管提出了同一文化主题的"空间共同体"构想，但

---

① 参见周坤、颜珂、王进《场所精神重解：兼论建筑遗产的保护与再利用》，《四川师范大学学报（社会科学版）》2015 年第 3 期。
② Christou P. A., Farmaki A., Saveriades A., et al., "The 'Genius Loci' of Places That Experience Intense Tourism Development", *Tourism Management Perspectives*, 2019, Vol. 30, pp. 19-32.
③ 参见孙佼佼、谢彦君《从权力在场到审美在场：旅游体验视角下场所精神的变迁——以陕西省兴平市汉武帝茂陵为例》，《人文地理》2017 年第 2 期。
④ 参见冯一鸣、田烨玮、周玲强《旅游流动性视角下的场所精神——革命历史纪念空间的新议题》，《旅游学刊》2021 年第 6 期。

并未对此进行案例与实证研究。同时，研究的内容局限于旅游对地方场所精神的影响，缺少对旅游目的地内部场所精神的探讨。长征国家文化公园作为一个以"长征"红色文化为主题的"空间共同体"，为研究大尺度线性旅游地的场所精神提供了一个合适的案例地，旅游者因为不熟悉场所精神，而成为最适合体验场所精神的人。[1]

（二）旅游者角色

"角色"是指与人们某种社会地位、身份一致的一整套权利、义务的规范与行为模式。[2]旅游者角色是个体在旅游实践过程中扮演的一系列角色的总和，旅游者在旅途中扮演着各种不同的角色，具体扮演何种角色则取决于特定的旅游情境。认同是一种涉及"我是谁""我在哪儿"以及"我们是谁"和"我们在哪儿"的反思性心理过程，主要建构在个体认知自我、他人或群体是否拥有共同起源与特征之上[3]，个体行为和态度与角色期望一致则称为"旅游者角色认同"。在日益世俗化的世界中，越来越多的游客倾向于去"体现根深蒂固的价值观或有助于自我认同的地方"寻找意义[4]，因此经过精英与专家评估形成权威话语的红色遗产地成为游客青睐的对象，旅游者在特定的红色文化空间中进行旅游实践，进而产生角色认同。

红色旅游研究中，学者沿着"角色实践—角色感知—角色认同"的认同

---

[1] Christou P. A., Farmaki A., Saveriades A., et al., "The 'Genius Loci' of Places That Experience Intense Tourism Development", *Tourism Management Perspectives*, 2019, Vol. 30, pp. 19-32.
[2] 参见郑杭生主编《社会学概论新修（精编版）》，中国人民大学出版社 2009 年版，第 107 页。
[3] Hall S., Du Gay P., *Questions of Cultural Identity*, London: Sage Publications, 1996, p.18.
[4] Hyde K. F., Harman S., "Motives for A Secular Pilgrimage to the Gallipoli Battlefields", *Tourism Management*, 2011, Vol. 32, No.6, pp. 1343-1351.

路径，探讨了角色实践类型、角色认同类型和角色认同影响因素三个主题。徐克帅（Xu Keshuai）将韶山旅游者角色分为"世俗游客""以祈祷为导向的朝圣者"和"精神朝圣者"三类。[1] 旅游者角色认同包括自我认同、文化认同、政党认同和国家认同等类型。旅游者通过纪念馆、博物馆和历史遗址感受到与过去的联系，增强了自豪感和归属感，延续了安全感[2]，重申了政治身份和国家认同[3]。通过多感官感受历史伟人遗物，旅游者获取了社会集体归属感，产生了民族身份认同和集体身份认同。[4] 角色认同路径涉及"评价""情绪唤起"[5] "旅游环境"[6] 等调节变量，场所作为旅游经验场所，以环境布局、展览、纪念品、旅游氛围等旅游环境[7]，以及真实性、独特性、教育性[8] 等场所感知参与角色认同路径。

上述研究以较为典型的红色案例地系统地阐述了旅游者的角色实践类型，但未涉及旅游者角色实践行为的分类与探讨；将场所视作环境变量或感知对象，忽视了场所及场所精神本身的更多意义与内涵；此外，长征国家文化公园是以长征文化为主题的线性场所，红军除了军事作战，还有极大部分

---

[1] Keshuai Xu, "Types of Red Tourists in China: Evidence from Shaoshan", *Annals of Tourism Research*, 2015, Vol. 51, pp. 57-59.

[2] Goulding C., Domic D., "Heritage, Identity And Ideological Manipulation: The Case of Croatia", *Annals of Tourism Research*, 2009, Vol. 36, No. 1, pp. 85-102.

[3] Brown L., Ibarra K. A., "Commemoration And the Expression of Political Identity", *Tourism Management*, 2018, Vol. 68, pp. 79-88.

[4] Palmer C., "Touring Churchill's England: Rituals of Kinship and Belonging", *Annals of Tourism Research*, 2003, Vol. 30, No. 2, pp. 426-445.

[5] 参见刘欢、岳楠、白长虹《红色旅游情境下情绪唤起对游客认知的影响》，《社会科学家》2018 年第 3 期。

[6] 参见蒋亚军、陈亮、周慧玲《塑魂铸人：红色旅游文化认同的路径》，《社会科学家》2021 年第 5 期。

[7] 参见钟士恩、陆文镔、彭红松等《红领巾儿童对红色旅游资源与爱国主义的认知——雨花台烈士陵园案例实证及启示》，《自然资源学报》2021 年第 7 期。

[8] 参见张红艳、马肖飞《新格局下基于国家认同的红色旅游发展》，《经济问题》2020 年第 1 期。

时间在与极端天气和恶劣环境抗争,人类身份和特征在长征中被反复强调,因此,还应考虑旅游者对人类身份的感知和认同。在大尺度线性红色文化"空间共同体"中,场所精神和旅游者角色都存在研究的价值和潜力,角色与场所互动,场所背后隐藏着角色实践活动开展的原因,角色是解构场所结构的有力工具,角色在场所中的互动实践活动为人们理解场所的微观结构提供了一种模式。场所是旅游者角色实践的角色情境,旅游者角色在实践中感知场所,从而获得角色认同,据此构建出"角色—场所"分析框架。(图1)

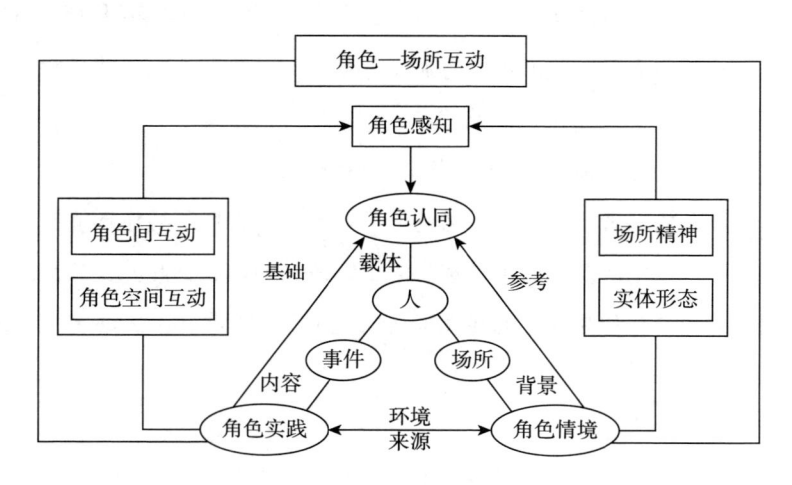

图1 角色—场所分析框架图

二、研究方法与数据来源

(一)数据来源

本文利用语言学对网络文本进行内容分析,以准确和系统的方式构建本文的解释。网络游记来源于马蜂窝、携程、途牛、去哪儿、驴妈妈、游侠客、微信、知乎、百度等大型分享平台。以"长征"和"重走长征路"为关键词爬取"重走长征路"游记，同时参考《全国红色旅游经典景区名录》《长城、大运河、长征国家文化公园建设方案》和《长征标识与展示体系建设指引》三个文件，选取长征沿线各省市区关注度和空间关联网络中心度最高的 15 个红色景区游记作为补充[①]，即福建红军长征出发地（中复村）旧址、江西中央苏区政府根据地红色旅游系列景区、广东梅关古道景区、湖南刘家坪红二方面军长征出发地、广西湘江战役灌阳新圩阻击战旧址、贵州遵义会议纪念馆、云南红军长征柯渡纪念馆、四川红军四渡赤水太平渡陈列馆、重庆南腰界革命根据地、甘肃岷州会议纪念馆、宁夏六盘山长征纪念馆、青海中国工农红军西路军纪念馆、陕西吴起镇革命旧址、河南红二十五军长征出发地和湖北红安七里坪革命旧址。剔除掉明显的旅游宣传资料、网络写手杜撰游记及带有营销诱导性质的推文，共整理收集到重走长征路游记 21 篇，长征沿线重点红色景点 103 篇，共 124 篇游记，形成 100 多万字文本资料。（表 1）

（二）研究方法

本文使用内容分析法，它是一种将非系统和非定量的符号内容转换为定量数据，从而进行定量分析、判断、推理的分析方法[②]，具有客观、系统和定量的优点。数据来源于游记文本、游记评论区文本及笔者在网上发布的关于重走长征路帖子的回复文本，采用三种不同的数据源和量化与质性合并

[①] 参见张新成、梁学成、高楠等《长征主题红色旅游资源关注度的空间网络结构及其形成机制分析》，《旅游科学》2021 年第 3 期。
[②] 参见谭红日、刘沛林、李伯华《基于网络文本分析的大连市旅游目的地形象感知》，《经济地理》2021 年第 3 期。

表1　21位重走长征路游客基本信息

编号	性别	年龄	旅程时间	出行方式	同行者	来源网站	字数
M1	女	中年	37天	自驾	夫妻	马蜂窝	213891
M2	男	中老年	23天	自驾	个人	马蜂窝	38918
M3	女	中年	17天	跟团	朋友	马蜂窝	5113
M4	男	中年	21天	自驾	朋友	知乎	43541
M5	女	中老年	46天	自驾	朋友	知乎	388283
M6	男	中老年	26天	跟团	旅行社组团	微信	20571
M7	男	中年	20天	自驾	朋友	微信	7236
M8	男	中老年	8天	自驾	朋友	微信	18159
M9	男	中年	263天	徒步	朋友	微信	185082
M10	女	老年	26天	跟团	朋友	携程	44750
M11	男	老年	12天	跟团	朋友	驴妈妈	42653
M12	男	老年	39天	自驾	旅行社组团	微信	189549
M13	男	老年	11天	自驾	朋友	19楼	22905
M14	男	中年	15天	自驾	夫妻	游侠客	4318
M15	女	青年	4天	公共交通	朋友	游侠客	10223
M16	男	青年	7天	自驾	朋友	游侠客	6467
M17	女	青年	3天	公共交通	个人	途牛	3255
M18	男	青年	4天	公共交通	朋友	途牛	7453
M19	女	中年	5天	自驾	朋友	去哪儿	7071
M20	男	中年	5天	自驾	朋友	去哪儿	5523
M21	女	青年	4天	自驾	朋友	去哪儿	6028

注：青年18—30岁，中年30—45岁，中老年45岁以后，男55岁退休，女50岁退休。

的方法形成三角分析（Data Triangulation），以提高研究结果的可信度和有效性。① 首先运用 ROST CM6 提取文本高频词，形成聚类分析并呈现社会语义网络图，据此进行数据处理，开始初步编码，形成长征沿线游客关注的基本概念，继而借助 NVivo11 对重走长征路游记进行逐条编码分析，为保证结果的可靠性，选取两位同学科背景的学者抽取游记样本进行背靠背独立编码，确保结果的可信度，最后邀请三位同学科背景学者对编码结果进行评估，确定结果的准确性和可靠性。具体步骤为预处理文本数据、建立分析类属、使用 NVivo11 逐行编码、运用交互判别信度和平均相互同意度检验编码员之间的信度②、对比高频词与编码结果防止重要概念遗漏、专家评估。

三、结果分析

高频词词云图和社会语义网络图显示（图 2、图 3），"红军"词条频次最高，处于社会语义网络图核心，结合"毛泽东、朱德、红四方面军"等词条可将其归为"人物/群体"范畴；"长征"词条在词频和关联度中位居第二，与长征相关的"会议、胜利"等历史事件出现频次较高，结合高频词的"纪念、历史、旅游、出发、到达"等，可将其归为"事件"范畴；余下词条中，"纪念馆、纪念碑、渡口、陕北、遵义、根据地"等历史事件及地名频次较高，"建筑、红色、文化、景点和风景"等实体形态和场所文化也有显示，可将这一类词归为"场所"范畴。

---

① Soica S.,"Tourism as Practice of Making Meaning", *Annals of Tourism Research*, 2016, Vol.61, pp.96-110.
② 参见徐建平、张厚粲《质性研究中编码者信度的多种方法考察》,《心理科学》2005 年第 6 期。

图 2　游记高频词词云图

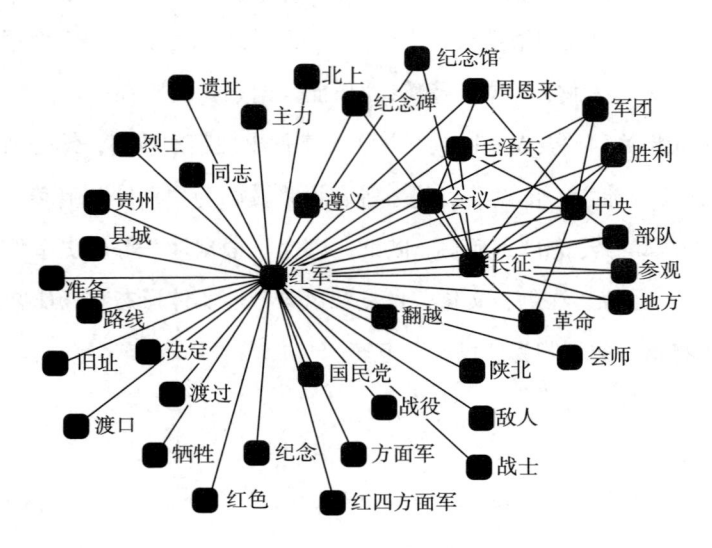

图 3　游记社会语义网络图

根据文本数据的可视化分析，形成"人、事件、场所"三个类属，选取高频词前100位进行详细的类属分析。（表2）现实地名和红色遗址地构成场所的次类属。人物中涵盖集体和个体两个范畴，"红军、军团、工农红军、部队、群众、将军、烈士"等历史事件中的主体人物成为游记中出现的高频词汇，展现出游客对长征历史事件主体的高度关注，而"毛泽东、朱德、周恩来"等高频词的出现，体现出旅游者对重要领导人和伟人的尊崇和敬仰。事件主类属中，除了历史事件，还涉及长征沿线实行

表2 高频词前100位类属分析

主类属	次类属	高频词	出现总次数
场所	现实地名	遵义、井冈山、六盘山、瑞金、信阳、江西、贵州、梅岭、沙洲、赣州、娄山关、黄洋界、哈达铺	5409
	红色遗址地	景区、景点、风景、旧址、纪念馆、会址、根据地、苏维埃、苏区、博物馆、建筑、文物、纪念碑、遗址、中心、古道、古镇、渡口、瀑布、基地、陈列馆、烈士陵园	8010
人物	集体范畴	红军、军团、方面军、同志、人民、工农红军、部队、敌人、群众、主力、国民党、战士、游客、将军、烈士	5987
	个体范畴	毛泽东、朱德、周恩来	1631
事件	历史事件	长征、革命、会议、工作、会师、领导、胜利、成立	5262
	政府措施	保护、教育、发展	623
	游客活动	纪念、拍摄、旅游、体验、教育、参观、游览	2188
游客感知	时空感知	感觉、当年、时间、1935、时期、小时、临时、位于、公里、来到、出发、到达	3241
	文化感知	红色、历史、文化、主题、精神、著名、第一、客家、特色	3555
	国家感知	地方、全国、单位、中央、共和国、中国、国家、政府	2998

的保护、教育、发展等措施，表明游客在进行纪念、拍摄、旅游、体验、教育等游客活动时，不仅学习红军长征历史，也关注当下政府的行为举措。同时，重走长征路旅游实践中形成了时空、文化和国家三个维度的游客感知，"当年、1935、小时、位于"等表示时间和空间的词汇显示出旅游者对历史事件和当下事件的发生时空的关注，"红色、主题、精神、客家"等词语展现旅游者对文化的感知，"全国、中华、中国、地方"等概念词汇则显示旅游者对历史事件中政党以及当下所处社会的政治和国家感知。

运用 NVivo11 对 21 篇重走长征路游记文本进行逐行编码。（表3）编码者在编码过程中对材料进行往返关照，循环阐释，通过符码—次亚类属—亚类属—主类属的合并归纳和回返式关照过程，得到编码结果，接着对编码结果进行检验。两位学者抽取 M1—M3 的游记文本进行编码，各类属的交互判别信度值均在 0.7 以上，可接受使用，对比二次编码和初步编码，对二次编码进行调整，确保无重要概念遗漏。最后请专家评估编码的合理性，得到最终结果。（表4）

表3 编码示例

亚类属	次亚类属	符码典型示例
持续的长征精神	核心——坚定革命的理想信念	吃苦耐劳、坚定信念、志存高远、共赴国难、家国情怀、革命理想大于天
	品质——顽强拼搏、不怕牺牲、艰苦奋斗	不怕苦不怕死的革命精神、抱必死信念坚持战斗、不抛弃不放弃、英勇无畏、视死如归、舍己为人
	精髓——独立自主、实事求是	艰难困苦也要创造条件、自律自强、实践是检验真理的唯一标准
	表征——顾全大局、严守纪律、互助友爱	公大于私、牢记初心、不忘国耻、牢记历史、工作作风严谨、一切行动听指挥、勿以善小而不为、勿以恶小而为之、人道主义精神、不争虚名、生活朴素

续表

亚类属	次亚类属	符码典型示例
持续的长征精神	宗旨——同人民群众生死相依、患难与共	不拿老百姓一针一线、全心全意为人民服务、军民同心、民族团结
流动的地方场所精神	轻松舒适—苍凉辽阔	生活悠闲、公园遛弯、养花养草、丘陵纵横、地广人稀、黄沙大漠、方圆百里不见人烟
	极端压抑—朴素平淡	气候变化无常、夹金山极寒难以翻越、草地泥沼吞人、地震威胁、地震后旧址仍触目惊心、生活简单、气候适宜
	破旧荒凉—繁荣昌盛	偏远小镇、交通不便、人迹罕至、基础设施差、环境原始、高楼大厦、经济发展快
	自然纯朴—商业嘈杂	人民生活水平高、声音嘈杂、商业化严重、扶贫力度大、发展不错
	庄严神圣—超自然神秘	革命老区、烈士陵墓、红军长征行军遗址、气氛肃穆、庙宇殿堂、巫师术法、天葬、佛教礼堂、传经授道
旅游者与东道主互动	打卡记录—符号建构	盖党章、盖邮戳、集邮、与政府大院合影
	历史探寻考证——普及传播	访谈革命事件后人、党办处考证咨询、询问当地居民遗迹旧址、见英雄的弟弟
	长征精神熏陶与宣传	给托管所孩子讲长征故事、街上唱歌朗诵、教小朋友行军礼、当地旅游活动现场、唱红歌、与农户谈论长征路途趣闻
	长征精神重温与实践	帮九十岁高龄老人推车、摘橘子留钱
	日常往来—交流帮助	与民宿饭店老板交谈、同借宿村民闲聊、与村里高中生打篮球、搭便车、讨水喝、荒野借宿守林员家中

表 4 编码过程

主类属	亚类属	次亚类属	符码典型事例
人物——角色类别	旅游实践角色		东道主、重走长征路者、政党人员、同行者、途中其他人员
	历史事件角色		历史关键人物、历史集体人物
	社会网络角色		亲朋好友、网络关注者
场所——角色情境	实体形态	自然景观	地文景观、水文景观、气候生物
		人文景观	基础设施、建筑风格、语言景观、民族服饰、历史传说、宗教信仰、仪式节庆、特色饮食、休闲娱乐、空间布局、生计方式
	场所精神	持续的长征精神	核心——坚定革命的理想信念；品质——顽强拼搏、不怕牺牲、艰苦奋斗；精髓——独立自主、实事求是；表征——顾全大局、严守纪律、互助友爱；宗旨——同人民群众生死相依、患难与共
		流动的地方场所精神	轻松舒适—苍凉辽阔、极端压抑—朴素平淡、破旧荒凉—繁荣昌盛、自然纯朴—商业嘈杂、庄严神圣—超自然神秘
事件——角色实践	角色间互动	旅游者与东道主	目的地打卡—符号建构、长征精神重温与实践、长征精神宣传与熏陶、日常往来、交流帮助、历史探寻考证、历史文化普及传播
		旅游者与途中非东道主	旅行社行程安排、同行者参与协商、重走长征路者偶遇、新队友申请
		旅游者与社会网络角色	亲朋好友互动、朋友圈互动、直播互动、公众号互动、游记平台分享互动
		旅游者与历史事件角色	了解学习、接触走入、纪念祭拜、瞻仰功绩、约束模仿
	角色空间互动	旅游者与自然生态空间	感受自然、亲近自然、融入自然

续表

主类属	亚类属	次亚类属	符码典型事例
事件——角色实践	角色空间互动	旅游者与城市乡村空间	体验节庆活动、探究城乡空间布局、感受当地日常生活、创造空间新事物
	游客感知	身体感知	五官感知
		场所感知	场所实体形态感知、持续的场所精神感知、流动的地方场所精神感知
角色认同		自我认同	知识获取、自我表达、自我实现、社会联结、领导能力、受人尊重、状态自尊、特质自尊
		国家认同	历史认同、民族认同、国家认同、政党认同、文化自信、道路自信、制度自信、精神归属
		人类身份认同	渺小和脆弱、坚韧和伟大、仁慈、破坏性和不确定的命运、人类相互依存、人类连续性的证明、人类成就、天人合一、自强不息、居安思危、节俭自律

（一）角色情境：持续性长征场所和流动性地方场所的双重架构

场所是由自然环境和人造环境综合塑造而成的整体[①]，是角色实践的背景，涵盖实体形态和场所精神两部分。结果显示，长征国家文化公园红色遗址地表现为两类截然不同的场所，一是围绕红色资源和长征精神形成的贯穿旅程始终的长征场所，二是根据复杂地质地貌及沿线丰富多元的少数民族和地域文化构成的流动性地方场所，二者在时空上相互交织形成独具一格的整体场所。长征场所中的实体形态，最核心的是红军长征时期的遗迹、遗址和纪念场所，包括根据红军战争、会议、事迹遗存修复或重建的遗迹场所，如

---

① 参见吴雪《室内空间设计中场所精神的营建》，《西安交通大学学报（社会科学版）》2016年第2期。

光华铺阻击战旧址、遵义会议旧址、达维会师桥，以及后人根据历史记载修建的革命纪念馆、烈士陵墓、纪念广场等纪念场所，如红军长征纪念碑碑园、瞿秋白烈士纪念碑陵园、红五星广场。历史和红色遗产与占主导地位的政治制度紧密联系在一起，过去成为创造民族主义和社会凝聚力的强大工具，现在也成为重走长征路者的吸引物。长征精神是长征沿线红色遗址地场所精神的集中体现，表现为核心、品质、精髓、表征、宗旨五个部分。

流动性地方场所的实体形态涵盖长征沿线的自然景观和人文景观，自然景观体现在诸如"丹霞、黄土、雅丹、沙林、自然灾变遗迹、瀑布、冰川、风景草原、野生动物栖息地"等地文景观、水文景观和气候生态景观三个方面，人文景观则涵盖基础设施、建筑风格、语言景观、民族服饰、历史传说、宗教信仰、仪式节庆、特色饮食、休闲娱乐、空间布局和生计方式多个方面。各具特色的自然景观和人文景观，促使地方场所孕育出独特而内在的精神和特性，呈现出不同的地方场所精神。长征沿线拥有"轻松舒适—苍凉辽阔、极端压抑—朴素平淡、破旧荒凉—繁荣昌盛、自然纯朴—商业嘈杂、庄严神圣—超自然神秘"等截然不同的地方场所精神，旅游者跟随身体位移感知长征国家文化公园内部流动的场所精神。

（二）角色实践：角色与场所的互动

角色实践表现为个体或组织在特定社会空间根据角色规范和角色期望进行角色扮演的系列行为实践[1]，实践是行为和言论的结合[2]。旅游者角色

---

[1] 参见韦俊峰、明庆忠《侗族百家宴非遗文化旅游空间生产中的角色实践：基于"角色—空间"理论分析框架》，《人文地理》2020年第2期。

[2] Schatzki T. R., *Practice-based Education: Perspectives and Strategies*, Rotterdam: Sense Publishers, 2012, pp. 13-26.

实践体现为旅游者与场所的一系列互动事件，包括角色间互动和角色空间互动。在互动行为实践中，旅游者感受长征国家文化公园红色遗址地区别于单个红色景点的独特存在，并感知到场所内部持续的长征精神和流动的地方场所精神。角色空间互动是大尺度线性红色遗产场所中表现较为突出的角色实践行为，大尺度时空跨度促使旅游者与城市乡村空间和自然生态空间进行互动。旅游者在城市乡村空间中体验节庆活动、探究城乡空间布局、感受当地日常生活和创造空间新事物，随着空间的转换，旅游者感知城市、乡村、自然生态空间中场所精神的变化和流动。旅游者长时间暴露在自然生态空间中，身体被强烈地感知，在遭遇诸如夹金山雪山、若尔盖草原、金沙江激流等极端环境时，联想起红军革命战士的艰苦和不易，身体的存在认知在此刻达到顶峰，人类身份也因长时间沉浸在自然环境中得以显现与强调。

角色间互动包括旅游者与东道主、旅游者与历史事件角色、旅游者与途中非东道主和旅游者与社会网络角色四大类型，前两类是重走长征路的主要实践行为，表现为"盖党章、盖邮戳、集邮、与政府大院合影"等目的地打卡、长征精神重温与实践、历史探寻考证、历史文化普及传播等具体实践行为，是旅游者对长征精神的继承与发扬。后两类是辅助实践行为，其中与社会网络角色互动时，旅游者通过亲朋好友互动、朋友圈互动、直播互动、公众号互动与游记平台分享互动，再次体验旅行中持续的长征精神和流动的地方场所精神，并在分享中加入自身感悟，强调与再生产了长征国家文化公园场所精神。不断的重复使得长征精神深入旅游者内心，旅游者在旅游实践中维持与红军相似的行为举止，从行为习惯的体现中，自我结束怀疑，获得一致性，旅游者产生角色认同。

（三）角色认同

角色认同是角色在实践中认同社会对某个角色的行为标准并按此标准行事。[①]个体层面上，认同是个体对自我社会身份的理性肯定及社会行为的持续动力；社会层面上，认同是指社会共同体成员对特定信仰和情感的共同享有及社会共同体的内在维系动力。[②]旅游者随着角色情境转换扮演着不同角色，展现出不同的角色认同。重走长征路的旅游者角色主要体现在两个方面，一是角色作为个体的诸如旅游者、行程组织者、经历分享者等个体方面的自我认同，二是角色感知到场所精神而形成的诸如中华儿女、华夏子孙、中国人、人类等国家认同和人类身份认同。

1. 自我认同

自我认同是个体构建的一种身份叙述。[③]在现代快节奏的焦虑和不安中，个体角色期望和实践存在割裂，为了支持本体安全，叙事中的自我认同应该具有一致性和连续性。较之单个红色景点的短时间身心涉入，重走长征路是一段长时间沉浸于红色文化"空间共同体"的旅游实践。这种实践远离了日常生活的安全感和熟悉感，面对这种巨大的不安全感，游客有充分的时间重新评估他们的自身存在、自我意识以及生活方式，拥有了自我反思和更新的机会。旅游者长时间在崎岖不平的道路中行进、休整、再行进，身体得到磨炼，自身的耐力、韧性和坚持等品行得到挖掘，自我得到肯定。而与他人分享自身的故事、撰写游记、直播记录自身旅行等行为，使得旅游者得到他人欣赏、赞扬和尊敬，旅游者的知识获取能力、交流表达能力和领导能力得到

---

① 参见陈才、卢昌崇《认同：旅游体验研究的新视角》，《旅游学刊》2011年第3期。
② 参见汪信砚《全球化中的价值认同与价值观冲突》，《哲学研究》2002年第11期。
③ Giddens A., *Modernity and Self-Identity: Self and Society in the Late Modern Age*, Stanford: Stanford University Press, 1991, pp. 15-30.

肯定。同时，旅游者经历了徒步翻越雪山和过草地等极限运动，这种经历也可以作为旅游者生活故事中的"决定性时刻"，促进旅游者自我认同的发生。

> 重走长征路的意义，在我看来，不仅仅是去体会红军当时的艰苦和困难，还在于通过"追体验"（徐复观语，意思是试图感受别人经历过的感受/体验）来磨砺自身，让自身的毅力、勇气、耐心、统筹安排等方面得到增强。（摘自 M9 游记）

2. 国家认同

国家认同是公民对所属国家及本国历史、文化和制度等的认同与热爱，包含文化和政治两个层面。[1] 文化是想象的共同体，共同体成员尽管互不相识，但彼此之间存在某种共识与想象的一致性。旅游者长时间置身于国家权威倡导建设的大尺度红色文化场所，通过政府打卡、盖党章、听烈士后人讲述长征事迹、祭拜先祖、向途中小学与路人普及和传播长征精神等实践行为，感受长征沿线多民族军民团结奋斗的红色集体记忆，产生文化认同和中华民族共同体意识。同时，旅游者穿梭于城乡少数民族聚居地之间，感慨于我国地大物博、锦绣山川、璀璨文化与社会经济发展，表现出对中华民族文化、骨肉同胞和先辈先烈的热爱，对国家领土主权、政治法律体制的国家功能维护。长征国家文化公园红色遗址地提供了一个具备浓厚历史回忆和集体记忆的场所情境，旅游者在此了解历史、感悟当下，生成自豪感和安全感，释放出日常生活忽视的潜在而深沉的爱国情感。

---

[1] 参见张新成、梁学成、高楠等《长征主题红色旅游资源关注度的空间网络结构及其形成机制分析》，《旅游科学》2021 年第 3 期。

去年和今年分两次走完了红一方面军的长征路线，最大的感触是中国共产党的伟大，祖国的大好河山一片繁荣昌盛，对实现中国梦充满信心。（摘自M5游记）

3. 人类身份认同

个体能够在不同层次上定义自己的社会身份，最高的层次是将自己视为全人类的一部分及将自我归类为人类。[①] 重走长征路中，旅游者通过人类身份属性和场所刺激两方面产生人类身份认同。人类身份属性包括脆弱、坚韧、伟大、仁爱和不确定的命运，长征行军时期，红军遭遇了雪山、草地等极端自然环境，牺牲惨烈，展现了人类在大自然面前的脆弱与对未来命运的不确定性。与此同时，红军长征作为人类军事转移历史上的奇迹，是一段人类在极端环境中艰苦求生的曲折历史，彰显了人类在自然面前的坚韧和伟大。场所刺激来源于人类连续性和人类相互依存。长征沿线红色遗址地不仅是神圣的红色空间，也是展示当地历史文化和少数民族风情的历史性地方空间。旅游者在红色空间中了解到将士们和群众同舟共济、患难与共，在地方空间中体验当地日常生活、文化和艺术等，增强了民族间守望相助、共同发展的认识，加深了中华民族共同体的理解，在历史与现实的双重感受中体会人类相互依存。此外，中华民族历尽磨难、饱经沧桑，但文明从未中断，旅游者在变幻莫测的现实生活中感知到人类的历史延续性，清楚地意识到，相对于残酷的大自然，自身是人类的一分子。旅游者对人类身份的认识意味着一个人的自我概念从个体转变为全人类或人类集体的一部分，将自我定义为

---

① Wetherell M., Mohanty C. T., *The SAGE Handbook of Identities*, London: Sage Publications, 2010, pp. 45-62.

"我们"而不是"我"。人类身份认同也使得旅游者在面对自然危害、地区纠纷和国家纠纷等话题时，更容易采取积极正面的心态，更倾向于表现热情、亲近的行为。

> 重走长征路，像在历史和现实间穿行。我看到了变化，看到了永恒，也看到了人类在历史长河中的演变和更替。（摘自M3游记）

> 以后的世界会是什么样子？人类会不会如同恐龙一样无法适应气候的巨变而突然消失？我看不到那个时代，但忧心如焚。我要为维护原生态、改善环境做自己能做的，不以善小而不为，不以恶小而为之。（摘自M1游记）

四、结论与讨论

（一）结论

本文在理论层面建构"角色—场所"分析模型，以长征国家文化公园红色遗址地为研究区域，探究微观视角下旅游者的角色认同和实践机制。研究表明以下几点。①长征国家文化公园红色遗址地作为大尺度线性场所，由持续性长征场所和流动性地方场所共同组成，其场所精神由持续性长征精神和流动性地方精神交织构成。②旅游者置身于场所内部进行一系列互动实践行为（图4），包括角色间互动和角色场所互动。与东道主、历史事件人物以及自然生态空间的互动是旅游者角色的主要实践行为，旅游者通过角色实践感知场所与场所精神，并再生产地方场所精神。③作为实体形态的能指在实践中经过旅游者感知转译为所指，旅游者感知到场所精神和自己的身体存在，产生个体层面与集体层面的自我认同、国家认同和人类身份认

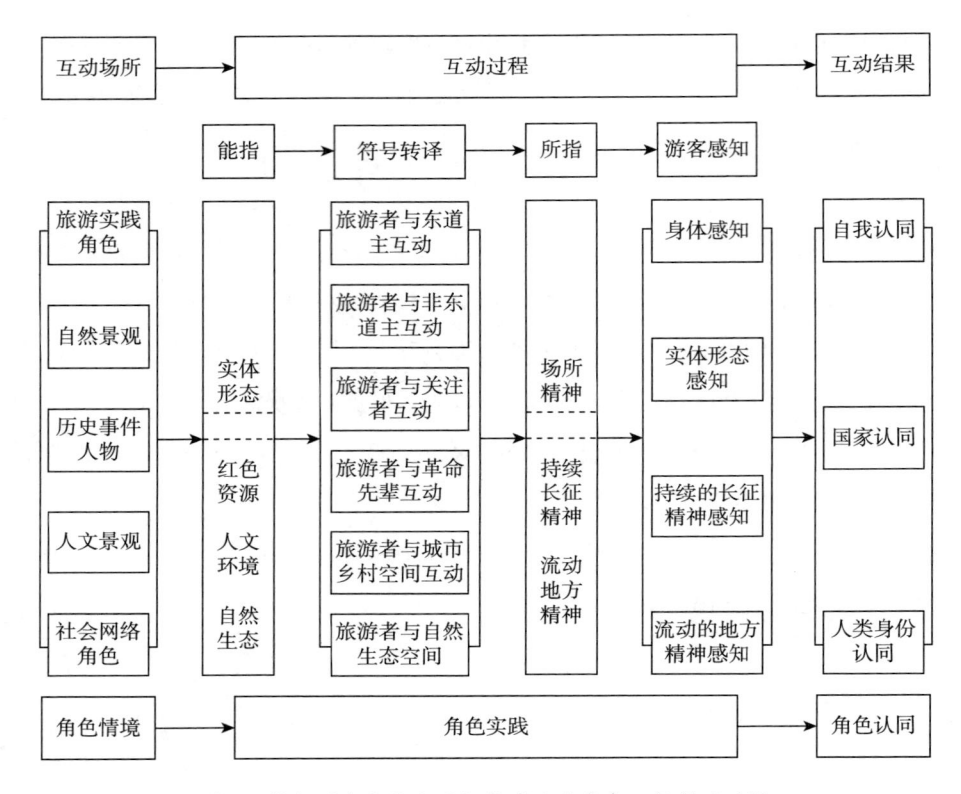

图 4　长征国家文化公园红色遗址地角色—场所互动图

同。其中人类身份认同来源于人类身份属性和场所刺激两方面，人类身份属性包括脆弱、坚韧、伟大、仁爱和不确定的命运，场所刺激源于人类连续性和人类相互依存。

（二）讨论

在文旅融合和长征国家文化公园建设的背景下，旅游者不仅是消费者，也是生产者，因此应关注旅游者的角色实践行为。首先，本文从旅游者视角出发，弥补了长征国家文化公园研究中旅游者主体关注不足的问题，强调了长征国家文化公园作为线性文化遗产的特殊性，并梳理了其内部的场所精神，丰富了流动性背景下红色旅游研究中的场所精神内涵。其次，长征国家文化公园可以是一个疗愈空间，当人们面临焦虑、迷茫和不安时，在这个旅程艰苦、生态原始、环境不断变化的场所里，游客能找到一种存在的状态，肯定自我，肯定国家和民族，进而肯定自己作为人类集体一部分的存在，并在一定程度上拓展了国际战争遗产旅游与国内红色旅游中的角色认同研究，将红色旅游中聚焦政治性、教育性的国家认同、文化认同、政党认同等角色认同研究引向更微观的自我认同和更宏观的人类身份认同。再次，人类身份认同的研究常见于难民危机、气候变化、流行病等严重人类灾难中，旅游领域中仅黑色旅游关注到人类身份认同[1]，而本文研究结论表明长征国家文化公园的红色旅游促使旅游者产生人类身份认同，这在一定程度上能促进人们更积极主动地应对全球气候变化与极端天气，驱动"人类命运共同体"建构。最后，从实践层面来看，本文肯定了重走长征路的意义和价值，因此可以推动"长征"类主题实践活动，开展诸如徒步、骑行、摩旅等多元旅游形式，加大沿线基础步道和场所精神建设，加快促进长征沿线革命老区社会经济高质量发展。

同时，本文也存在一定局限性。首先，就样本数据特征而言，网络游记撰写者的年龄趋向青年和中老年，"重走长征路"的样本数据中缺少对18岁以下青少年群体的关注。其次，就数据获取渠道而言，研究对网络数据加以分析和挖掘，缺少实地考察和"重走长征路"活动参与。未来研究可以考虑

---

[1] Zhang Yachen, "Experiencing Human Identity at Dark Tourism Sites of Natural Disasters", *Tourism Management*, 2022, Vol. 89, https://doi.org/10.1016/j.tourman.2021.104451.

线上网络爬虫和线下田野调查相结合的方式，补充青少年群体样本，用更全面、更完整的数据来完善旅游者在长征国家文化公园中的角色认同和实践机制，并进一步探究角色认同对场所与角色实践行为的影响。

（原载《人文地理》2023 年第 4 期）

黄河国家文化公园遗产保护与旅游利用的空间逻辑和协调机制[*]

王秀伟　何军霞　武秀杰

建设国家文化公园是新时代中国在文化遗产保护利用领域的创新实践、文化强国建设的重要载体和中华文明价值阐释的重要抓手，对彰显中华优秀传统文化持久影响力和革命文化强大感召力、集中建造中华文化重要地标具有重要意义。自2016年国家文化公园建设首次被列入国家"十三五"时期重大文化工程规划以来，其逐渐成为展示中华文明精神标识、传承中华优秀传统文化的重要举措。2020年10月，中国共产党第十九届五中全会提出建设黄河国家文化公园，党的二十大进一步擘画了建好用好国家文化公园的宏伟蓝图，国家文化公园建设上升到推进文化自信自强的战略高度。2023年7月，国家发展改革委、中共中央宣传部、文化和旅游部、国家文物局等部门联合印发《黄河国家文化公园建设保护规划》，强调加强文化遗产保护传承，深入挖掘黄河文化丰富内涵，全面阐释黄河文化时代价值。在战略规划引领下，黄河国家文化公园建设加速推进，黄河文化保护传承和文化遗产保护利

---

[*] 本文系国家社科基金项目"博物馆传承发展中华优秀传统文化的路径研究"（项目编号：20CKS050）的阶段性成果。

用取得显著成效。与此同时，黄河国家文化公园建设仍存在遗产保护与旅游利用空间关系不协调、主体功能区边界范围不确定、管理机制和责任主体不清晰等现实问题，需要在实践中不断完善机制、推进创新。本文立足黄河国家文化公园建设实际，系统阐述了黄河国家文化公园遗产保护与旅游利用的空间逻辑和协调机制，以期更好地把握黄河国家文化公园文化遗产保护利用的规律，为黄河国家文化公园建设提供理论支持和现实参考。

一、国家文化公园遗产保护与旅游利用相关研究梳理

20世纪中叶以来，促进文化遗产保护与可持续利用成为国际范围内的迫切需要。《威尼斯宪章》《保护世界文化和自然遗产公约》等国际遗产文件先后实施，强调原真性、完整性的文化遗产保护原则得到确认，为此后文化遗产的保护利用奠定了基调。在此背景下，文化遗产保护利用的多学科研究逐渐丰富，遗产保护与利用的辩证统一关系为学界所热议。如蒂莫西（Dallen J. Timothy）基于可持续性原则，主张在遗产资源利用和保护之间维持一种微妙的平衡。[1] 希拉里·迪克罗斯（Hilary du Cros）等认为文化遗产管理需坚持可持续性，遗产保护意味着对遗产的合理利用。[2] 强调保护为主、利用为辅[3] 或保护利用相辅相成、均衡发展[4] 亦成为国内学界的主流观点。

---

[1] Dallen J. Timothy, *Cultural Heritage and Tourism：An Introduction*, Bristol: Channel View Publications, 2011, pp.144-166.
[2] Hilary du Cros and Bob McKercher, *Cultural Tourism*, Oxford: Taylor and Francis, 2014, pp.45-76.
[3] 参见谢凝高《关于风景区自然文化遗产的保护利用》,《旅游学刊》2002年第6期；郑孝燮《加强我国的世界遗产保护与防止"濒危"的问题》,《城市发展研究》2003年第2期。
[4] 参见邹统钎等《遗产旅游发展与管理》，中国旅游出版社2010年版，第104—114页。

随着黄河流域生态保护与高质量发展战略的实施和《黄河国家文化公园建设保护规划》的提出，系统保护黄河文化遗产、深入传承黄河文化基因、讲好新时代黄河故事、打造具有国际影响力的黄河文化旅游带[1]成为保护传承黄河文化的首要任务。处理好遗产保护与利用之间的关系关乎黄河国家文化公园建设和黄河文化保护传承，因而受到学界高度关注。

将遗产保护与利用统一于国家文化公园建设中，形成遗产保护与开发利用的整体规划和政策支撑[2]是探讨二者关系的前提。据此，围绕如何看待国家文化公园建设中遗产保护与开发利用的关系，学界形成基本共识。遗产保护是旅游利用的前提，旅游利用要保持文化遗产的原真性；保护是国家文化公园利用的基本原则，遗产保护要有利于旅游开发；通过旅游开发扩大遗产保护范围等观点是这一共识的具体体现，也是遗产保护与利用辩证统一关系在国家文化公园建设中的生动诠释。[3]随着国家文化公园建设的推进，文化遗产保护与利用存在的问题引发了学界关注。通过梳理，可概括为主体功能区嵌套重叠致使文化遗产保护与利用边界模糊、文化遗产资源空间分散且活化利用同质竞争、遗产保护空间边界和责任主体不明确等几个方面。[4]怎样

---

[1] 参见《中共中央 国务院印发〈黄河流域生态保护和高质量发展规划纲要〉》，2021年10月8日，https://www.gov.cn/zhengce/2021-10/08/content_5641438.htm。
[2] 参见王方晗、王璐璐《以人为本遗产理念下的中国国家文化公园实践》，《民俗研究》2023年第1期；李艳主编《黄河国家文化公园：保护、管理与利用》，中国旅游出版社2022年版，第10页；邹统钎主编《国家文化公园管理总论》，中国旅游出版社2021年版，第97页；柏贵喜《系统论视域下国家文化公园建设：结构、功能、机制》，《中国非物质文化遗产》2022年第1期；吴殿廷、刘锋、卢亚等《大运河国家文化公园旅游开发和文化传承研究》，《中国软科学》2021年第12期。
[3] 参见傅才武、程玉梅《"文化长江"超级IP的文化旅游建构逻辑——基于长江国家文化公园的视角》，《福建论坛（人文社会科学版）》2022年第8期。
[4] 参见苗长虹《文化遗产保护能够从自然保护中学什么——以黄河国家文化公园建设为例》，《探索与争鸣》2022年第6期；安倬霖、周尚意《基于地理学尺度转换的国家文化公园文化遗产保护机制》，《开发研究》2022年第1期；祁述裕《国家文化公园：效果如何符合初衷》，《探索与争鸣》2022年第6期。

妥善处理文化遗产保护和利用的关系，自然成为国家文化公园研究的重点。张祝平认为，处理好黄河国家文化公园遗产保护与合理开发关系的关键是做好对"度"的把握。[①]李雪、梅耀林、邹统钎等进一步提出，根据国家文化公园功能区的主体功能把握文化遗产保护与利用的尺度，界定保护与利用的空间关系，明确文化遗产资源权属选择策略。[②]孙世芳从国家文化公园遗产保护与旅游利用融合角度，主张文化遗产融入旅游标识体系，进入旅游景观序列，转入旅游体验项目，嵌入旅游多元业态。[③]张朝枝等提出，建立与社区生计相适应的遗产保护利用制度，构建以价值传播为核心的遗产利用体系。[④]韩子勇等倡导建设国家文化公园步道系统，创新国家文化公园文化遗产保护利用模式。[⑤]钟晟指出，营造文化时空场景、确立文化价值符号、构建文化叙事体系有利于反哺文化遗产保护。[⑥]上述研究成果视角多元且富有启发，体现了学界的最新思考。

国家文化公园是中国吸收国际遗产可持续保护利用思想进行的本土化创新实践，建设伊始，文化遗产保护与利用就成为研究的重要对象和主要

[①] 参见张祝平《黄河国家文化公园建设：时代价值、基本原则与实现路径》，《南京社会科学》2022年第3期。

[②] 参见李雪、赵云《可持续发展视野下的国家文化公园主体功能区研究——以大运河为例》，《中国文化遗产》2021年第5期；梅耀林、姚秀利、刘小钊《文化价值视角下的国家文化公园认知探析——基于大运河国家文化公园实践的思考》，《现代城市研究》2021年第7期；邹统钎、韩全、李颖《国家文化公园：理论溯源、现实问题与制度探索》，《东南文化》2022年第1期。

[③] 参见孙世芳《高质量建设国家文化公园——促进文化和旅游产业深度融合（下）》，《经济日报》2021年9月2日。

[④] 参见刘庆柱、汤羽扬、张朝枝《笔谈：国家文化公园的概念定位、价值挖掘、传承展示及实现途径》，《中国文化遗产》2021年第5期。

[⑤] 参见韩子勇、任慧《国家文化公园步道建设的意义、原则与策略——以长城国家文化公园为例》，《西北师大学报（社会科学版）》2022年第5期。

[⑥] 参见钟晟《文化共同体、文化认同与国家文化公园建设》，《江汉论坛》2022年第3期。

路径。① 随着国家文化公园体系的完善，文化遗产保护与旅游利用的研究成果日益丰富，为探究二者的协调发展机制奠定了基础。然而，现有成果多表现为将遗产保护与旅游利用关系的研究移植到国家文化公园这一载体中，与国家文化公园建设实际的结合不够紧密。研究多侧重于二者之间的关系认知、问题分析、对策思考等传统思路，更多属于中宏观视域下平面式的分析，对国家文化公园空间属性、功能分区以及基于此的遗产保护与旅游利用的空间协调的探讨相对薄弱。本文将遗产保护与旅游利用的关系置于黄河国家文化公园的大尺度、多层次空间内，从空间协调角度分析黄河国家文化公园建设中遗产保护与旅游利用协调发展的实践逻辑和实施机制，有助于夯实遗产保护与旅游利用的理论基础，理顺国家文化公园建设中遗产保护与旅游利用的空间关系，助力黄河国家文化公园遗产保护与旅游利用的协调发展。

二、黄河国家文化公园遗产保护与旅游利用的空间张力

根据《黄河国家文化公园建设保护规划》，全面推进强化文化遗产保护传承、深化黄河文化研究发掘、提升环境配套服务设施、促进黄河文化旅游融合、加强数字黄河智慧展现，是黄河国家文化公园建设的重点任务。遗产保护与旅游利用内嵌于上述重点任务中，二者的协调发展是建好用好黄河国家文化公园的关键。现实中，一方面，黄河国家文化公园四类重点功能区之间边界模糊、功能交错，遗产保护与旅游利用交织于各功能区；另一方面，

---

① 参见戴俊骋《国家文化公园研究的路径分析》，《旅游学刊》2023年第6期。

建设目标思路、主体功能认知、资源要素投入、事权财权分配等主客观因素导致中央和地方在黄河国家文化公园建设中的价值重心和行动逻辑上存在错位。黄河国家文化公园遗产保护与旅游利用的协调发展将同时受到上述两个维度空间张力的影响。此外，随着黄河国家文化公园建设的推进，文化遗产保护状况、文化生态位水平和空间可触达条件必然发生变化，遗产保护与旅游利用的价值定位与空间准入也会发生调整，无疑增加了遗产保护与旅游利用协调发展的挑战。

（一）横向维度：重点功能区空间与功能叠合

在"一廊引领、七区联动、八带支撑"的总体空间布局下，以黄河文化资源和特色地域文化为依托，黄河国家文化公园将分类建设管控保护、主题展示、文旅融合、传统利用四类重点功能区。这既是根据文化遗产整体布局、禀赋差异、自然条件、周边人居环境、国土空间规划做出的空间划分，也是功能分区思想在国家文化公园建设中的体现，旨在有效推进文化遗产保护与利用的协调发展。由于四类重点功能区的划分标准不具体，功能区之间边界范围不清晰，不同功能区的功能存在叠合交错，以致文化遗产保护与利用交织存在于各功能区。然而，四类重点功能区的主体功能定位又相对明确，使得文化遗产保护与利用在各功能区的空间规划、存在形态和资源投入方面具有一定差异，在同一功能区内亦呈现出既相互依存又潜在冲突的状态。黄河国家文化公园重点功能区内和功能区之间遗产保护与利用的异质性及其在同一地理空间内的互斥性形成横向维度的空间张力。

功能区是一个非封闭化的开放空间，空间内遗产保护与旅游利用的区隔和界限并不十分清晰。虽然各功能区主体功能定位相对明确，但遗产保护与旅游利用边界的模糊容易导致实践中难以把握二者的空间关系。在同一空间内，遗产保护与旅游利用的互斥性会随着加强保护和综合利用两种趋势的强化而加剧。相关政策一方面强调对功能区内的文物和文化遗产进行保护，另一方面突出文化遗产面向公众的展示利用，一定程度上将引发二者对特定空间的争夺，出现遗产保护与旅游利用相抵牾的情形。这也成为遗产保护与旅游利用空间张力的直接来源。例如，管控保护区虽需严格落实对文化遗产本体及周边环境的管控保护要求，但除濒危文物外，管控保护并不意味着将遗产本体与周围环境完全隔离开。本着最小干预原则，在做好空间规划和线路设计的前提下，管控保护区亦被允许向社会公众开放，通过引导公众近距离参观文物保护单位和文化遗产，增强他们对文化遗产保护和文化传承的自觉意识。管控保护区是文化遗产资源分布最集中的区域，对热衷于参观体验遗产本体的公众具有强大吸引力，但因该功能区突出对文化遗产及周边环境的严格保护和管控，公众可进入的空间范围和参观行为必然受到一定限制。除了部分文化遗产和文保单位采取物理隔离措施，遗产本体及周边环境的准入性并没有受到严格限制，特别是在国家文化公园的开放性空间内，文化遗产的可触达性更强。在遗产保护与旅游利用边界不明确的情况下，文化遗产保护容易受到旅游者旅游行为的干扰，从而增加了文化遗产保护的压力；旅游空间和主体行为也可能因文化遗产保护措施升级而受到一定限制。又如，主题展示区属于典型的遗产保护与旅游利用交织的功能区，文化遗产保护成果以实物形态在核心展示园、集中展示带、特色展示点等空间展示。该功能区主张在文化遗产保护的基础上突出遗产资源的展示性利用和开发。[1] 主题展示区具有开放性、分散性特征，理论上所有空间都可面向公众开放，但随着游客的进入，文化遗产被更多展示的同时，其保护空间也将受到挤压。特别是

---

[1] 参见王方晗、王璐璐《以人为本遗产理念下的中国国家文化公园实践》，《民俗研究》2023年第1期。

游客素养的不可预知性及其行为的不可控性，更是加大了遗产保护的难度，模糊了遗产展示的尺度，进一步引发遗产保护与旅游利用空间关系的紧张。

黄河国家文化公园虽已划定四类重点功能区，但并未明确功能区的空间范围，功能区边界模糊，且存在空间上的嵌套重叠现象。① 各功能区都承担着一定的文化遗产保护和利用功能，虽然不同功能区在遗产保护的空间规划和布局、遗产保护利用方式和类型方面存在差异，但遗产保护和旅游利用并不因功能区的划分而存在明显空间区隔。这在很大程度上使得功能区之间的界限越发模糊甚至消解，进而使得遗产保护与旅游利用在不同功能区呈现空间交叠甚至错位现象，形成横向维度的空间张力。文旅部门在对国家文化公园建设方案的解读中指出："文旅融合区，由主题展示区及其周边就近就便和可看可览的历史文化、自然生态、现代文旅优质资源组成。"② 从政策制定者对国家文化公园建设方案的阐释中不难看出，主题展示区和文旅融合区并无明确的空间边界，二者在空间上呈现叠合嵌套状态。这将导致功能区遗产保护与旅游利用功能的交错，影响功能区的价值定位与空间准入，遗产保护与旅游利用容易发生空间错位和在不同功能区比重的失调，从而增加遗产保护与旅游利用协调发展的难度。

（二）纵向维度：央地价值重心与行动逻辑错位

国家文化公园建设采取"中央统筹、省负总责、分级管理、分段负责"

---

① 参见苗长虹《文化遗产保护能够从自然保护中学到什么——以黄河国家文化公园建设为例》，《探索与争鸣》2022年第6期。
②《探索新时代文物和文化资源保护传承利用新路——中央有关部门负责人就〈长城、大运河、长征国家文化公园建设方案〉答记者问》，2019年12月5日，http://www.xinhuanet.com/politics/2019-12/05/c_1125313523.htm。

原则，由中央政府统筹黄河国家文化公园建设规划布局，地方政府负责推进辖区内国家文化公园建设并承担具体管理职责。然而，在国家文化公园建设过程中，中央和地方对建设的目标思路、主体功能的认知不尽一致，资源要素投入、事权财权分配亦不均衡，将导致央地价值重心和行动逻辑上的错位。

立足国家战略高度，黄河国家文化公园建设旨在营造构筑中华民族文化共同体的公共场域、展示中华文明精神标识的空间载体和承载中华儿女共同记忆的精神家园。基于此，中央对黄河国家文化公园建设的价值定位和总体目标是：以文物和文化遗产保护传承为核心增强文化认同，"深入挖掘黄河文化丰富内涵和历史意义，全面阐释黄河文化时代价值"，"打造民族性世界性兼容的文化名片"。[1]加强文化遗产保护传承和黄河文化传承弘扬的目标定位为地方推进黄河国家文化公园建设提供了基本导向和价值遵循，黄河国家文化公园建设规划和目标的实现有赖于地方各级政府的组织实施和有效管理。

黄河国家文化公园作为大型公共文化工程，建设中"需要数额巨大且可持续的资金支持"[2]。虽然国家文化公园建设资金由中央和地方共担，但地方政府作为主要建设方，需要在中央财政专项建设经费之外投入更多配套资金，用于建设重点项目、解决土地置换问题、保护文化遗产和生态环境。这对财政收入不高的地方政府来说确有一定困难，容易造成其财政紧张和债务负担。国家文化公园相关项目建成以后，不仅需要根据实际情况追加投资，

---

[1]《〈黄河国家文化公园建设保护规划〉发布》，《光明日报》2023年7月18日。
[2] 祁述裕：《国家文化公园：效果如何符合初衷》，《探索与争鸣》2022年第6期。

而且需要巨额运营维护经费，绝非单纯的政府财政资金所能承受的。① 如何解决国家文化公园建设中持续性的资金投入难题，对地方政府是一项考验。利用黄河国家文化公园区域内丰富的文化遗产资源发展遗产旅游、生态旅游，通过遗产资源的旅游利用及其溢出效应获取经济回报成为地方政府的重要选择。在此过程中，旅游利用带来的持续性的经济回报及其所产生的"光晕"容易遮蔽遗产保护的社会价值，造成二者价值重心的失衡，甚而影响地方政府在国家文化公园建设和运行中的规划理念和行动逻辑。从当前实践可以看出，文化遗产资源的旅游利用更易受到地方政府重视，与之形成对比的是遗产保护资金投入往往不足或保护措施不到位，一定空间内旅游利用的扩大使得文化遗产本体及周边环境面临冲击。中央和地方在国家文化公园建设中的价值重心和行动逻辑上的异质性，使遗产保护与旅游利用之间业已存在的空间进一步变大。

三、黄河国家文化公园遗产保护与旅游利用协调发展的内在逻辑

黄河国家文化公园作为大尺度、跨区域的文化空间，其遗产保护与旅游利用的协调发展需要突破传统遗产理论将二者割裂对立的视角。以劳拉·简·史密斯（Laura Jane Smith）为代表的学者在对传统遗产理论进行反思的基础上，逐渐形成批判性遗产理论。该理论将遗产看作文化实践的过程，强调围绕遗产的本真性所开展的各种实践是遗产保护的重点。批判性遗

---

① 参见周刚志、徐华《论长征国家文化公园立法》，《中南大学学报（社会科学版）》2023年第2期。

产理论主张对权威遗产话语的解构和批判，使大众话语能够充分参与遗产保护与利用[1]，以遗产的协商建构和文化实践[2]凸显遗产保护与利用的内在一致性，为国家文化公园遗产保护与旅游利用的协调发展提供了理论依据。根据批判性遗产理论，黄河国家文化公园遗产保护与旅游利用的协调发展需要突出社会公众的参与和文化空间的实践，遵循文化空间从孤立到联结、内容要素从单一到融合的内在逻辑。

（一）从孤立到联结：文化空间的重构

空间重构是通过对空间的重新塑造，形成新的空间单元和空间结构的过程。黄河国家文化公园的文化空间重构，是在优化当前文化遗产保护与利用空间结构的基础上，对依附于其上的社会关系进行重新整合，最终形成新的遗产保护利用格局。文化空间的重构首要在于文化遗产所处物理空间的重新建构。根据《黄河国家文化公园建设保护规划》，四类重点功能区主要立足文化遗产分布空间，在尊重遗产原真性和资源禀赋的基础上，将孤立的遗产空间联结为复合型空间，实现物理空间利用最大化。在黄河国家文化公园建设中，遗产保护与旅游利用的互动通过四类重点功能区的规划形成自适应系统，横向整合各功能区在遗产保护与旅游利用的功能和布局，明确遗产保护与旅游利用空间边界的同时使之在四类重点功能区自成一体，避免出现彼此孤立或空间叠合情形。在此基础上，文化空间的重构还需对依附于物理空间之上的经济社会关系进行重组。黄河国家文化公

---

[1] 参见［澳］劳拉·简·史密斯《遗产利用》，苏小燕、张朝枝译，科学出版社2020年版，第20页。
[2] Rodney Harrison, *Understanding the Politics of Heritage*, Manchester: Manchester University Press, 2010, pp.5-42.

园建设使区域内原本孤立存在的文化空间连缀为一体，成为跨区域、复合型的文化共同体。遗产保护、旅游利用、民众生产生活都被纳入这一文化共同体中。国家文化公园的制度规范、功能分区将该空间内的经济社会关系和生产生活状态由最初的分异和无序整合为统一有序，最终形成基于文化认同的文化共同体。黄河国家文化公园的文化空间重构既是对沿黄民众生活、生产、生态空间的重塑，也是对遗产保护与旅游利用关系的深刻调整。

"空间重构本质上是去地域化和再地域化不断联结、相互循环的过程"[1]，表现出极强的社会性。一方面，随着黄河国家文化公园建设的推进，区域内的遗产单体通过国家文化公园这一巨型文化空间联结为一个整体，各地相对封闭的遗产保护与旅游利用行为被整合到黄河国家文化公园建设的统一行动中，表现为典型的去地域化倾向。另一方面，从隶属于地方保护、管理与运行的点状文化遗产到系统化建设的"线性文化遗产景观体系"[2]，黄河国家文化公园借助顶层设计、文化联结等优势，将沿黄省区"捆绑"在一起，推进跨地域合作，形成再地域化的共同身份标识，从而实现遗产保护与旅游利用的协调发展。

（二）从单一到融合：空间尺度的重组

尺度是一个由空间、地方和环境组成的复杂混合体中的关键要素[3]，既指

---

[1] 杨海华：《尺度重组视角下中国城市群空间重构探究》，《区域经济评论》2019年第2期。
[2] 张一、张春彦：《京津冀线性文化遗产景观体系构建——以太行东麓遗产带为例》，《中国园林》2018年第10期。
[3] Sallie A. Marston, "The Social Construction of Scale", *Progress in Human Geography*, 2000, Vol. 24, No. 2, pp.219-242.

特定地域的物理空间，也包含"绝对空间中形成的特定社会关系"[①]。尺度重组则是"通过尺度空间的构建，加强对尺度空间所涉及的权力、制度和关系的认知，用于分析尺度类型、权力配置、管理体制、区划边界等内容"[②]，"是一个空间与附着其上的政治、经济、社会、文化关系再结合的过程"[③]。经过尺度重组的地域空间具有优化空间布局和资源配置的竞争优势，能够得到区域空间发展的最优解。从空间尺度重组角度审视，国家文化公园建设是一个跨地域空间尺度的重组过程。黄河国家文化公园可分为全域、省域、县域等多个空间尺度，每个尺度都有相应的形态。原本呈分散状态的文化遗产被纳入黄河国家文化公园实施整体保护，势必要实现尺度形态的转换。遗产保护与旅游利用也将跳脱原有地方尺度的藩篱，根据遗产保护与旅游利用协调发展的需要进行空间尺度重组，在新的空间尺度下重新规划黄河国家文化公园的地理空间，构建新的社会网络空间。通过尺度重组，黄河国家文化公园遗产保护和旅游利用由单一形态逐渐走向融合。不同空间尺度形态下所构建的社会网络空间将进一步形成新的社会空间和精神空间。由此，黄河国家文化公园跨地域整合搭建起由展示空间、体验空间、情感空间所组成的三维空间结构。（图1）

地理空间的尺度重组意在整合与重构黄河国家文化公园的整体空间，通过对文化遗产及所处空间的重新布局，在提升原空间战略地位的同时形成合理有序的展示空间。该空间由管控保护区、主题展示区、文旅融合区、传统

---

① 殷洁、罗小龙：《尺度重组与地域重构：城市与区域重构的政治经济学分析》，《人文地理》2013年第2期。
② 杨海华：《尺度重组视角下中国城市群空间重构探究》，《区域经济评论》2019年第2期。
③ 胡晓亮等：《基于尺度重组的发达国家小城镇转型发展研究综述与反思》，《地理科学进展》2023年第4期。

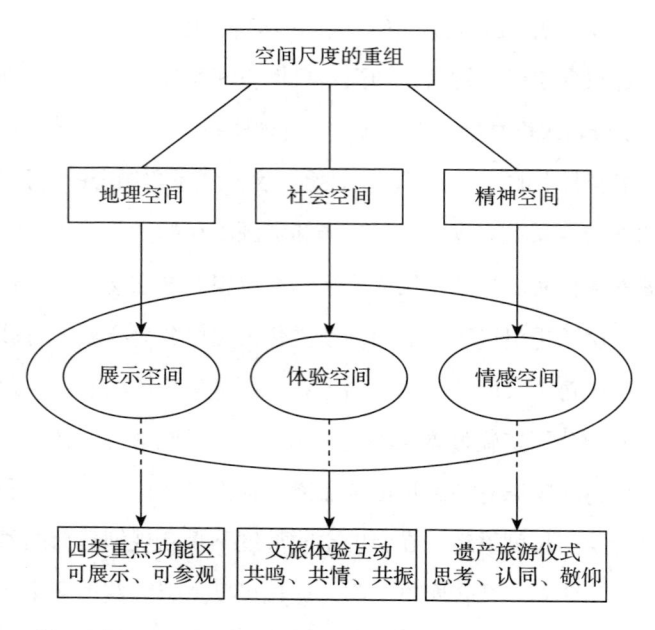

图 1　黄河国家文化公园遗产保护与旅游利用尺度重组的三维空间结构

利用区四类重点功能区中向公众开放的展示空间共同构成。四类重点功能区系统展现黄河文化生态，为公众提供了可参观体验的遗产旅游场景和空间。公众在黄河国家文化公园参观体验过程中与文化遗产承载的文化内涵、精神意蕴产生情感联结，无形中激起自身对文化遗产保护的责任感和使命感。社会空间的尺度重组是在地理空间重构基础上对社会空间的边界范围、生产生活方式、空间主体关系进行的重构。对遗产保护与旅游利用而言，通过对黄河国家文化公园社会空间的重构，形成特定的文化遗产体验空间，以遗产的旅游利用为主的互动模式主导着文化遗产体验空间的形成。列斐伏尔（Henri Lefebvre）在其空间的三元辩证法中提出，人们是以自己的身体与外部世界建立感性联系的，"社会空间的物质性正是通过以身体为基础的空间感知在日常生活世界中得以呈现"[①]。遗产与旅游的结合使参与其中的公众突破了对文化遗产的凝视，代之以具身性的体验活动，实现与文化遗产的互动和对遗产所处空间的感知。黄河国家文化公园建设中注重保护文化遗产及周边环境的原真性和整体性，通过文旅体验行为促进公众与空间的有效互动，在此过程中实现公众情感的共鸣、共情和共振。精神空间的尺度重组是凝结精神文化意蕴的文化遗产在国家文化公园的大尺度空间内，由最初仅表征遗产自身价值和地方文化意义，上升到在国家尺度层面对于文化传承和文明赓续具有宏大意义，伴随意义升华的是文化遗产及周边环境精神空间的重构。黄河国家文化公园精神空间的尺度重组作用于进入该空间的公众，形成或塑造着公众的情感空间。地理空间和社会空间尺度的重组为公众构建了可观可感的遗产空间，公众通过自下而上的遗产旅游仪式感知丰富的黄河文化价值意涵，二者的互动无形中实现了公众情感的升华。因此，正是借助遗产旅游的"仪式化"程序，公众自觉或不自觉调动着自身感官、情绪，在思考、认同、敬仰等情感共鸣中完成了对黄河国家文化公园文化遗产的参观、体验活动，同时实现了自身情感空间的重构。

四、黄河国家文化公园遗产保护与旅游利用的协调机制

构建稳定的协调机制，是缓解遗产保护与旅游利用的空间张力、延展国家文化公园价值空间的重要保障。结合黄河国家文化公园遗产保护与旅游利用空间张力的表现和对二者内在逻辑的分析，可以建立空间整体性整合机

[①] 李春敏：《论列斐伏尔的三元辩证法及其阐释困境——兼论空间辩证法的辨识与建构》，《山东社会科学》2023年第9期。

制、尺度调适性对话机制和文旅反哺性补偿机制来推动遗产保护与旅游利用的协调发展。

（一）建立空间整体性整合机制

空间整体性整合机制是优化遗产保护与旅游利用协调发展的首要机制。空间整体性整合机制旨在从黄河国家文化公园建设内容出发，在多层次空间尺度中聚焦文化遗产空间保护、开发、利用等活动，优化四类重点功能区空间边界和功能布局，完善政府间协同治理，在功能内部、层级之间构建整体利益最大化的治理模式，既协调跨域资源又激发文旅融合潜力，形成遗产保护与旅游利用的协调治理格局。

由于黄河国家文化公园四类重点功能区的空间界限并不清晰，以致遗产保护与旅游利用界限相对模糊。保持文化遗产的原真性和完整性是功能区划分的出发点，整合机制应在尊重各类功能分区原则基础上侧重于功能区遗产保护与旅游利用中的功能整合。同时，鉴于不同区段在资源禀赋和开发利用方面的比较优势，应注重四类重点功能区的空间整体协同性，打造各功能区错位差序发展的合理格局。[①] 在功能区内部，建立完善高效的空间规划体系和治理机制，推进黄河国家文化公园遗产保护与旅游利用空间一体化，促进空间资源的优化配置和共享共用，确保空间功能整合的可持续性和长期效益。在治理功能上，四类重点功能区功能整合应侧重对由空间范围交叉重叠、遗产保护目标和利用手段冲突导致的建设效果碎片化进行的整合，如在

---

① 参见吴承忠、鲍新中主编《国家文化公园蓝皮书：中国国家文化公园报告（2022）》，社会科学文献出版社 2022 年版，第 36 页。

濒危遗产或核心遗产保护区域外设置"不可侵犯带"[①]作为遗产保护盾，防止旅游开发活动的不当介入。同时，需要各部门通力合作，将黄河国家文化公园内分散的文化遗产资源纳入遗产保护整体框架，并统筹遗产保护与旅游利用空间规划，破除部门壁垒，在遗产保护与旅游利用协调上形成共识，构建整体协作关系。

中央政府与地方政府以及地方政府之间的跨地方、跨部门治理尤为重要，因此需要优化整体性整合机制。首先，建立跨地方的协调议事机制，统一各地遗产保护和旅游利用的规范和标准，统筹划定黄河国家文化公园各重点功能区的空间边界，明确遗产保护与旅游利用在各功能区的空间范围，"重视与国土空间规划、生态保护红线的有机衔接"[②]。在此基础上，构建不同行政区之间的横向合作机制，相邻省区、市县作为一个整体共同致力于同一功能区的遗产保护与旅游利用，最终形成遗产保护与旅游利用的纵向统一，实现整体利益最大化。其次，通过建立跨层级协调机制，有效协调黄河国家文化公园建设中的顶层设计和属地管理关系。保持中央和地方在黄河国家文化公园功能定位、思想理念上的吻合，强化中央顶层设计对地方建设实践的指导意义，同时使地方主张有效融入黄河国家文化公园顶层设计，确保二者在价值重心和行动逻辑上的一致性。

（二）构建尺度调适性对话机制

尺度调适是从尺度层面对黄河国家文化公园遗产保护与旅游利用空间张

[①] 邹统钎、仇瑞：《国家文化公园整体性保护思想诠释与路径探索》，《民俗研究》2023年第1期。
[②] 苗长虹：《文化遗产保护能够从自然保护中学到什么——以黄河国家文化公园建设为例》，《探索与争鸣》2022年第6期。

力的回应。建立尺度调适性对话机制旨在通过尺度调整适应遗产保护与旅游利用的协调发展。在黄河国家文化公园建设和运营实践中，当遗产保护与旅游利用在一定空间内关系紧张甚至出现冲突时，从协调发展的角度对二者所处的尺度形态进行调适，能够更好地适应国家、省域、县域等空间尺度的管理需求，具有重要应用价值。构建尺度调适性对话机制，主要是通过协同沿黄省区四类重点功能区进行空间尺度的升维，将遗产保护和旅游利用由地方尺度上升到国家尺度，打破地方固有利益格局，在国家尺度层面推动二者的对话协商。

  尺度升维后，跨地域空间重组的文化遗产系统实现了更高层次的保护、传承与利用。与此前地方性的封闭模式不同，不同区段经过尺度调适后的遗产保护与旅游利用更加注重黄河国家文化公园整体的协调性和系统性，遗产保护与旅游利用的尺度特性逐渐从一元内聚转向多元耦合。随着耦合性的强化，因地方对遗产保护与旅游利用价值认知偏差而导致的不当介入及其对黄河国家文化公园文化共同体稳定性的影响将逐步得到改善。然而，这种高耦合性也意味着在整体协调发展过程中，地方可能因空间规划和项目建设的同质化而丧失其原有的特色，这将进一步激化遗产保护与旅游利用的矛盾。在纵向传导组织架构下，国家文化公园领导小组的工作机制已不能适应国家文化公园日常管理需要的规范性和常态化要求[1]，黄河文化遗产保护与旅游利用之间的协调方案和机制设计表现出一定的滞后性。因此，在国家层面应拓宽四类重点功能区空间尺度升维的渠道，在国家文化公园建设工作领导小组基础上设置具有管理决策权、组织调配权的独立部门，由其直接负责协调和

---

[1] 参见吴承忠、彭建峰《国家文化公园建设中的央地关系研究——基于制度堕距的视角》，《福建论坛（人文社会科学版）》2023年第6期。

管理国家文化公园的日常事务。例如，针对管控保护区公众空间准入难题，中央政府应赋予地方政府一定自由裁量权，允许其依据联合国教科文组织《实施〈世界遗产公约〉操作指南》，在遗产保护区域周边设置"弹性缓冲区"[1]，以有效解决该功能区遗产保护与旅游利用的边界界定问题。由此，在确保遗产得到完整性和原真性保护的同时，有效利用遗产周边资源为游客提供完整的旅游体验，使遗产保护与旅游利用并行不悖。此外，由中央政府牵头建立国家层面的常态化对话机制和沟通协调机制，相关部门围绕黄河国家文化公园四类重点功能区遗产保护与旅游利用的现状做出定期评估，通过动态的对话协调各地在遗产保护与旅游利用空间张力上的立场和行动。该过程中，各地方政府有望通过建设理念的交流，积极协商讨论并寻找最佳利益平衡方案，消除地方合作顾虑，最终达成建设黄河国家文化公园的信任共识和共建共治格局。

（三）创立文旅反哺性补偿机制

文旅反哺性补偿机制是改善遗产保护与旅游利用现状的重要调节机制。实践表明，黄河国家文化公园遗产保护与旅游利用因各地建设资金投入的不平衡以及遗产保护与旅游利用效益的不同而难以实现全域协调发展。借鉴文化生态补偿[2]理念，文旅反哺性补偿机制是通过旅游开发利用等方式对黄河国家文化公园区域内因保护文化遗产失去原有生产生活方式和发展机会的主体进行相应补偿的机制，旨在实现旅游利用对遗产保护的

---

[1] 刘军民等：《国土空间规划中线性文化遗产的保护利用研究——以咸阳市为例》，《城市发展研究》2021年第3期。
[2] 参见刘春腊等《文化生态补偿的理论内涵及框架探究》，《经济地理》2019年第9期。

反哺。一方面，严格的遗产保护政策在一定程度上限制了管控保护区等功能区招商引资的可能，压缩了地方经济发展的空间；另一方面，为配合黄河国家文化公园重点功能区建设，部分功能区内民众搬离了原住区域或者改变了原有生产生活方式，在一定程度上为遗产保护做出了牺牲。文旅反哺性补偿机制综合考虑文化遗产的外部性特征和旅游活动的经济引擎效应，通过正向激励和反向约束等方式补偿损失，有助于引导遗产保护与旅游利用协调发展。

根据分配正义原则，文旅反哺性补偿机制需要充分考虑因开展文化遗产保护而受到影响的地区的实际和需求。因此，该机制的受偿对象包括因保护黄河国家文化公园的文化遗产而不得不改变原有生产生活方式或失去发展机会的地区和民众。根据"谁使用、谁受益、谁负责"的原则，补偿主体除黄河国家文化公园建设管理中的中央政府、各级地方政府外，还包括文旅活动的受益者和消费者。为实现有效补偿，文旅反哺性补偿机制应引入包括资金补偿、技术补偿在内的多元化补偿方式。资金补偿是最常见的补偿方式，由中央和地方财政专项资金以及社会资本两部分构成：财政专项资金侧重于补偿因旅游利用产生的文化遗产和文化生态保护支出；社会资本主要通过特许经营等方式吸引文旅企业进入黄河国家文化公园围绕特定主题进行旅游开发，并将旅游开发的部分收益作为遗产保护补偿资金。技术补偿主要指通过引入先进的文化遗产保护技术和旅游开发理念，促进遗产保护高效化和旅游利用科学化。

文旅反哺性补偿机制的制定和实施，既要充分凸显遗产保护价值，又要兼顾效率与公平。因此，应在厘定文旅反哺性补偿标准基础上，实施差异化的补偿方案。据此，文旅反哺性补偿的实施应兼顾以中央政府和地方政府作为补偿主体的纵向补偿，以及以文旅活动的受益者和消费者为补偿主体的横向补偿。纵向补偿层面，一方面，中央政府对地方政府进行直接资金补偿与政策补偿，如资金等要素向后发弱势区倾斜，这是处理整体与局部、纵向与横向、协同与分化关系的关键[①]；另一方面，地方政府根据四类重点功能区中遗产保护项目的辐射效应，调拨财政专项资金或引入社会资本对项目范围内不得不改变原有生产生活方式或失去经济发展机会的民众进行相应补偿。可借鉴普达措国家公园的旅游反哺政策[②]，通过合理保存传统生活生产区域内文化生态、适度发展文化旅游等，实现旅游收入反哺地方经济发展。横向补偿层面，在建立统一的遗产保护评价体系基础上，创建国家文化公园文化遗产保护资金池，根据文化遗产保护需要协调资金分配；为防止补偿资金使用不当，应制定一套实施补偿的评估指标和监督体系，纳入文旅反哺性补偿机制。对于重点遗产保护区域，需要采取更为严格的补偿资金使用监管措施，确保资金切实用于推动黄河国家文化公园遗产保护与旅游利用的协调发展。

五、结语

建设黄河国家文化公园不仅是推动黄河流域生态保护和高质量发展的关键，更是彰显中华文化独特魅力和时代价值的重要举措。随着黄河国家文化公园建设的推进，遗产保护与旅游利用之间的协调发展越发重要。处理好二者之间的关系关乎黄河国家文化公园功能的发挥、遗产保护利用关系的理顺

[①] 参见吴承忠、鲍新中主编《中国国家文化公园报告（2022）》，社会科学文献出版社2022年版，第32—33页。
[②] 参见唐立洲《普达措国家公园管理模式研究》，硕士学位论文，云南大学，2016年。

和国家文化公园的持续运行。从人文理性维度考量，当前黄河国家文化公园整体协调性不足、运营管理仍存在诸多障碍，遗产保护与旅游利用中存在横向和纵向双重空间张力，如何实现二者的协调发展更是当前亟须破解的难题。因此，在廓清黄河国家文化公园遗产保护与旅游利用空间张力问题之上，梳理遗产保护与旅游利用空间协调的内在逻辑，检视现有机制缺陷，进而构建包括空间整体性整合机制、尺度调适性对话机制和文旅反哺性补偿机制在内的协调机制体系，对推动黄河国家文化公园遗产保护与旅游利用的协调发展和国家文化公园的高质量建设具有重要意义。

  然而，空间协调机制的系统建构无法一蹴而就，仍需在建设和运行中进行检验。中央政府与地方政府需要处理好二者关系，科学编制四类重点功能区空间与功能规划，以期对遗产保护与旅游利用协调机制的建立和运行有所裨益。从长远来看，遗产保护与旅游利用的协调机制也绝不能停留于建立阶段，还需要在实践中不断丰富和完善。因此，建立符合黄河国家文化公园功能定位的文化遗产保护利用制度，在此基础上推动完善不同层级政府之间合理的财权事权制度、多元化的投融资机制、各方协同的运营机制和科学有效的监督管理机制，从整体上保障黄河国家文化公园遗产保护与旅游利用协调发展，是黄河国家文化公园研究中需要持续关注的重要课题。

（原载《山东社会科学》2023 年第 11 期）

国家文化公园立法的现状审视与完善进路 *

王 敏

党的二十大报告提出"加大文物和文化遗产保护力度，加强城乡建设中历史文化保护传承，建好用好国家文化公园"。国家文化公园是中国向世界输出的大型文化遗产保护与管理模式[①]，在承续国家文脉、坚定文化自信、形塑文化认同等方面具有重大意义[②]。自 2017 年国家提出规划建设国家文化公园以来，国家先后制定出台了相关政策，相关省市进行了国家文化公园建设的实践与探索。例如，2019 年，中共中央办公厅、国务院办公厅印发了《长城、大运河、长征国家文化公园建设方案》(以下简称《方案》)确立了国家文化公园的建设目标与范围、主要任务、重要举措等。伴随着实践的逐步推进，国家文化公园的范围不断拓展。2021 年，国家文化公园建设工作领导小组分别印发了长城、大运河、长征国家文化公园的

---

* 本文系教育部人文社会科学重点研究基地重大项目（项目编号：19JJD820004）、山东省社会科学规划重点项目（项目编号：21BFXJ01）、青岛市博士后资助项目（项目编号：QDBSH20230102071）成果。
① 参见李飞、邹统钎《论国家文化公园：逻辑、源流、意蕴》,《旅游学刊》2021 年第 1 期。
② 参见陈波、庞亚婷《黄河国家文化公园空间生产机理及其场景表达研究》,《武汉大学学报（哲学社会科学版）》2022 年第 5 期。

专门的建设保护规划。这些规范性文件为国家文化公园建设确立了具体的时间表、路线图。

近年来，如何建设和管理国家文化公园成为学术研究的重要前沿议题，特别是从2019年以来，文化旅游研究领域的学者提出了诸多有益研讨，研究数量明显增多且研究内容拓展。然而，从法学的视角对国家文化公园立法的研究相对较少。国家文化公园的建设、保护、管理离不开强有力的法治保障，制定和完善有关法律法规保障这些主题明确、内涵清晰、影响突出的文化遗产进行公园形制和意义的建设，既是建设文化遗产保护强国的题中之义，也是中国建设生态文明法治体系的重要内容之一。通过立法可以平衡多元利益与多元目标，有效解决多头管理、无序竞争、资源浪费等难题。本文通过对国家文化公园立法的现状审视提出其具体的完善进路，以期对国家文化公园保护有所裨益。

一、国家文化公园保护需要法制保障

制定和完善国家文化公园相关法律法规是落实党的二十大报告提出的"建好用好国家文化公园"的关键举措。建好用好国家文化公园需要建立完善的法律法规政策规范体系。在现代社会，法律与政策共同组成了国家治理的重要工具，二者相互联系、密切配合。在某种意义上，政策与法律只有一步之遥，成熟的政策可能经由立法转化为法律。[①] 政策所具有的灵活性、便捷性等优势在国家文化公园创建之初具有明显优势，可以为地方的试点实践

---

① 参见肖金明《为全面法治重构政策与法律关系》，《中国行政管理》2013年第5期。

提供有效支撑。然而，伴随着国家文化公园建设日益走向成熟，以政策驱动的国家文化公园保护难免会对现行法律和制度体系形成诸多挑战，且变动频繁的政策难以为国家文化公园的建设、保护、管理提供系统化、长效性的制度保障。立法是传统文化传承最为稳定的路径，经由严格的立法程序形成的法律可以形成稳定的社会规则。[1] 通过立法既可以将有关国家文化公园建设保护的国家政策具体化，形成具有可操作性的制度规范，引导行政部门具体执行；也可以将行之有效的国家文化公园成果经验固定下来，明确有关的权责关系、运营和监管模式，为其建设、保护、管理、运行提供有力的规则保障。

立法可以规范国家文化公园保护行为，推进国家文化公园保护进程。目前，国家大力推进的五大国家文化公园，作为多功能、公益性、大尺度线性空间[2]，在建设过程中必然涉及跨行政区域协调的问题。由于各地经济水平、认识以及自然禀赋等存在诸多差异，各地对同一文化遗产的保护进度不一、标准各异。以长城为例，北京早已建成著名景区，而有的地区保护不足。例如，引发社会广泛关注的辽宁省葫芦岛市绥中县的"最美野长城"，在修复过程中存在使用水泥抹平的行为，对长城保护造成了严重影响。[3] 同时，在"中央统筹、省负总责、分级管理、分段负责"的安排下，有的地方积极加大财政投入并制定了详细的实施方案，而有的地方明显滞后。这些问题可以在立法中得到有效解决，经由立法可以对国家文化公园建设、保护与管理的行为进行有效规范，明确规划与建设保护标准，推进国家文化

---

[1] 参见杨建军《通过立法的文化传承》，《中国法学》2020年第5期。
[2] 参见李飞、邹统钎《论国家文化公园：逻辑、源流、意蕴》，《旅游学刊》2021年第1期。
[3] 参见国家文物局《国家文物局相关负责人回应媒体关注的辽宁绥中长城点段保护维修问题》，www.ncha.gov.cn/art/ 2016/9/22/art_722_133694.html。

公园的保护进程。

立法可以平衡多元主体多元利益关系，为国家文化公园保护提供制度工具。在国家文化公园建设、保护、管理的过程中，必然涉及多元主体与复杂的利益关系，需要国家做出顶层设计，加强不同区域之间的统筹协调，并调动多元主体的积极性，对复杂的利益关系予以统筹考量，还需要建立完善的资金保障机制以满足国家文化公园保护的资金需求等。因此，需要以立法的方式明确国家文化公园的建设目标、管理体制、权责关系、公众参与、资金保障机制、法律责任等关键内容，并在其中对多元利益进行平衡，从而为国家文化公园保护提供法律上的行动推力。

二、国家文化公园立法的现实样态

当前，中国已经建立了中央立法与地方立法相协调，物质文化遗产、非物质文化遗产、传统文化精神全覆盖的文化传承立法体系。[1] 在与文化遗产保护有关的国家立法层面，1982年中国制定了《中华人民共和国文物保护法》，此后多次修改，不断满足中国文物保护的现实需要，为中国文物保护提供了法律保障。为加强长城保护，2006年国务院进行了专项立法，制定了《长城保护条例》，对长城的保护、利用行为进行规范。

近年来，国家高度重视流域保护工作，习近平总书记对长江、黄河等大江大河的流域保护多次做出重要指示，国家确立了"江河战略"。在推进长江、黄河等大江大河流域保护工作过程中对其中的水文化保护予以了高度关

---

[1] 参见杨建军《通过立法的文化传承》，《中国法学》2020年第5期。

注。《中华人民共和国长江保护法》在总则部分设立单独一个原则性条款，规定了加强长江流域文化保护；《中华人民共和国黄河保护法》首次将弘扬和传承水域文化以法律形式编入流域立法之中，将"文化属性"纳入流域内涵，实现从水资源、水环境、水生态、水经济再到"水文化"的新发展，创新"生态环境—经济社会—文化传统"的法律规则。[①]

相较于以往生态环境保护立法，《中华人民共和国黄河保护法》对黄河文化保护做出了全面系统规范，将流域保护中的文化保护推向了新高度。展开来看，《中华人民共和国黄河保护法》在总则中，将"保护传承弘扬黄河文化"作为该法的立法目的之一，与生态保护、高质量发展等立法目的相并列；明确建立健全文化遗产标准体系，并设置宣示性条款对国家加强黄河文化保护传承弘扬的基本面向做出明确规范。在具体章节中，设置"黄河文化保护传承弘扬"专章，对黄河文化保护传承弘扬规划、研究、调查、认定、数据共享以及文化遗产和非物质文化遗产保护等做出具体规范。特别是第96条，对国家建设黄河国家文化公园做出了专门规定，明确了国务院发展改革部门、文化和旅游主管部门组织开展黄河国家文化公园建设的职责。在"保障与监督"一章中，明确国家支持设立黄河流域生态保护和高质量发展基金，专项用于黄河文化保护传承弘扬等事项，为其提供资金保障。在"法律责任"部分，规定了破坏文化遗产等造成他人损害的侵权责任等，从而增强了对破坏黄河文化遗产行为的刚性约束。

在地方层面，出现了专门立法、专门条款、附带条款三种类型。[②]贵州省率先进行专门立法，制定了《贵州省长征国家文化公园条例》，其他省份

[①] 参见黄辉《"走向流域法治"系列报道之三黄河保护法出台始末》，《民主与法制》2023年第4期。
[②] 参见钱宁峰、徐奕斐《积极推动江苏国家文化公园立法》，《唯实》2022年第4期。

则在有关立法中将国家文化公园保护写入其中。在"北大法宝"上，对地方性法规以"全文"+"国家文化公园"为检索条件进行检索，经过筛选与分类可以得到表1的统计结果。[①] 通过梳理可以发现，在流域保护地方立法中，《宁夏回族自治区建设黄河流域生态保护和高质量发展先行区促进条例》《陕西省渭河保护条例》《贵州省乌江保护条例》以及云贵川三省围绕赤水河流域保护制定的赤水河流域保护条例均设置了文化保护与传承的具体章节，将文化保护传承与水污染防治、水资源保护、绿色发展等事项相并列，扩大了流域保护的内涵。

表1 涉及国家文化公园的地方性法规统计

类别	条例名称
生态环境保护	《贵州省乌江保护条例》《贵州省赤水河流域保护条例》《南京市长江岸线保护条例》《遵义市凤凰山国家森林公园保护条例》《宁夏回族自治区建设黄河流域生态保护和高质量发展先行区促进条例》《贵州省人民代表大会常务委员会关于加强赤水河流域共同保护的决定》《云南省人民代表大会常务委员会关于加强赤水河流域共同保护的决定》《四川省人民代表大会常务委员会关于加强赤水河流域共同保护的决定》
文化与文物保护	《贵州省长征国家文化公园条例》《山东省齐长城保护条例》《宁夏回族自治区长城保护条例》《河北省长城保护条例》《呼和浩特市长城保护条例》《大同市长城保护条例》《河北省大运河文化遗产保护利用条例》《浙江省大运河世界文化遗产保护条例》《江苏省人民代表大会常务委员会关于促进大运河文化带建设的决定》《淮安市大运河文化遗产保护条例》《甘肃省非物质文化遗产条例》《遵义历史文化名城保护条例》
旅游与公共事业	《黑龙江省促进旅游业发展条例》《河南省公共文化服务保障促进条例》《天津市旅游促进条例》《菏泽市旅游促进条例》《常州市旅游促进条例》

---

① 统计时间截至2022年12月28日。

三、既有国家文化公园立法的问题检视

（一）立法层级较低且进程缓慢，法制供给不足

在国家立法层面，仅有《中华人民共和国黄河保护法》将国家建设黄河国家文化公园写入其中，而在其他立法中并未涉及，虽然该法在法律上确认了黄河国家文化公园的法律地位，明确了其建设主管部门，但对于如何建设需要进一步由国务院制定专门的行政法规做出规范。在国家大力推进的五大国家文化公园建设中，目前，只有《长城保护条例》对长城保护做出了规范，其他四大国家文化公园的文化遗产保护并没有专门的保护条例。而《长城保护条例》制定于2006年，距离现在已经过去了十几年的时间，有关长城保护的内容早已不适应长城保护的现实需要。尽管《方案》早已提出了修订完善《长城保护条例》，制定大运河保护条例、长征文物保护条例等任务，但是，从实践来看，有关国家文化公园的立法进程缓慢。相较于中央与地方大力推进国家文化公园建设的实践，立法具有明显的滞后性。

在地方立法层面，国家文化公园立法主要散见于生态环境保护、文化与文物保护等立法之中，专门立法较少。除《贵州省长征国家文化公园条例》专门立法外，其他地方并未制定专门法律法规对国家文化公园保护做出具体规范，而且生态环境保护类、旅游和公共事业类的地方性法规中仅将"推动国家文化公园建设"写入其中，并未明确国家文化公园保护的制度措施。从数量上来看，在地方性法规中，对国家文化公园保护做出规范的省市数量较少。此外，根据遗产地域空间形态和面积规模进行分类，国家文化公园可以分为长城、长征、大运河、长江、黄河等线性文化遗产和黄帝陵、孔府、卢沟桥等点状或面状文化遗产，点状或面状文化遗产地理空间范围较小，通常

只涉及某一行政区域。① 然而，目前有关黄帝陵、孔府、卢沟桥等点状或面状文化遗产保护的地方专门立法付之阙如。

（二）保护理念需要加强且创新性有待提升

一直以来，抢救性保护是中国文化遗产保护的主要理念，一系列文物保护措施的采用均围绕抢救性保护展开，然而对注重风险管理的科技保护应用不足。在面对气候变化等环境问题对文化遗产保护带来的冲击时，预防性保护具有重要价值。实践表明，为应对气候变化带来的不利影响，预防性保护在长城保护中具有重要意义。②

相较于中央立法对凝聚民族精神、延续民族文脉、关注文化遗产保护的文化定位和政治定位，地方政府更看重文化遗产的市场价值。③ 在既有地方立法中，《山东省齐长城保护条例》在"研究与利用"一章中对长城国家文化公园（山东段）做出了规范，《河北省长城保护条例》有关长城国家文化公园的规定也是出现在"长城利用"一章，《河北省大运河文化遗产保护利用条例》同样是在"大运河文化遗产利用"一章中做出规范，这样的立法安排反映出地方对国家文化公园开发利用的重视。诚然，建设国家文化公园可以为地方带来发展机遇和经济利益，各地势必会大力发掘本土文化与自然资源建设国家文化公园。然而，仅追求数量而不注重质量的盲目建设，在建成后，既有可能被弃如敝屣，也有可能竭泽而渔，需要警惕破坏性保护、掠夺式开发带来的一系列问题。同时，如何通过建设国家文化公园贯彻落实"保

---

① 参见孙华《国家文化公园初论——概念、类型、特征与建设》，《中国文化遗产》2021 年第 5 期。
② 参见刘文艳《挑战与应对：气候变化影响下的长城保护》，《自然与文化遗产研究》2022 年第 4 期。
③ 参见麻国庆、朱伟《文化人类学与非物质文化遗产》，生活·读书·新知三联书店 2018 年版，第 81—84 页。

护优先"的理念，成为立法需要解决的一个重要问题。

既有地方立法关于国家文化公园的规定主要采用"照搬"或者"平移"《方案》中有关要求的方式，与实质意义上为各个国家文化公园提供针对性管理措施的要求差距较大。以长城、大运河国家文化公园保护的有关立法为例，通过表2可以看出，在与长城保护有关的地方性法规中，不同省份对国家文化公园的规定大同小异，并未根据本行政区域的实际情况做出差异性的规范。在大运河文化遗产保护的地方性法规中，浙江省、淮安市的地方立法仅做出了宣示性的规定，并未明确具体的制度措施。

表2　长城、大运河保护地方性法规中有关国家文化公园内容的统计

条例名称	条款及其内容
《山东省齐长城保护条例》	第30条规划制度、公众参与
《河北省大运河文化遗产保护利用条例》	第15条规划制度、第40条各级地方政府的责任、第41条主体功能区建设
《宁夏回族自治区长城保护条例》	第28条建设长城国家文化公园与主体功能区建设
《河北省长城保护条例》	第33条规划制度、第34条管理体制、第35条主体功能区建设、第36条公众参与
《呼和浩特市长城保护条例》	第7条进行国家文化公园工程项目建设、第19条建设长城国家文化公园并发挥其文化教育等多重功能
《大同市长城保护条例》	第22条构建长城国家文化公园
《浙江省大运河世界文化遗产保护条例》	第26条大运河国家文化公园建设与大运河文化遗产的文化属性和承载力相适应
《淮安市大运河文化遗产保护条例》	第25条推进国家文化公园建设

（三）国家文化公园空间范围不清

明确的空间边界是国家文化公园保护的基础与前提。从法理的角度来看，对国家文化公园进行立法首先应明确具体的空间边界，从而对此空间范围内涉及国家文化公园建设、开发、利用、保护、管理等的行为进行调整。国家文化公园所涉及的范围已经从单一的国家文物保护单位向包含环境、资源、经济、文化等多要素在内的经济社会文化空间扩展。因此，需要合理确定国家文化公园的空间范围，将"环境—社会—文化"予以统筹考量。

综观既有立法和规范性文件，并未明确具体的国家文化公园的空间边界，各省（自治区、直辖市）在制定有关国家文化公园规划时各行其是，体量过大、问题突出。[1] 例如，陕西省编制的《黄河国家文化公园（陕西段）建设保护规划（征求意见稿）》中黄河国家文化公园（陕西段）的面积超过陕西省土地面积的 2/3。[2] 过大的体量增加了建设难度，既难以形成区域特色，也难以对文化遗产进行精准保护，超出需求的设计和太多希望表达自我的新建筑、新设施和新园艺遮蔽了文化遗产本身的光辉。[3] 同时，空间重叠问题缺乏有效处理，在同一区域内，可能涉及多个国家文化公园，如何处理国家文化公园的空间重叠问题也是立法需要解决的重要问题。

（四）国家文化公园保护的管理体制有待完善

完善的管理体制是国家文化公园保护的基本保证。"国家性"既是国家文化公园的鲜明底色，也是建设国家文化公园的基石与重要着力点。[4] 具有

---

[1] 参见祁述裕《国家文化公园：效果如何符合初衷》，《探索与争鸣》2022 年第 6 期。
[2] 参见祁述裕《国家文化公园：效果如何符合初衷》，《探索与争鸣》2022 年第 6 期。
[3] 参见孙华《国家文化公园初论：概念、类型、特征与建设》，《中国文化遗产》2021 年第 5 期。
[4] 参见冷志明《国家文化公园的"国家性"建构研究》，《吉首大学学报（社会科学版）》2022 年第 5 期。

公有性质的遗产地，当地政府是其直接政策规划者与管理实施者，其完整性的实现在很大程度上有赖于管理部门。① 从《方案》来看，目前国家文化公园的组织管理由国家文化公园建设工作领导小组统筹，中共中央宣传部、国家发展和改革委员会、文化和旅游部、国家文物局等部委分头负责。② 在立法中，《长城保护条例》明确国务院文物主管部门负责长城整体保护工作，《中华人民共和国黄河保护法》要求"国务院发展改革部门、文化和旅游主管部门组织开展黄河国家文化公园建设"。而实际上在部委编制中并无相应的主管机构。③

在地方实践中，各地根据本地区的实际情况进行了形式多样的管理体制探索。例如，在河北省长城国家文化公园的管理中，迁安市设立了"文化和旅游局＋长城国家文化公园管理中心"、张家口市设立了"长城国家文化公园（长城保护）管理处"等。④ 在长征国家文化公园的管理中，广西桂林成立了红军长征湘江战役文化保护传承中心。在贵州，《贵州省长征国家文化公园条例》明确在省级层面建立长征国家文化公园综合协调机制，承担统一指导、统筹协调、审议重大政策与重大规划、督促检查等多项职责，省级长征国家文化公园主管部门和市州人民政府落实该协调机制的决策，并明确要求省级长征国家文化公园主管部门内设机构承担具体相关工作。

综合来看，各地以本地区的实际情况进行了形式多样的国家文化公园管理体制的探索，不仅省级行政区域之间存在较大差异，而且同一省内各市县

---

① 参见邹统钎、仇瑞《国家文化公园整体性保护思想诠释与路径探索》，《民俗研究》2023年第1期。
② 参见祁述裕《国家文化公园：效果如何符合初衷》，《探索与争鸣》2022年第6期。
③ 参见祁述裕《国家文化公园：效果如何符合初衷》，《探索与争鸣》2022年第6期。
④ 有关河北省长城国家文化公园管理情况可参见《中国文化报》2021年12月10日《河北有力有序推进长城国家文化公园建设》的报道。

行政区域之间也存在较大差异。尽管分散的管理体制可以为国家文化公园提供差异化、针对性的灵活管理，但是，这些管理机构的设置主要以临时性机构为主，缺乏稳定的管理机构。①具有跨区域、整体性特征的线性国家文化公园，需要在国家层面建立统一管理机构对其建设、管理、保护各项工作进行统筹规划。②同时，在分散的管理模式下，管理者只将目光聚焦于本行政区域而缺乏与其他行政区域的合作与联动，割裂了国家文化公园的统一性、整体性。此外，建设国家文化公园旨在形成具有多重功能的特定开放空间的公共文化载体，与居民的生产空间、生活空间密切交织，公众参与国家文化公园的管理具有更为重要的深远意义。然而，从实践来看，公众参与明显不足，尚未形成高效的社区共管模式。

（五）跨行政区域之间协调不足

无论是长城、大运河、长征还是长江、黄河国家文化公园均涉及多个省份，跨行政区域是线性国家文化公园的一个基础特征。既有法律法规尚未对国家文化公园建设、保护、开发、利用的跨行政区域合作制度做出明确规范。在实践中，各地仍处于"各自为战"的状态。例如，在黄河国家文化公园的建设过程中，河南省有关部门在全球范围内发起了黄河标志和吉祥物的征集活动，并对其进行了公布；而陕西省制定的《陕西省渭河保护条例》第95条要求"构建渭河流域文化重要标识体系"。然而，国家文化公园寻求公园内部的文化关联性和主题一致性。③黄河国家文化公园的建设是一项国家

---

① 参见吴丽云、邹统钎、王欣等《国家文化公园管理体制机制建设成效分析》，《开发研究》2022年第1期。
② 参见吴丽云、邹统钎、王欣等《国家文化公园管理体制机制建设成效分析》，《开发研究》2022年第1期。
③ 参见李飞、邹统钎《论国家文化公园：逻辑、源流、意蕴》，《旅游学刊》2021年第1期。

重大文化工程，河南确立的黄河标志和吉祥物能否代表其他省区？作为黄河流域的重要支流渭河流域，其文化标识体系与黄河文化标识如何统筹？无疑，若是九省区各自确立本行政区域内的黄河标志将不利于黄河国家文化公园标志的统一协调。①

四、国家文化公园立法的完善进路

从长期来看，在时机成熟之时，由全国人大常委会制定出台《国家文化公园法》，作为综合性、专门性法律对国家文化公园的设立目的、管理体制、设立标准、政府责任、管制措施、跨行政区域合作、公众参与、资金保障、公益诉讼、法律责任等共性问题、难点与重点问题做出制度设计，是中国国家文化公园法制建设的必经之路。然而，客观上各个国家文化公园之间差异巨大，如长征以流动的线路为主体，缺少连贯的地物作为依托，与长城、大运河等国家文化公园显著不同，面临着更大的建设难度。② 同时，目前国家文化公园保护处于起步阶段，采用何种管理体制、管理模式、管理措施都在摸索中，诸多关键问题尚未解决，统一立法时机尚未成熟。因此，从现实出发，当前国家文化公园立法应当根据《方案》提出的具体路径进行完善，一则通过嵌入的方式推动保护传承利用协调推进理念入法入规；二则按照"一园一条例"的方式制定并完善长城、大运河、长征等线性国家文化公园专门立法，为日后的国家统一立法积累经验。

---

① 有关黄河文化公园标识不统一的论述参见公众号"祁文共赏"2022 年 5 月 26 日发表的祁述裕教授的《国家文化公园建设的现状、问题和展望》一文。
② 参见李磊、陶卓民、赖志城等《长征国家文化公园红色旅游资源网络关注度及其旅游流网络结构分析》，《自然资源学报》2021 年第 7 期。

（一）大尺度线性空间文化遗产的立法完善进路

1. 以"一园一条例"推进大尺度线性空间的专门立法

一方面，对长城、大运河、长征、黄河、长江这些具有鲜明文化特色的大尺度空间进行管理需要根据其各自特色进行专门立法，在确定管理目标、保护措施等关键制度时做出针对性的规定，为其提供差异化、针对性的制度保障。另一方面，这些涉及诸多行政区域的大型线性文化遗产具有整体性、系统性特征，进行国家文化公园建设需要充分考虑地域广泛性、文化多样性、资源差异性，需要完整、真实且延续地实现文化遗产保护。因此，应当突破地方立法分散性、区域性的制约，发挥国家立法的整合和引领作用，在国家层面根据各个国家文化公园的特色制定专门的行政法规，为各个国家文化公园建设提供统一、规范的制度保障，有效节约立法资源，解决跨行政区域统筹协调难题。通过制定行政法规的方式，既可以将国家有关国家文化公园保护的政策方向与制度具体化，指引地方政府的行政行为，也可以解决国家文化公园保护过程面临的突出、重点与难点问题，为各个国家文化公园提供差异化、针对性的制度保障，还可以为日后国家文化公园的统一立法积累经验。

国务院应尽快修订《长城保护条例》，加快制定《大运河保护条例》《长征文物保护条例》，对长城、大运河、长征国家文化公园的建设、保护做出规范。根据《中华人民共和国立法法》的有关规定，国务院还应当加快制定《长江国家文化公园保护条例》《黄河国家文化公园保护条例》，对《中华人民共和国长江保护法》《中华人民共和国黄河保护法》中的有关规定予以贯彻实施。以黄河国家文化公园的立法为例，国务院应当尽快制定《黄河国家文化公园保护条例》，细化、落实《中华人民共和国黄河保护法》中关于黄河文化保护传承弘扬的各项规定，将黄河国家文化公园作为实现黄河文化保护传承与弘扬的关键路径，对黄河国家文化公园的建设、保护、管理全过程做出细致规范，加强跨行政区域的统筹协调、平衡多元利益关系、发挥黄河流域文物和文化资源的综合效应。

2. "一园一条例"的核心规范

（1）确立国家文化公园的空间边界。过大或者过小的空间范围都难以实现国家文化公园的整体性保护。在立法中，国家文化公园的空间范围需要从地理空间向经济社会空间再到文化空间拓展，需要在"自然环境—经济社会—文化传统"这一复合巨型系统中，调整人类在开发、利用、改造、保护文化遗产过程中形成的复杂社会关系，建立全面的法律保护规则体系。值得注意的是，在确立各个国家文化公园的空间范围时需要妥善处理好国家文化公园之间的交织性，避免产生国家文化公园之间的冲突，并且在必要时，应当设置专门的条款，统筹协调国家文化公园之间的关系。

（2）拓展保护理念，从抢救性保护向预防性保护拓展。"国家文化公园"概念的提出是对中国长期实行的以国家文物保护单位为主体的文化遗产保护制度的创新。[1] 建设国家文化公园是为了更好地保护和利用文化遗产，从而凝聚民族精神、延续民族文脉。国家文化公园的建设应当与地域生态、地方生产、社区生活相融合[2]，在与生态、生产、生活融合的过程中应当坚持"保护优先"的理念，从抢救性保护向预防性保护拓展，实现国家文化公园的整体性保护与融合性发展。强调"保护"并非否定"利用"，而是在保护中利用，在发展中保护。以长城保护为例，在修改《长城保护条例》时，应当及时更新立法理念，确立"保护优先"的基本原则，加强风险管理，注重

---

[1] 参见邹统钎《国家文化公园的整体性保护与融合性发展》，《探索与争鸣》2022年第6期。
[2] 参见邹统钎《国家文化公园的整体性保护与融合性发展》，《探索与争鸣》2022年第6期。

预防性保护,将长城国家文化公园融入长城保护、研究、利用等各个章节中,使其成为长城文化遗产保护和利用的重要载体。

(3)明确国家文化公园利益相关者的权利义务。文化遗产有效利用是其保护的关键内容之一,整体性保护与融合性发展同样重要。① 在国家立法中,应当对国家文化公园建设所涉及的利益相关者的权利予以确认,明确其承担的义务,并对其因保护、开发、利用形成的复杂利益关系予以规范和调整。同时,需要对公众参与、特许权经营等关键事项做出具体规范。

(4)建立国家文化公园的监督管理体制。①长城、大运河、长征、长江、黄河等国家文化公园各具特色,其监督管理体制的确定也应当因地制宜。例如,在长城保护立法中,国务院文物主管部门负责长城整体保护工作,在地方层面,为满足当前以省为单位进行的国家文化公园建设的现实需要,可以考虑建立省级协调机构负责本省长城国家文化公园的保护工作。在长江、黄河等流域空间的国家文化公园立法中,需要将其管理体制与国家立法确立的流域保护管理体制相衔接,明确长江、黄河国家文化公园的管理机构及其具体职责。②"基于生活的自然传承"和"基于立法的制度传承"均是文化传承的基本模式②,注重整体性保护的国家文化公园建设本身蕴含着对"基于生活的自然传承"的肯定,因此,需要探索建立社区共管的管理机制。

(5)建立国家文化公园的规划、管控与标准制度体系,设定国家文化公园建设的基本目标与制度底线。①参照国家公园建立的规划体系,在国家层面确立国家文化公园保护目标,建立包含总体规划、专项规划、年度计划等

---

① 参见邹统钎《国家文化公园的整体性保护与融合性发展》,《探索与争鸣》2022 年第 6 期。
② 参见杨建军《通过立法的文化传承》,《中国法学》2020 年第 5 期。

在内的国家文化公园具体规划体系,将国家确立的国家文化公园保护目标分解落实,为各个国家文化公园提供差异性的法律技术保障。[1]国家文化公园的总体规划也是妥善处理国家文化公园之间存在的空间重叠问题的重要途径,从总体规划的层面对空间重叠的各个国家文化公园之间做出整体考量。②通过"管控区+许可清单"的模式,建立分区、分类用途管制制度。功能区划具有实现不同的管理目标、实施精细化管理与不同的经营利用强度、明确不同的管理责任等多重功能。[2]在各个国家文化公园条例中,应当发挥功能区划的重要作用,明确《方案》中管控保护、主题展示、文旅融合、传统利用四类主体功能区的具体内涵、建设标准,明确管控保护区内的禁止性活动,实行用途管制,确立国家文化公园保护的底线。③建立国家文化公园的标准准入制度。国家应当在综合考虑文化布局和自然生态空间保护需要的基础上,根据国土空间规划,编制国家文化公园布局方案。在此基础上,由省级人民政府提出具体的创建申请,只有那些具有文化代表性的特殊区域才可以申请成为国家文化公园。

(6)建立跨行政区域合作制度体系。①在国家层面,建议将现有的国家文化公园建设工作领导小组调整为战略协调机构,并增加国家文化公园相关省份作为成员,统一指导、统筹协调国家文化公园的保护、建设、管理等工作,并对跨行政区域的重大事项进行统筹协调。[3]②建立地方政府协同治理的制度体系,破解以行政区划为基础的保护模式带来的难题。一则建立国家文化公园信息共享与交流制度。建立国家文化公园信息共享系统,在该系统

---

[1] 参见秦天宝、刘彤彤《国家公园立法中"一园一法"模式之迷思与化解》,《中国地质大学学报(社会科学版)》2019年第6期。
[2] 参见唐小平《国家公园规划制度功能定位与空间属性》,《生物多样性》2020年第10期。
[3] 参见吴丽云、邹统钎、王欣等《国家文化公园管理体制机制建设成效分析》,《开发研究》2022年第1期。

内，国务院有关部门和各个省级人民政府及其有关部门共享各个国家文化公园的生态环境、自然资源、管理执法等信息，为各地区的国家文化公园保护、建设、管理提供信息支持。二则建立各级地方政府的参与协商制度。通过联席会议等方式搭建协商平台、确立协商规则，加强各地区之间的交流与合作，促进地方政府之间达成共识。三则建立联合监管制度。为解决监管权力分割、信息孤岛、标准各异等问题，建立跨行政区域联合执法监管制度，共享监管信息与统一监管标准。

（二）黄帝陵、孔府、卢沟桥等点状或面状重大历史文化遗产的立法进路

黄帝陵、孔府等点状或面状重大历史文化遗产是中华文化的重要组成部分，它们同样具有明确的主题、清晰的内涵与突出的影响，也是中华文化的重要标识。这些点状或面状文化遗产与长城、黄河、长江等大型线性文化空间不同，其涉及的地理空间范围较小，通常不涉及跨行政区域协调的问题。因此，对于这些点状或面状文化遗产无须由国家统一立法，由相关地方制定专门的地方性法规即可满足保护的现实需要。值得注意的是，为了避免地方对文化遗产"重开发利用、轻保护"造成的超负荷利用和破坏性开发等问题，为了提升保护成果，应当由文化遗产所在地省级人大常委会从这些点状或面状文化遗产的现实性、特殊性出发制定省级地方性法规，通过较高位阶的地方立法为这些重要的文化遗产保护提供法律保障。

点状或者面状文化遗产是发挥地方积极性与能动性、突出地方特色的关键窗口，应发挥其"小而精"的优势，打造具有鲜明特色的国家文化公园形式。地方在制定专门的地方性法规时，应当充分发挥地方立法的执行、自主与创新功能，将国家各项文化遗产保护的法律法规与政策在这些点状或面状

国家文化公园中贯彻实施，并创新国家文化公园的管理体制、管理形式以及开发利用保护的各项法律制度，为国家文化公园管理积累制度经验。

五、国家公园文化景观的立法表达

（一）国家公园与国家文化公园的空间交融

国家文化公园自提出以来就面临着如何处理与国家公园的关系问题，且这一讨论将不断调整。尽管国家文化公园与国家公园二者并非包含关系，国家公园的首要目标是保护自然生态，国家文化公园的目标是通过遗产教育和文化旅游实现文化认同和文化传承，二者是两套独立运行的管理系统（或体制）[1]，但是，从空间的角度来看，国家文化公园与国家公园在空间范围上存在着交融性。同时，既有的研究证明，自然资源和人文资源是区域旅游开发的核心吸引物，是景区开发与建设的主体。[2] 例如，长江、黄河、澜沧江的源头汇水区三江源地区是中国重要的国家生态安全屏障，为保护这一地区生态环境，国家已经设立了三江源国家公园。而该地区不仅具有独特的自然景观，也孕育了丰富、神秘的人文资源，其与长江、黄河文化具有紧密联系，建设长江、黄河国家文化公园不能抛开这一部分而不谈，三江源地区文化内涵的发掘对于长江、黄河国家文化公园内涵的丰富具有重要意义。[3] 再如，武夷山国家公园不仅是中国自然保护地体系的核心内容之一，还是世界自然

---

[1] 参见李飞、邹统钎《论国家文化公园：逻辑、源流、意蕴》，《旅游学刊》2021年第1期。
[2] 参见张广海、袁洪英、段若曦等《中国高等级旅游景区资源多尺度时空差异及其影响因素》，《自然资源学报》2022年第10期。
[3] 参见吴敏《全国政协委员连玉明：在长江国家文化公园建设中强化三江源生态保护》，《中国政府采购报》2023年3月14日。

与文化双遗产地，其文化内涵对于中华文脉传承具有重要意义，这就在事实上形成了国家公园与国家文化公园的复合空间。又如，国家文化公园中的建筑遗产，作为文化遗产的重要组成部分，历史文化是其存在的根本，历史文化与人工建筑相融才形成了独特的文化遗产。[1]

"保护自然生态和自然文化遗产的原真性、完整性"是国家公园功能定位的主要体现。[2] 广义的"生态保护"涵盖环境保护、生态保护、自然资源管理、自然和文化遗产以及附着于有形的生态环境要素之上的无形的文化保护。[3] 为解决国家公园与国家文化公园的空间交融性所产生的空间重叠问题，推动保护传承利用协调推进理念入法入规，对于那些分布在国家公园中的重要文化遗产应当在国家公园立法中做出明确的规范，为其保护提供有效的制度保障，提升国家公园的一体化、系统化保护水平。

（二）文化景观在《中华人民共和国国家公园法》中的立法表达

中国古人将儒、道、佛等各种思想融合到风景建设、保护与审美活动中，并促进相关文化发展，形成了独树一帜的文化景观。[4] 在中国，自然保护地具有生态和文化双重价值，文化景观就是自然与文化的交界面[5]，国

---

[1] 参见王梓羽、汪德根、朱梅《中国 20 世纪建筑遗产空间分异及形成机理》，《自然资源学报》2022 年第 3 期。

[2] 参见汪劲、吴凯杰《〈中华人民共和国国家公园法〉的功能定位及其立法意义：以中国自然保护地法律体系的构建为背景》，《湖南师范大学社会科学学报》2020 年第 3 期。

[3] 参见王社坤《黄河立法需明确与相关流域立法的关系》，2021 年 6 月 19 日，http://www.cbcgdf.org/NewsShow/4854/16247.html。

[4] 参见赵智聪、刘雪华、杨锐《作为文化景观的风景名胜区认知与保护问题识别》，《中国园林》2013 年第 11 期。

[5] 参见张婧雅、张玉钧《自然保护地的文化景观价值演变与识别：以泰山为例》，《自然资源学报》2019 年第 9 期。

内外已经对自然生态系统和历史文化资源整体管护形成共识。[1] 当前，制定《中华人民共和国国家公园法》已经成为社会共识，《中华人民共和国国家公园法（草案）》已经公开征求意见。在该草案中，多处内容与文化景观的保护息息相关。例如，第 24 条明确将国家公园范围内人文资源等调查统计成果进行系统整合，形成本底数据并实时更新；第 29 条规定在国家公园范围内修筑设施和开展建设活动采取必要措施，减少对人文景观等的不利影响；第 32 条规定各级人民政府加强国家公园范围内历史文化和遗产保护工作的职责，明确国家支持单位和个人提供国家公园文化服务；第 33 条规定巡护人员对破坏人文资源等的违法行为予以制止并及时报告；第 34 条明确开展文化传承、风险管控等科学技术的研究、开发和应用。

具有典型性和代表性的《中华人民共和国国家公园法》，将在中国自然保护地法律体系中起到重要作用。[2]《中华人民共和国国家公园法（草案）》第 17 条已经明确："国家公园批准设立后，国家公园范围内不再保留其他类型的自然保护地。"尽管它对国家公园中的文化景观做出了一定的规范，但是，从现实来看并不能真正做到自然生态系统和历史文化资源整体管护。在制定《中华人民共和国国家公园法》的过程中，需要妥善处理自然资源保护与文化资源保护之间的关系，为后续自然保护地法律体系构建提供参照，实现对自然生态系统和历史文化资源整体管护。

《中华人民共和国国家公园法（草案）》应从以下几个方面进行完善。①建立国家公园文化景观的专项规划，对国家公园中的文化景观组织编制专

---

[1] 参见涂宇倩、张婧雅、邹文昊等《武夷山国家公园文化景观时空特征及自然环境影响因素研究》，《城市发展研究》2023 年第 1 期。
[2] 参见汪劲、吴凯杰《〈中华人民共和国国家公园法〉的功能定位及其立法意义：以中国自然保护地法律体系的构建为背景》，《湖南师范大学社会科学学报》2020 年第 3 期。

项规划。②建立国家公园文化景观数据库，例如，第 25 条，可以将文化景观纳入监测体系，开展综合监测评价，实现动态监测和智慧管理，开展生态风险评估预警和人类活动影响分析，共享监测数据、定期发布监测评估报告。③开展文化景观的专项保护。在第 31 条中补充文化景观的要求，将文化景观与自然遗迹、自然景观等并列，作为特定保护对象，制定保护管理目标，开展专项保护。④探索建立国家公园管理机制与国家文化公园建设的协调联动机制。在今年的两会上，全国政协委员连玉明提出了"探索建立三江源国家公园管理机制与长江国家文化公园建设的协调联动机制，实现协同保护"的建议。[①]该建议对加强国家公园与国家文化公园的联动具有重要意义，本文赞同这一观点。建议在《中华人民共和国国家公园法》中设置一个专门的条款，建立国家公园管理与国家文化公园建设的协调联动机制，实现国家公园与国家文化公园之间的良性互动。

六、结论

国家文化公园的出现意味着国家文化形象以新的载体形式进行表达和传播[②]，体现了生态环境保护与文化遗产保护的整体性保护理念[③]。强有力的法制保障是国家文化公园保护的基本保证。从现实出发，各个国家文化公园之间存在着较大的差异，应当分情况对待。对于长城、大运河、长征、长江、黄河等大型线性空间，应当由国务院按照"一园一条例"制定专门的行政法

---

① 参见吴敏《全国政协委员连玉明：在长江国家文化公园建设中强化三江源生态保护》，《中国政府采购报》2023 年 3 月 14 日。
② 参见程遂营、张野《国家文化公园高质量发展的关键》，《旅游学刊》2022 年第 2 期。
③ 参见邹统钎、仇瑞《国家文化公园整体性保护思想诠释与路径探索》，《民俗研究》2023 年第 1 期。

规，实现差异化、针对性管理，明确国家文化公园的空间范围、管理体制，设定国家文化公园建设的基本目标与制度底线，建立跨行政区域合作制度体系，平衡多元目标与多元利益，弥合冲突。对于点状或面状国家文化公园，应当由地方省级人大常委会制定专门的地方性法规，加强点状或面状文化遗产的保护。此外，应将文化景观在《中华人民共和国国家公园法》中予以合理表达，对自然生态系统和历史文化资源进行整体性保护。

（原载《自然资源学报》2023年第9期）

国家文化公园综述

——内涵特征、实践进展与理论探索

毛华松　吴映华夏　王雪纯　谢守红

  国家文化公园属于中国首创、侧重文物与文化资源保护利用、旨在打造中华文化重要标志与标识的新型公园类型，对于中国遗产话语的"范式性"国际化交往和本土化实践具有重要意义。[①] 国家文化公园的相关政策经历了概念思考、建设规划和建设提质三个阶段。

  （1）概念思考阶段。2016年3月，《中华人民共和国国民经济和社会发展第十三个五年规划纲要》在"提高文化开放水平"章节的"文化重大工程"专栏中，首次将国家文化公园作为"传统文化和自然遗产保护传承"的组成部分提出，吹响了国家文化公园建设的号角；2017年1月，《关于实施中华优秀传统文化传承发展工程的意见》明确将"规划建设一批国家文化公园，成为中华文化重要标识"纳入"保护传承文化遗产"的任务中；2017年5月《国家"十三五"时期文化发展改革规划纲要》在"传承弘扬中华优秀传统文化"章节的"中华文化传承工程"专栏中提出"依托长城、大运河、

---

① 参见李飞、邹统钎《论国家文化公园：逻辑、源流、意蕴》，《旅游学刊》2021年第1期。

黄帝陵、孔府、卢沟桥等重大历史文化遗产，规划建设一批国家文化公园，形成中华文化重要标识"。这一阶段初步明确了国家文化公园建设的资源载体和目标方向。

（2）建设规划阶段。2019年12月，《长城、大运河、长征国家文化公园建设方案》确立了国家文化公园的基本概念，即"整合具有突出意义、重要影响、重大主题的文物和文化资源，实施公园化管理运营，实现保护传承利用、文化教育、公共服务、旅游观光、休闲娱乐、科学研究功能，形成具有特定开放空间的公共文化载体，集中打造中华文化重要标志"，同时明确了长城、大运河、长征3个首批国家文化公园的线性空间载体；2020年10月，《中共中央关于制定国民经济和社会发展第十四个五年规划和二〇三五年远景目标的建议》在"繁荣发展文化事业和文化产业，提高国家文化软实力"章节提出，在"提升公共文化服务水平"方面上，"传承弘扬中华优秀传统文化，加强文物古籍保护、研究、利用，强化重要文化和自然遗产、非物质文化遗产系统性保护，加强各民族优秀传统手工艺保护和传承，建设长城、大运河、长征、黄河等国家文化公园"，提出了黄河国家文化公园的建设构想；2022年1月，国家文化公园建设工作领导小组印发通知，启动长江国家文化公园建设。① 这一阶段在明确5个国家文化公园的基础上，推进各省市分段规划、示范建设，标志着国家文化公园建设方案的确立和"中央统筹、省负总责、分级管理、分段负责"②工作格局的形成。

（3）建设提质阶段。2022年8月，《"十四五"文化发展规划》在"传承弘扬中华优秀传统文化和革命文化"章节中，强调"推进国家文化公园建

---

① 参见新华社《长江国家文化公园建设正式启动》，《人民日报》2022年1月4日。
② 新华社：《中办国办印发长城、大运河、长征国家文化公园建设方案》，《人民日报》2019年12月6日。

设";2022年10月,习近平总书记在党的二十大报告"推进文化自信自强,铸就社会主义文化新辉煌"章节的"繁荣发展文化事业和文化产业"部分指出"加大文物和文化遗产保护力度,加强城乡建设中历史文化保护传承,建好用好国家文化公园"[①]。这一阶段标志着国家文化公园已结束了从无到有的初始阶段,进入关注如何"推进""建好"的质量提升关键阶段。

现有研究与上述国家文化公园建设的三个发展阶段对应,内容涉及概念分析、实践建议、价值提升三个方面。在概念分析上,已有研究将国家文化公园与国外国家公园、欧洲文化线路、美国遗产廊道、中国线性文化遗产和文化生态保护实验区等进行对比,梳理了国家文化公园的缘起、特质、目的、意义等内容。[②]在实践建议和价值提升上,从建设载体和资源识别、空间规划优化、保护工程等方面,关注了长城、长征、大运河等国家文化公园的具体建设情况[③];从国家文化公园的建设理念、建设目标、遴选方式等方

[①] 习近平:《高举中国特色社会主义伟大旗帜 为全面建设社会主义现代化国家而团结奋斗——在中国共产党第二十次全国代表大会上的报告》,《中华人民共和国国务院公报》2022年第30期。
[②] 参见李飞、邹统钎《论国家文化公园:逻辑、源流、意蕴》,《旅游学刊》2021年第1期;彭兆荣《文化公园:一种工具理性的实践与实验》,《民族艺术》2021年第3期;李树信《国家文化公园的功能、价值及实现途径》,《中国经贸导刊(理论版)》2021年第3期;孙华《国家文化公园初论:概念、类型、特征与建设》,《中国文化遗产》2021年第5期;龚道德《国家文化公园概念的缘起与特质解读》,《中国园林》2021年第6期。
[③] 参见刘庆柱、汤羽扬、张朝枝等《笔谈:国家文化公园的概念定位、价值挖掘、传承展示及实现途径》,《中国文化遗产》2021年第5期;陈喜波、王亚男、郗志群《北京大运河国家文化公园建设的生态路径研究》,《城市发展研究》2022年第8期;邹统钎、韩全、李颖《国家文化公园:理论溯源、现实问题与制度探索》,《东南文化》2022年第1期;祁述裕《国家文化公园:效果如何符合初衷》,《探索与争鸣》2022年第6期;刘敏、张晓莉《国家文化公园:从文化保护传承利用到区域协调发展》,《开发研究》2022年第3期。

面，总结了可供借鉴的国外历史文化类与文化型国家公园的经验。[①] 以上研究也揭示了当前国家文化公园高质量建设需要突破的问题：面对国家文化公园作为中国首创文化工程的属性，如何实现载体复杂性与文化标识打造的协调、处理好经验借鉴与实际创新的关系？针对这些思考，本研究从内涵特征、实践进展与理论探索三个层面，提出国家文化公园理论研究与建设实践方面的展望，在整合多元文化资源、复合城乡发展需求和建设国家文化标识等方面为国家文化公园提供经验思考。

一、国家文化公园的内涵特征

把握国家文化公园的内涵本质和概念特征有助于理解其规划建设的总体框架，推进其高质量建设。虽然国家文化公园是"在吸收国外国家公园和区域性遗产保护等相关经验的基础上，在国家公园体系和制度上衍生的大尺度线性文化遗产保护方式"[②]，是"遗产保护空间范围也从单体建筑向集群式遗产、大遗址、文化街区、历史城镇、文化线路逐步扩大"[③] 趋势的响应，但更为重要的是，国家文化公园反映了"文物和单体遗产已不足以承担如此宏伟的历史使命"[④]，显现了"一种与美国国家公园和欧洲文化线路既有理念联系又有内涵区别的'大结构叙事'"[⑤]。可见，国家文化公园由中国首次创新

---

① 参见吴丽云、常梦倩《国家文化公园遴选标准的国际经验借鉴》，《环境经济》2020 年第 C2 期；王克岭《国家文化公园的理论探索与实践思考》，《企业经济》2021 年第 4 期；吴殿廷、刘宏红、王彬《国家文化公园建设中的现实误区及改进途径》，《开发研究》2021 年第 3 期。
② 龚道德：《国家文化公园概念的缘起与特质解读》，《中国园林》2021 年第 6 期。
③ 李飞、邹统钎：《论国家文化公园：逻辑、源流、意蕴》，《旅游学刊》2021 年第 1 期。
④ 李飞、邹统钎：《论国家文化公园：逻辑、源流、意蕴》，《旅游学刊》2021 年第 1 期。
⑤ 傅才武：《长江国家文化公园建设中的国家目标、区域特色及规划建议》，《决策与信息》2022 年第 8 期。

发展，具有区域性文化资源集群保护的内涵本质和国家性文化保护、地方化文化发展、公园型文化共享的概念特征。

（一）内涵本质：从地方性离散到区域性整合的文化资源集群保护

国家文化公园的集群保护主要表现在文化资源和保护方式两个方面。在文化资源的集群上，国家文化公园依托具有中华地理空间标识的巨型线性载体，结合载体文化的主题性、连续性特征，突破了单体文化资源类型、时空边界、地方与部门管理边界，对沿线文化与自然资源进行系统性保护，以集群的形式建构世界文化体系中的中国符号、标识。其一，与文旅部门的文保单位、大遗址保护区、考古遗址公园、文化生态保护区和城乡建设部门的名城名镇名村、历史文化街区、历史建筑等不同，国家文化公园打破了文化与自然割裂的局面，以各类文化资源与自然资源的综合性保护代替单体或单地域的离散性文化资源保护[1]；其二，国家文化公园依托长江、黄河、长征、大运河、长城等在国际上有影响力和话语权的大尺度、大范围、大跨度"地理媒介"，联动了不同子文化空间区段，发挥出文化价值的集合放大效应，凸显文化共同体价值[2]，反映中华民族融合、发展的遗产体系。

在保护方式的集群上，国家文化公园通过四类主体功能区的划定和五大关键领域基础工程的设立等方式实现了资源集群化保护，进而实现文化教育、公共服务、旅游观光、休闲娱乐、科学研究等复合功能和文旅发展、生

---

[1] 参见刘庆柱、汤羽扬、张朝枝等《笔谈：国家文化公园的概念定位、价值挖掘、传承展示及实现途径》，《中国文化遗产》2021年第5期。
[2] 参见傅才武《长江国家文化公园建设中的国家目标、区域特色及规划建议》，《决策与信息》2022年第8期；钟晟《文化共同体、文化认同与国家文化公园建设》，《江汉论坛》2022年第3期。

态修复、乡村振兴等多元目标。国家文化公园集群化的保护方式实现了"遗产要素导向型"分头保护到"管理目标导向型"统一保护的转变[1]，以及意象式松散集合到功能性有机整体的转向[2]，建构了文化遗产作为战略性"社会—技术"集群[3]的创新性方法。这样的"社会—技术"集群方法，从资源保护、文化阐述、设施配套、环境修复等方面，关注多元主体、多重功能、多重分区的协同，将遗产作为一种历史过程和文化生态来保护[4]，平衡了文化保护与公众权益之间的关系。

（二）概念特征：国家性、地方化、公园型

国家文化公园的国家性体现在国家意志的战略目标、中国符号的形象定位和中央统筹的组织保障上。①在国家意志的战略目标上，"建设国家文化公园，形成中华文化重要标识"成为相关政策文件的共性目标，体现了"文化自信"国家战略下提升中国文化遗产国际话语权、培育和铸牢中华民族共同体意识的诉求。②在中国符号的形象定位上，首先，国家文化公园以长城、大运河、长征、黄河、长江这样跨区域、代表中华民族融合发展、中华精神形成发展的共性地理媒介为载体，与"西欧北美民族认同型国家和中东宗教认同型国家"有所区分，从国土层面建构了中华文化总体性把握的形象

---

[1] 参见李飞、邹统钎《论国家文化公园：逻辑、源流、意蕴》，《旅游学刊》2021年第1期。
[2] 参见邹统钎、韩全、李颖《国家文化公园：理论溯源、现实问题与制度探索》，《东南文化》2022年第1期。
[3] 参见［澳］罗德尼·哈里森《文化和自然遗产：批判性思路》，范佳翎、王思渝等译，上海古籍出版社2021年版，第39—41页。
[4] 参见邹统钎、韩全、李颖《国家文化公园：理论溯源、现实问题与制度探索》，《东南文化》2022年第1期。

体系，架起了强化国民文化身份认同感的通道①；其次，国家文化公园具有世界级、国家级文化资源的支撑性，如《长城、大运河、长征国家文化公园建设方案》就明确指出作为参观游览和文化体验的主体区域，国家文化公园的核心展示园应该由"国家级文物和文化资源及周边区域组成"，反映出国家文化公园所具有的国家性文化脉络。③在中央统筹的组织保障上，国家文化公园从公园名单、规划方案、建设分期等方面，建构了"中央统筹、省负总责、分级管理、分段负责"的推进机制，协调国家文化公园在建设中的重大问题、重点任务和重点工程，确保国家意志、中国符号的全面呈现。

国家文化公园的地方化体现在差异互补的地方特色、价值外溢的地方发展和落地实践的地方支撑三个层面。①在差异互补的地方特色层面上，国家文化公园跨越文化单元、要素类型、时空边界的集群保护，促使国家形象定位与特定地域、不同文化特点的"和而不同"得到彰显。在已启动的长城、长征、大运河国家文化公园规划中，带、段、线、区的文化聚类引导成为既能凸显整体标识、代表国家形象，又根植于地方特色的普遍规划途径，实现了国家性宏大叙事与地方性特色故事之间的关联。②②在价值外溢的地方发展层面上，国家文化公园管控保护、主题展示、文旅融合、传统利用四类主体功能区的差异化管控，为"拓展投融资渠道，完善多元投入机制，确保公

---

① 参见傅才武《长江国家文化公园建设中的国家目标、区域特色及规划建议》，《决策与信息》2022年第8期。
② 参见新华社《坚持保护优先 增强文化自信 高质量推进大运河文化保护传承利用——国家文化公园建设工作领导小组办公室负责人就〈大运河国家文化公园建设保护规划〉答记者问》，《人民日报》2021年10月28日。

园建设、管理和运营实现可持续发展"①提供了空间保障；保护传承、研究发掘、环境配套、文旅融合、数字再现五大关键领域基础工程的系统推进，指引、统筹了文旅发展、生态修复、乡村振兴、基础设施等关键领域，促进了地方社会经济和文化保护的可持续发展。③在落地实践的地方支撑层面上，国家文化公园明确了"省级党委和政府承担主体责任，加强资源整合和统筹协调，承上启下开展建设"②。因此，立足省（市）区段资源禀赋、人居环境、社会经济等基础条件，协同区域发展战略、国土空间规划、重大工程建设等地方现状，建构差异化发展路径和策略，是国家文化公园落地建设的地方化保障。

国家文化公园的公园型表现在服务主体的大众性、空间结构的开放性两个层面上。①在服务主体的大众性上，国家文化公园作为实施公园化管理运营的特定开放空间公共文化载体，在文化教育、公共服务、旅游观光、休闲娱乐、科学研究等方面服务公众，通过公益性突出强化了国家文化公园与营利性景区、公园的区别。③②在空间结构的开放性上，国家文化公园的四个主体功能区都明确以文旅融合为导向，积极融入城乡公共空间体系，反映出通过传统文化融入时代血脉的方式，达到激活"价值基因"、舒展"生活场景"的目的，来平衡文化资源保护与公众权益实现之间的关系。④

---

① 新华社：《坚持保护优先　增强文化自信　高质量推进大运河文化保护传承利用——国家文化公园建设工作领导小组办公室负责人就〈大运河国家文化公园建设保护规划〉答记者问》，《人民日报》2021年10月28日。
② 新华社：《中办国办印发长城、大运河、长征国家文化公园建设方案》，《人民日报》2019年12月6日。
③ 参见李飞、邹统钎《论国家文化公园：逻辑、源流、意蕴》，《旅游学刊》2021年第1期；新华社《中办国办印发长城、大运河、长征国家文化公园建设方案》，《人民日报》2019年12月6日。
④ 参见邹统钎、韩全、李颖《国家文化公园：理论溯源、现实问题与制度探索》，《东南文化》2022年第1期。

二、国家文化公园的实践进展

综合已发布的《长城、大运河、长征国家文化公园建设方案》和长城、大运河、长征、黄河等国家文化公园整体和省域的建设保护规划文件可以看出,国家文化公园已围绕总体空间布局、建设目标、主体功能区、关键领域基础工程、体制机制、保障措施等方面开展了全面建设。

(一) 基于国家性与地方化的综合性资源识别方法

资源识别的意义在于对文化标识资源的梳理,厘清国家文化公园的核心建设要素,推动地方文旅发展。当前,国家文化公园的资源识别实践基本依照已纳入文物或城乡历史文化保护传承体系的文保单位、名城名镇名村、历史建筑、风景名胜区等名录执行,且具有明确的等级划分。同时,为实现地方建设的差异化,结合地方文化资源特征和社会经济发展计划,在资源识别体系中补充了相关自然资源以及未纳入保护体系的文化资源。国家文化公园的资源识别的具体实践表现在以下三个方面。①突出国家代表性的文化资源的核心和主体。立足"具有突出意义、重要影响、重大主题的文物和文化资源"[1]的要求,资源识别以与各个国家文化公园建设载体紧密关联的国家级遗产为核心实现建设支撑,如主题展示区的核心展示园依托国家级资源划分。[2] ②注重地方性文化资源的统筹和融入。首先,资源识别将省、市(县)两级的文化资源纳入,并且其数量占比远超与载体紧密相关的国家级文化资

---

[1] 新华社:《中办国办印发长城、大运河、长征国家文化公园建设方案》,《人民日报》2019年12月6日。
[2] 参见新华社《中办国办印发长城、大运河、长征国家文化公园建设方案》,《人民日报》2019年12月6日。

源，如黄河国家文化公园（陕西段）识别出省级及以下文物保护单位37257处，占全级别文物保护单位数量的99.31%[1]，黄河国家文化公园（河南段）识别出省级及以下文物保护单位6683处，占全级别文物保护单位数量的94.78%[2]；其次，资源识别也包含未被纳入保护体系，但价值高、能彰显地区特色风貌的资源，如大运河国家文化公园（杭州段）的题名文化、长城国家文化公园（甘肃段）的音乐文化、长征国家文化公园（甘肃段）的诗词文化[3]均被纳入各自实践的资源识别体系。③兼顾国土生态修复、历史环境保护自然资源的识别与纳入。一类为自然保护地的识别，如黄河国家文化公园（陕西段）识别出国家级和省级的自然保护区、地质自然公园等137处[4]；另一类为文化资源周边有重要影响的自然资源，如大运河国家文化公园（杭州段）识别出历史环境中的骨架性山水，从而实现由湿地群落、名山群落、公园群落构筑而成的"山水群落"格局。[5]

---

[1] 参见陕西省发展和改革委员会《关于征集黄河国家文化公园（陕西段）建设保护规划意见建议的公告》，2021年6月15日，https://sndrc.shaanxi.gov.cn/pub/sxfgwyh/sy/fgyw_117435/gggg/202304/t20230412_8222.html。
[2] 参见张莹莹《中原大地讲好新时代"黄河故事"》，《中国文化报》2022年7月5日。
[3] 参见杭州市规划和自然资源局《〈杭州大运河国家文化公园规划〉系列报道之四：品千年古韵临平上塘 赏江南运河名镇塘栖｜临平篇》，2022年4月29日，http://ghzy.hangzhou.gov.cn/art/2022/4/29/art_1228962609_58933350.html；高菁《长城国家文化公园甘肃段音乐文化资源保护利用研究》，载吴承忠、鲍新中主编《国家文化公园蓝皮书：中国国家文化公园报告（2022）》，社会科学文献出版社2022年版，第95—111页。
[4] 参见陕西省发展和改革委员会《关于征集黄河国家文化公园（陕西段）建设保护规划意见建议的公告》，2021年6月15日，https://sndrc.shaanxi.gov.cn/pub/sxfgwyh/sy/fgyw_117435/gggg/202304/t20230412_8222.html。
[5] 参见杭州市规划和自然资源局《〈杭州大运河国家文化公园规划〉系列报道之四：品千年古韵临平上塘 赏江南运河名镇塘栖｜临平篇》，2022年4月29日，http://ghzy.hangzhou.gov.cn/art/2022/4/29/art_1228962609_58933350.html。

（二）基于资源属性和保护发展的总体布局与主体功能区设置

国家文化公园建设的总体布局以文化资源的空间分布为基础，依托行政边界来进行边界框定、分段分区管控。国家文化公园空间边界大多以县域划分，但在城镇化率高、文化资源丰富的区域则以乡镇边界来划分，如长城国家公园（北京段）综合考虑了长城保护区划界线、乡镇行政边界，以及浅山区、生态保护区等相关规划的边界情况来进行协调衔接。[①] 在分段上，呈现出国家层面基于宏观管控的跨行政区域文化主题分段、地方层面基于实践落地的行政单位分段两种模式。国家层面整体规划有多于跨越省级单位数量的分段方式，如长城国家文化公园跨越15个省（区、市），划分为18段，形成"一带十八段二十六区多点"的总体规划格局[②]；也有少于省级单位数量的分段方式，如长征国家文化公园跨越15个省（区、市），划分出14个篇章，构建"一轴四线十四篇章"的整体空间框架和叙事体系[③]。在分区上，国家层面重点控制引导重点展示园、带、点等展示区设置，地方层面则结合文化资源和主题性再加以拓展，如长征国家文化公园（甘肃段）的核心展示园由会宁红军会师、南梁革命根据地等五个国家级重点展示园和两当红色革命、泾川四坡村等四个省级核心展示园组成。[④]

[①] 参见魏彪《北京印发长城国家文化公园建设保护规划》，《中国旅游报》2021年12月17日。
[②] 参见新华社《集中打造中华文化重要标志 科学绘制长城国家文化公园建设蓝图——国家文化公园建设工作领导小组办公室负责人就〈长城国家文化公园建设保护规划〉答记者问》，《人民日报》2021年10月28日。
[③] 参见新华社《建设中华民族共有的精神家园 科学绘制长征国家文化公园建设蓝图——国家文化公园建设工作领导小组办公室负责人就〈长城国家文化公园建设保护规划〉答记者问》，《人民日报》2021年10月28日。
[④] 参见李超《我省加快推进华夏文明传承创新区和国家文化公园（甘肃段）项目建设 "一区三园"文化强省新格局逐步形成》，2022年2月19日，http://lzrb.lzbs.com.cn/content/202202/19/content_123129.html。

国家文化公园的主体功能区按照资源保护、阐释、利用的递进关系，分为管控保护区、主题展示区、文旅融合区、传统利用区四类。其中，管控保护区和主题展示区以文化资源保护和价值传递为导向，前者侧重本体保护，后者注重对主体性资源的阐述展示与宣扬传承。管控保护区根据载体类型、资源特征、地域分布，在各个国家文化公园中呈现明显的差异性，主要分为两类：一类为点状形态的管控保护区，如长征国家文化公园依托展览博物馆、重大军事转折事件发生地等以点状资源进行划分；另一类是带状与点状形态共存的管控保护区，如大运河国家文化公园依托线性河道及周边重要文化资源，形成以带串点的管控保护空间组织。主题展示区由于资源空间集聚的规模、形态的差异，具有核心展示园、集中展示带、特色展示点三类形态：核心展示园在区位优越、面状集聚的区域展开，集中展示带在线状集聚的区域构建，特色展示点在区位独立、布局游离、资源分散的区域建立。例如，黄河国家文化公园（陕西段）的建设方案统筹考虑了资源价值、密集程度、文明标识体系、展示基础条件，构建了39处核心展示园、4条集中展示带、41处特色展示点，并特别强调要加强核心展示园与集中展示带相关资源的整合联动，同时也要求突出各核心展示园错位联动发展。① 文旅融合区和传统利用区在管控保护区和主题展示区的基础上，通常依托沿线富集的文化资源空间及其周边资源联合建设。文旅融合区利用文物和文化资源的外溢辐射效应形成价值延展空间，重在开发联动与地区发展。传统利用区则依托文旅融合区范围外的村、镇、街区的资源，重在传统元素的呈现与活态传

---

① 参见陕西省发展和改革委员会《关于征集黄河国家文化公园（陕西段）建设保护规划意见建议的公告》，2021年6月15日, https://sndrc.shaanxi.gov.cn/pub/sxfgwyh/sy/fgyw_117435/gggg/202304/t20230412_8222.html。

承。例如，长城国家文化公园（河北段）推进"长城＋历史文化文旅融合区、生态文旅融合区、现代文旅融合区"三类22个文旅融合区建设，同时合理保存传统文化生态，适度发展文化、旅游、特色生态产业，建设长城关堡类、长城戍边类和特色资源类三类传统利用区。①

（三）基于落地建设与管理运营的关键领域基础工程与体制机制

关键领域基础工程是国家文化公园中"充分发挥地方党委和政府主体作用，围绕文物和文化资源保护传承利用协调推进目标"②系统推进的工程，通过打造重点标志实现文化资源的保护、展示、融合、联动、利用，分为保护传承、研究挖掘、环境配套、文旅融合、数字再现五大必备工程。在实践中，各国家文化公园可根据面临的不同实际问题调整公园整体和地方局部的侧重点。在公园整体上，长征国家文化公园强调长征精神的红色教育意义，在五大必备工程的基础上增加教育培训工程，形成六大工程。③在地方局部上，大运河国家文化公园（杭州段）在五大必备工程的基础上，为提升防洪排涝、通航的能力，同时聚焦水资源优化配置、岸线保护和服务提升，新增水利航运工程。④五大必备工程建设的共性和差异明显。共性体现在保护传承方面皆强调文化资源整体性、全面性保护；研

---

① 参见李瑞《〈长城国家文化公园（北京段）建设保护规划〉印发》，《中国文物报》2021年12月21日。
② 新华社：《中办国办印发长城、大运河、长征国家文化公园建设方案》，《人民日报》2019年12月6日。
③ 参见新华社《建设中华民族共有的精神家园　科学绘制长征国家文化公园建设蓝图——国家文化公园建设工作领导小组办公室负责人就〈长城国家文化公园建设保护规划〉答记者问》，《人民日报》2021年10月28日。
④ 参见杭州市人民政府《关于〈杭州市大运河文化保护传承利用暨国家文化公园建设方案（征求意见稿）〉征求意见采纳情况》，2021年7月16日，http://www.hangzhou.gov.cn/art/2021/7/16/art_1229541585_59062554.html。

究挖掘方面均重视基础研究、考古挖掘；数字再现方面，均运用5G技术、人工智能等新技术。差异性则体现在两方面：在环境配套方面，如大运河国家文化公园更关注生态环境的保护修复和水环境优化，而长城、黄河国家文化公园更关注沿线公共服务和配套设施的建设；在文旅融合方面，在各地国家文化公园的具体建设中，线路、产品根据各自识别的资源进行整合，各有侧重。[①]

在体制机制保障中，已形成由中央统筹整合规划，各地落地执行的"总—分—总"形式，有序推进了国家文化公园的建设、运营、管理。如最先启动的长城、大运河、长征国家文化公园，各省、市、县（区）按照建设方案要求，已全部完成省级分段规划及大部分市、县（区）分段规划。同时，注重国家文化公园的事权确立，如长征国家文化公园（贵州段）率先建立其行政区域内的法定条例，明确省、市（州）、县三级在资源认定、功能区划分、关键领域基础工程建设以及社会主体参与机制中的权责[②]；黄河国家文化公园（陕西段）明确各部门事权，省委宣传部负责统筹领导，省发展和改革委员会制定建设保护规划和重大项目库，省文物局负责管控保护区的管理工作并配合主题展示区范围划定，文化和旅游厅负责文旅融合区和传统利用区范围划定，财政厅负责统筹财政资金[③]。

---

① 参见陕西省发展和改革委员会《关于征集黄河国家文化公园（陕西段）建设保护规划意见建议的公告》，2021年6月15日，https://sndrc.shaanxi.gov.cn/pub/sxfgwyh/sy/fgyw_117435/gggg/202304/t20230412_8222.html。
② 参见贵州省人民代表大会常务委员会《贵州省长征国家文化公园条例》，2021年5月27日，https://flk.npc.gov.cn/detail2.html?ZmY4MDgxODE3Y2RkNDgwYjAxN2NlOTEzZmI2MzM2MzQ。
③ 参见陕西省发展和改革委员会《关于征集黄河国家文化公园（陕西段）建设保护规划意见建议的公告》，2021年6月15日，https://sndrc.shaanxi.gov.cn/pub/sxfgwyh/sy/fgyw_117435/gggg/202304/t20230412_8222.html。

三、国家文化公园的理论探索

（一）载体类型与资源识别

国家文化公园的载体选择应在满足国民高度认同、代表国家形象和中华民族独特精神标识、独一无二的基础上[1]，覆盖点、线、面状的物质和非物质文化遗产，形成具有一定地理空间的带状结构巨系统[2]。在国家文化公园载体的补充方面：①针对线状载体，李飞等[3]认为如丝绸之路、茶马古道等类型或可作为未来载体的备选；②针对点状载体，孙华[4]提出古人类洞穴遗址、木构建筑、传统村落等也适于作为载体；③针对面状载体，彭兆荣[5]、孙华[6]、李飞等[7]、雷蕾等[8]、刘进等[9]认为可以将如汉文化大遗址、农业文化遗产、革命摇篮和根据地延安地区、国家疆域海洋与岛屿、特定事件战役与奥运等大遗址资源列入载体范围。此外，李飞等[10]还指出酒文化、茶文化等非物质文化亦应纳入载体范围。

除了对载体类型的讨论，尚未形成统一的国家文化公园资源识别方式也

---

[1] 参见李树信《国家文化公园的功能、价值及实现途径》，《中国经贸导刊（理论版）》2021年第3期。
[2] 参见柏贵喜《系统论视域下国家文化公园建设：结构、功能、机制》，《中国非物质文化遗产》2022年第1期。
[3] 参见李飞、邹统钎《论国家文化公园：逻辑、源流、意蕴》，《旅游学刊》2021年第1期。
[4] 参见孙华《国家文化公园初论：概念、类型、特征与建设》，《中国文化遗产》2021年第5期。
[5] 参见彭兆荣《文化公园：一种工具理性的实践与实验》，《民族艺术》2021年第3期。
[6] 参见孙华《国家文化公园初论：概念、类型、特征与建设》，《中国文化遗产》2021年第5期。
[7] 参见刘庆柱、汤羽扬、张朝枝等《笔谈：国家文化公园的概念定位、价值挖掘、传承展示及实现途径》，《中国文化遗产》2021年第5期。
[8] 参见雷蕾、李骊明《国家文化公园开发与陕西大遗产资源》，《西部大开发》2019年第6期。
[9] 参见刘进、冷志明、刘建平《我国重要农业文化遗产分布特征及旅游响应》，《经济地理》2021年第12期。
[10] 参见刘庆柱、汤羽扬、张朝枝等《笔谈：国家文化公园的概念定位、价值挖掘、传承展示及实现途径》，《中国文化遗产》2021年第5期。

是亟须解决的问题。柏贵喜[①]提出资源识别应形成由文化遗产本体要素和环境组成的内外多层次系统。

对于建设范围内与载体关联且具有典型代表性的物质与非物质文化资源，王健等[②]、程宏亮[③]、张明弘[④]、李云鹏[⑤]、康海玲[⑥]、陈喜波等[⑦]认为，诗词、艺术、戏曲等非物质文化资源以及历史性生态景观也是需要重点识别的对象。

（二）建设思路与空间规划

国家文化公园建设要求主体功能区和关键领域基础工程形成层次清晰、重点突出的保护体系。但在国家文化公园实际规划建设过程中，由于跨地域、多单元、时空边界模糊、要素类型多元等客观因素，存在发展不均衡、边界不明确、产品同质化等问题。

首先，对于国家文化公园范围内发展不平衡的问题，学者们建议从文旅资源禀赋和经济发展禀赋两个维度，对不同的资源赋存区域采取差异化发展

---

① 参见柏贵喜《系统论视域下国家文化公园建设：结构、功能、机制》，《中国非物质文化遗产》2022年第1期。
② 参见王健、彭安玉《大运河国家文化公园建设的四大转换》，《唯实》2019年第12期。
③ 参见程宏亮《唐诗与大运河国家文化公园江苏段造园创意研究》，《中共合肥市委党校学报》2020年第5期。
④ 参见张明弘《长城艺术的保护对于长城国家文化公园建设的重要性》，《河北地质大学学报》2020年第6期。
⑤ 参见李云鹏《对黄河水利文化及黄河国家文化公园建设的思考》，《中国文化遗产》2021年第5期。
⑥ 参见康海玲《国家文化公园视域下的大运河与中国戏曲》，《中国戏剧》2021年第9期。
⑦ 参见陈喜波、王亚男、郗志群《北京大运河国家文化公园建设的生态路径研究》，《城市发展研究》2022年第8期。

路径和策略。[1] 以大运河国家文化公园为例，陈喜波等[2]建议北京段应以维护生态廊道为建设重点，有效释放叠加于廊道上的生态、文化、经济和社会效应；李玮[3]、黄杰等[4]建议对于遗产点占总数40%的江苏段，应聚焦运河古镇保护复兴和运河文化旅游发展，打造研学旅游品牌，推进文旅深度融合。同时，文旅融合应结合地方适应性规划，如张朝枝等[5]提出长城大部分地理位置并不适宜开展规模性旅游活动，应平衡国家文化标识与当地旅游产品的形象建设；王健等[6]认为大运河国家文化公园应避免一味强调"文化旅游景观建设"。

其次，对于国家文化公园空间边界不确定、遗产保护地区域交叉重叠、与其他公园类型难协调的问题，汤羽扬等[7]建议将大型文化遗产保护管控双线纳入国土空间管控，邹统钎等[8]建议制定重大文化遗产整合归并办法，优化边界范围和功能分区，刘敏等[9]强调应协调古河道、古镇、古村等文化遗产本体保护与产业开发空间的功能范围。

---

[1] 参见祁述裕、邹统钎、傅才武等《国家文化公园建设热中的冷思考：现状、问题及对策》，《探索与争鸣》2022年第6期。
[2] 参见陈喜波、王亚男、郗志群《北京大运河国家文化公园建设的生态路径研究》，《城市发展研究》2022年第8期。
[3] 参见李玮《大运河国家文化公园研学旅游发展初探：以江苏段为例》，《科技创业月刊》2020年第7期。
[4] 参见黄杰、程雨璠《让古运河重生：大运河文化带建设的新使命》，《江苏地方志》2021年第3期。
[5] 参见刘庆柱、汤羽扬、张朝枝等《笔谈：国家文化公园的概念定位、价值挖掘、传承展示及实现途径》，《中国文化遗产》2021年第5期。
[6] 参见刘庆柱、汤羽扬、张朝枝等《笔谈：国家文化公园的概念定位、价值挖掘、传承展示及实现途径》，《中国文化遗产》2021年第5期。
[7] 参见刘庆柱、汤羽扬、张朝枝等《笔谈：国家文化公园的概念定位、价值挖掘、传承展示及实现途径》，《中国文化遗产》2021年第5期。
[8] 参见邹统钎、韩全、李颖《国家文化公园：理论溯源、现实问题与制度探索》，《东南文化》2022年第1期。
[9] 参见刘敏、张晓莉《国家文化公园：从文化保护传承利用到区域协调发展》，《开发研究》2022年第3期。

最后，对于空间规划如何改善产品同质化问题，聚焦到五大必备工程的地方性差异化发展，学者们分别提出不同的建设思路。①在保护传承方面，邢亚萍[1]提出可依托文化、自然复合资源，辐射周边地区构建国家文化公园总体空间结构，白栎影等[2]建议通过融入与建构文化记忆，进行地方性文化记忆场所的保护、建设与传承利用。②在研究发掘方面，李严等[3]建议着重梳理各资源点的时序关系、区位关系、事件关系以及游步道与各遗址点、资源点之间的链路关系。③在环境配套方面，张曼等[4]建议以长城国家文化公园（北京段）生态资源为本底，结合长城健康绿道等项目，建设面向公众开放的"自然疗愈园"探访路线，配套开发健康特色产业；杜凡丁等[5]提出建立由红军路、串联步道和连接线组成的长征历史步道体系，分段分类进行治理保护，形成"万里红路、千村串联"格局。④在文旅融合方面，梅长青等[6]建议立足长江经济带沿线11个省市不同经济总量、产业结构及文

---

[1] 参见邢亚萍《天津长城国家文化公园建设要探索因地制宜、科学创新、融合发展之路》，《中国民族博览》2020年第24期。
[2] 参见白栎影、王秀伟《国家文化公园建设的三个维度》，《人文天下》2021年第7期。
[3] 参见刘庆柱、汤羽扬、张朝枝等《笔谈：国家文化公园的概念定位、价值挖掘、传承展示及实现途径》，《中国文化遗产》2021年第5期。
[4] 参见张曼、汤羽扬、刘昭祎等《长城国家文化公园：重塑建成环境与公众健康的关系》，《北京规划建设》2020年第4期。
[5] 参见杜凡丁、杨戈、刘占清《讲好长征故事传承长征精神：长征国家文化公园建设保护体系的构建》，《中国文化遗产》2021年第5期。
[6] 参见梅长青、尹峻、赵兴等《基于产品差异化视角的长江国家文化公园建设研究》，《文化软实力研究》2022年第1期。

化形态构建差异化的流域特色文化产品市场体系；梅耀林[①]、刘素杰[②]、刘敏[③]等提出谋划跨省（自治区、直辖市）文旅线路，差异化表达文化服务形态，丰富非遗小镇、村寨等示范性载体和非遗价值转化增值模式。⑤在数字融合方面，李严等[④]提出通过历史图档、遗存图像与三维数据，建构数字再现的"长城全线数字孪生计划"，并注重实体与虚拟同步建设，实现国家文化公园的全线周期性数据更新和动态监控。

（三）管理体制与保障措施

国家文化公园在管理体制创新、资金机制探索和法律保障机制建立[⑤]等方面已取得一定成效，但管理机构不稳定、政出多门，管理人才队伍建设滞后、效率不高，财政资金保障不足、推动受阻，跨域协调机制不完善、成果同质，法律法规不健全、指引缺乏等问题突出。

目前相关讨论集中于全域与省域层面。全域层面，吴丽云等[⑥]指出应构建"国家—省—市—县"的管理机构、多种类别的资源形成统一的管理机制、省市财政专项资金与"债券+基金"社会参与资金机制、联席会议与"专门委员会"加智库团队结合的跨域协调机制，出台《国家文化公园法》

---

① 参见梅耀林、姚秀利、刘小钊《文化价值视角下的国家文化公园认知探析——基于大运河国家文化公园实践的思考》，《现代城市研究》2021年第7期。
② 参见刘素杰、吴星《建设国家文化公园，促进长城沿线区域绿色发展——以京津冀长城保护与传承利用研究为例》，《河北地质大学学报》2020年第5期。
③ 参见刘敏、张晓莉《国家文化公园：从文化保护传承利用到区域协调发展》，《开发研究》2022年第3期。
④ 参见刘庆柱、汤羽扬、张朝枝等《笔谈：国家文化公园的概念定位、价值挖掘、传承展示及实现途径》，《中国文化遗产》2021年第5期。
⑤ 参见吴丽云、邹统钎、王欣等《国家文化公园管理体制机制建设成效分析》，《开发研究》2022年第1期。
⑥ 参见吴丽云、邹统钎、王欣等《国家文化公园管理体制机制建设成效分析》，《开发研究》2022年第1期。

系统保障法律法规等；王利伟[①]认为要坚持统得到位、分得清晰、统分结合的管理体制取向，构建纵向到底、横向到边的跨区域、跨部门管理制度体系；祁述裕[②]认为建设资金和责任主体不确定的问题可以通过统筹资金来源和建立管理机制来解决，如设立政府投资基金、建立文化生态补偿机制、鼓励地方政府设立产业发展基金和发行地方债券等方式；安倬霖等[③]认为政出多门的问题可以通过文化景观的尺度转换促使各部门联合出台管理文件来解决。省域层面，白翠玲等[④]认为可以通过统一建立管理机制、特许经营与多方参与机制、政府为主和社会参与资金机制，以及制定法律法规保障等方法，解决长城国家文化公园（河北段）土地难以统筹管理、居民建设意愿不强、资金短缺、权责混乱等方面的问题；刘晓峰等[⑤]认为在大运河国家文化公园的省域管理层面，可以通过组建实体管理机构、明确多元主体权责、完善管理运行体制等方法克服国有文化资源所有者权益不到位、政出多门及管理越位、错位、缺位的问题。

四、结语

在国家文化公园不断建设发展的过程中，业已形成初步的理论与实践成

[①] 参见王利伟《高水平推进黄河国家文化公园建设保护》，《中国经贸导刊》2021年第13期。
[②] 参见祁述裕《国家文化公园：效果如何符合初衷》，《探索与争鸣》2022年第6期。
[③] 参见安倬霖、周尚意《基于地理学尺度转换的国家文化公园文化遗产保护机制》，《开发研究》2022年第1期。
[④] 参见白翠玲、武笑玺、牟丽君等《长城国家文化公园（河北段）管理体制研究》，《河北地质大学学报》2021年第2期。
[⑤] 参见刘晓峰、邓宇琦、孙静《大运河国家文化公园省域管理体制探略》，《南京艺术学院学报（美术与设计）》2021年第3期。

果，但在相关法律法规规范化、空间边界整合、保护传承创新三个方面，仍有理论研究和实践创新的发展空间。

（1）国家文化公园的规范体系建设。当前各地建设的资源识别、空间划定、管控要求差异性大，在文化资源集群保护的全面性、系统性执行上程度不一。应参考《国家公园管理暂行办法》等国家公园规范体系，尽快开展涵盖资源识别、空间划定、管控要求的国家文化公园规范体系建设，强化国家文化公园的国家性保障。

（2）国家文化公园及主体功能区的空间边界整合。目前全国各地国家文化公园建设规划实践中的空间范围过大或主体功能区边界模糊的情况，造成了国家性标识特征不突出、资源保护难度大的问题。综合文化、自然资源已有边界、管控要求，面向四个主体功能区的保护发展目标，开展资源识别、管控要求、整合方式的边界划定研究，是对接国土空间规划要求、确保文化资源活态保护的重要拓展方向。

（3）国家文化公园的保护传承创新。国家文化公园作为公益化项目，尚面临着商业化的窘境。因此，从文旅融合的视角，如何结合各地各点的社会经济特征，强化文化阐释、参与体验、教育培训等途径和方法，是凸显国家文化公园在地化、公园型的理论与实践方向。

（原载《风景园林》2023 年第 2 期）

基于文化舒适物空间格局的
新型城河共生模式研究
——以大运河国家文化公园为例*

李东晔　周永博　贾文通　周　进　吴丽敏

引言

　　国家文化公园旨在整合具有突出意义、重要影响和重大主题的文物和文化资源，并实施公园化管理运营。在文化强国、文化和旅游融合及民族复兴的多重背景下，国家文化公园蕴含的大型文化遗产的整体性保护思想，有助于探索中国现代城市与遗产共生路径。[①]中国大运河由京杭大运河、隋唐大运河和浙东运河三部分组成，迄今已有2500余年历史。[②]伴随大运河沿线区域经济社会发展，沿线建筑设施和生产、生活方式逐步改变并组合成一系

---

* 本研究受国家自然科学基金项目"基于旅游地理想象与游客情感体验的大运河'城河共生'场景重构"（项目编号：42071193）、"基于机器学习的城市旅游地三元空间交互机制及协同响应模式研究"（项目编号：41871141）、"古镇居民旅游参与的'情感—行为'分异与情感空间建构研究"（项目编号：41701162）以及2023年度江苏省重点智库课题、苏州大学新型城镇化与社会治理协同创新中心研究、东吴智库文旅融合发展研究中心和苏州大学—广益家艺小镇地方品牌化协同创新中心共同资助。

① 参见李飞、邹统钎《论国家文化公园：逻辑、源流、意蕴》，《旅游学刊》2021年第1期；邹统钎、仇瑞《国家文化公园整体性保护思想诠释与路径探索》，《民俗研究》2023年第1期。
② 参见孙久文、易淑昶《大运河文化带城市综合承载力评价与时空分异》，《经济地理》2020年第7期。

列独特场景[1]，整体呈现出一种"多重时空层叠整合"状态[2]，大运河与城市形成一种典型的多模共生关系。大运河国家文化公园设立于2019年，是我国首批国家文化公园之一。在依托大运河线性文化遗产开展国家文化公园建设的进程中，为了更好地发挥大运河联系中国南北及东部城镇的战略功能[3]，需进一步厘清大运河与沿线城市多模共生的现状和趋势，科学管控城河共生演进方向，为更好地统筹沿线区域遗产保护、文旅融合发展和基础设施建设提供科学依据。

大运河国家文化公园是推动沿线文化和旅游融合发展的重大实践，能够有效推动大运河沿线区域水、岸、城一体化发展。认识和评估国家文化公园价值不仅要关注其文化价值，还应重视其社会、经济价值。[4]2022年4月，京杭大运河在经历一个多世纪的断流后，重新实现全线通水，标志着大运河与沿线城市的共生模式将迈入新的发展阶段。围绕大运河国家文化公园，目前大多数研究关注其遗产价值[5]和旅游价值[6]，仅有少数研究关注其景观组合效益[7]。围绕大运河与城市的关系，研究者重视和强调"城河共生"在大运河过往建设和今后发展中的普遍意义，但目前真正聚焦新型城河共生模式构

---

[1] 参见汪艳《水网格局影响下的大运河—长江三角洲地区历史城镇发展与变迁》，博士学位论文，东南大学，2019年；姜师立《大运河历史文脉与国家形象文化基因研究》，《中国名城》2022年第1期。

[2] 参见俞孔坚、奚雪松《发生学视角下的大运河遗产廊道构成》，《地理科学进展》2010年第8期。

[3] 参见张飞、杨林生、石勇等《大运河文化带游憩空间范围及层次研究》，《地域研究与开发》2019年第6期。

[4] 参见祁述裕《国家文化公园：效果如何符合初衷》，《探索与争鸣》2022年第6期。

[5] 参见戴俊骋、刘方宇《线性文化遗产价值评估模型的构建研究——以中国大运河为例》，《中国名城》2023年第1期。

[6] Zhang S., Liu J., Pei T., et al., "Tourism Value Assessment of Linear Cultural Heritage: The Case of The Beijing-Hangzhou Grand Canal in China", *Current Issues in Tourism*, 2021, pp. 1-23.

[7] 参见吴必虎、纪凤仪、金彩玉《文化景观史视角下国家文化公园体系构建初探》，《民俗研究》2023年第1期。

建的研究仍较欠缺。

　　文化舒适物是指给人带来主观愉悦的地方特性或设施，注重满足人们对生活质量、审美和精神文化的需求。[①]在知识经济时代，文化舒适物已成为推动城市发展的重要因素，能够显著影响城市中个体的心理、态度与行为[②]，反映现代城市居民和游客的生活与休闲消费空间[③]。本文以文化舒适物及其空间分布规律为切入点，运用空间分析和地理探测器，综合识别城河共生模式类型，探测文化舒适物空间分异的驱动因子，构建新型城河共生模式影响机制模型，以期对大运河国家文化公园建设提供决策参考。

一、基于文化舒适物的新型城河共生的理论建构

（一）知识经济时代的城市发展逻辑

　　自20世纪60年代末以来，西方发达国家众多城市开始由传统的"以工业和生产为中心"向"以文化和消费为中心"转变。[④]新经济增长理论认为，人力资源是知识经济时代技术进步和知识积累的重点，区别于工业时代的外源式发展理念。[⑤]后工业时代的经济地理重构主要基于内生发展模式，将审美、文化价值和生活方式作为关键动力，关注区域合作、长期发展、合作共

---

① 参见王宁《城市舒适物与社会不平等》，《西北师大学报（社会科学版）》2010年第5期。
② 参见吴军《文化舒适物——地方质量如何影响城市发展》，人民出版社2019年版，第1—6页。
③ 参见陈波、林馨雨《中国城市文化场景的模式与特征分析——基于31个城市文化舒适物的实证研究》，《中国软科学》2020年第11期。
④ 参见赵丹、张京祥《消费空间与城市发展的耦合互动关系研究——以南京市德基广场为例》，《国际城市规划》2015年第3期。
⑤ Friedmann J., *The Prospect of Cities*, Minneapolis: University of Minnesota Press, 2002, pp.1-39.

赢等新维度。产业、城市、人才成为知识经济时代城市发展的三大要素，发展模式从"产—人—城"转向"城—人—产"组合。①（图1）城市不仅是以生产为核心的"增长机器"，还是以人为核心要素，以消费、文化和创新为动能的"娱乐机器"。②

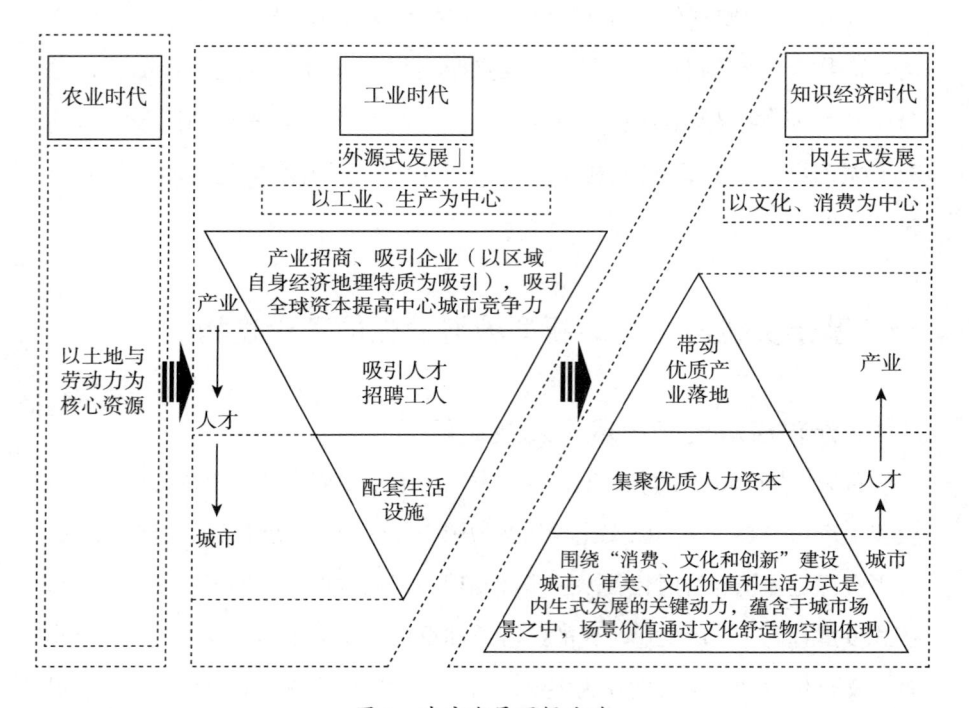

图1 城市发展逻辑演进

---

① 参见赵才《舒适物理论视角下城市休闲化评价研究——以中日新韩六大城市为例》，硕士学位论文，上海师范大学，2022年。
② Silver D. A., Clark T. N., *Scenescapes: How Qualities of Place Shape Social Life*, Chicago: University of Chicago Press, 2016, pp. 6-10.

知识经济时代，城市容纳的舒适物成为推动城市和区域发展的重要驱动力[1]，从消费和美学角度为迈向知识经济时代的城市和区域发展提供解释[2]。舒适物组合及其空间布局与当地文化息息相关，蕴含着差异化的价值观与生活方式，展现着城市的文化魅力和宜居品质。在城市，文化舒适物聚集区对高素质人才和游客有很强的吸引力和集聚效应。[3]尤其是伴随文化和旅游融合走向深入，城市中的文化舒适物已转变为一种旅游吸引物[4]，培育文化舒适物聚集区成为城市完善旅游休闲供给体系的重要形式。

（二）文化舒适物视角下的新型城河共生内涵

"舒适物"（amenities）理论最早由美国经济学家乌曼（Ullman）在20世纪50年代提出[5]，新芝加哥学派的西尔（Silver）和克拉克（Clark）将"舒适物"定义为以消费设施为导向的公共产品[6]。王宁认为，"舒适物"是指使人在感官和心情上感到舒适、愉悦和满足的事物、环境、事件、设施或服务。[7]围绕舒适物分类，克拉克将其划分为自然物理设施、人工建构设施、社会经济结构与多样性、本地区居民的价值观和态度。[8]吴军则

---

[1] 参见喻忠磊、唐于渝、张华等《中国城市舒适性的空间格局与影响因素》，《地理研究》2016年第9期。
[2] Silver D., Clark T. N., "The Power of Scenes: Quantities of Amenities and Qualities of Places", *Cultural Studies*, 2015, Vol. 29, No. 3, pp. 425-449.
[3] 参见吴军《文化舒适物——地方质量如何影响城市发展》，人民出版社2019年版，第1—6页；马凌、李丽梅、朱竑《中国城市舒适物评价指标体系构建与实证》，《地理学报》2018年第4期。
[4] 参见王媛媛《旅游城市舒适物水平及驱动机制研究》，硕士学位论文，西安外国语大学，2019年。
[5] Ullman E. L., "Amenities as a Factor in Regional Growth", *Geographical Review*, 1954, Vol. 44, No. 1, p. 119.
[6] Silver D. A., Clark T. N., *Scenescapes: How Qualities of Place Shape Social Life*, Chicago: University of Chicago Press, 2016, pp. 6-10.
[7] 参见王宁《城市舒适物与社会不平等》，《西北师大学报（社会科学版）》2010年第5期。
[8] Clark T. N., *The City as An Entertainment Machine*, Lanham: Lexington Books, 2011, pp. 103-140.

将舒适物分为自然舒适物、文化舒适物和社会舒适物，其中，文化舒适物是城市建设情况的体现，不仅包括与文化直接相关的博物馆、电影院等设施，还涵盖了城市空间中的大部分建筑设施。[1]

文化舒适物布局隐含人们生活方式与消费活力的空间规律。[2] 文化舒适物水平显著影响城市吸引力和宜居程度评价，人才流动看重舒适物中的文化和消费设施发达程度。[3] 以文化舒适物为主的消费行为在城市发展中起推动作用。[4] 在国家文化公园推动下，沿岸城市纷纷修复文化遗产、搭建文化场景、完善舒适物供给，大大提升了沿河区域文化舒适度，逐渐形成新型城河共生关系。通过文化舒适物识别和分析大运河沿线城市生活方式及其空间规律，梳理大运河与沿线城市城河共生模式，对当代大运河国家文化公园建设具有重要意义。

近年来，中国大运河的部分运输功能正在被更为高效的铁路、公路、航空等交通方式取代。受河道断流、断航等因素影响，部分沿线城市与大运河间的互动关联也有所弱化，即便如此，纵横南北、贯穿古今的大运河仍是沿线城市历史记忆与文化认同的重要载体，当代大运河与沿线城市的关系在动态发展中实现平衡与共生。[5] 随着国家文化公园建设的全面展开，大运河沿线日益成为沿线城市生活方式和文化价值观的载体，城河关系得以持续演化，逐渐形成新型城河共生模式。

---

[1] 参见吴军《文化舒适物——地方质量如何影响城市发展》，人民出版社2019年版，第1—6页。
[2] Gottman J., *The Rising Demand for Urban Amenities*, London: Routledge, 1972, pp. 1-40.
[3] 参见马凌、李丽梅、朱竑《中国城市舒适物评价指标体系构建与实证》，《地理学报》2018年第4期。
[4] Silver D., "The American Scenescape: Amenities, Scenes and the Qualities of Local Life", *Cambridge Journal of Regions, Economy and Society*, 2012, Vol. 5, No. 1, pp. 97-114.
[5] 参见都铭《大尺度遗产与现代城市的有机共生：趋势、问题与策略》，《规划师》2014年第2期。

（三）面向文化舒适物的新型城河共生模式分析

1. 城河共生

"共生"是一个源于生物学的概念，指不同种属的生物在漫长的进化过程中形成的互惠共生关系。[1] 20世纪50年代，共生理论被引入社会科学领域，之后被广泛应用于经济、社会、生态、管理、政治及旅游等研究之中[2]，用于描述城市与自然资源、文化资源和人力资源等系统要素之间的相互依存关系和共同进化过程[3]。共生理论聚焦于共生单元、共生模式和共生环境这三大基本要素，它们相互作用构成共生系统。[4]

根据共生理论所列举的共生条件[5]，大运河与城市共生具体表现在：①大运河河岸是城河共生的直接界面，沿线众多城镇沿着河岸布局发展，成为生产、生活和游憩场所，沿岸舒适物与河道保持着紧密的时空联系，形成良性互动循环机制，彰显着地方文化风格；②城市依托大运河的运输优势和生态环境优势，发展经济和吸引人力资源，城市与大运河在政治、经济和生态环境等方面有着密切的物质、信息和能量交流；③在国家文化公园建设背景下，各地根据《大运河核心监控区国土空间管控办法》[6]，各类建设均得到

---

[1] Rosenberg E., Zilber-Rosenberg I., "Symbiosis and Development: the Hologenome Concept", *Birth Defects Research Part C: Embryo Today: Reviews*, 2011, Vol. 93, No.1, pp. 56-66.
[2] 参见邵秀英、张金瑞《古村落旅游地及其共生研究综述》，《中国名城》2021年第11期。
[3] 参见杨坤、芮旸、李宜峰等《基于共生理论的中国特色保护类村庄振兴类型细分研究》，《地理科学进展》2021年第11期。
[4] 参见陶慧、张梦真、刘家明《共生与融合：乡村遗产地"人—地—业"协同发展研究——以昕松文化社区为例》，《地理科学进展》2022年第4期。
[5] 参见袁纯清《共生理论——兼论小型经济》，经济科学出版社1998年版，第23—25页。
[6] 《大运河核心监控区国土空间管控办法》中规定，大运河河道两岸各2千米范围内被划分为核心区，在此区域内政府实行严格建设管控，注重生态保护和文化保护传承工作。同时，2千米范围内为居民和游客步行和骑行的放松休闲舒适范围。

有效管控，各类共生单元之间存在一种临界规模，能够保证其他共生条件的存在；④受部分河段断流、断航影响，大运河沿线区域城河共生关系具有动态性。

2. 新型城河共生单元

共生单元是构成共生模式的基本能量生产和交换单位，是形成共生的基本物质条件。① 共生单元只有具备某种内在的联系才可能构成共生关系，共生单元的组合具有多种不同情况。随着知识经济时代到来，居民逐步将教育、人际关系和舒适物置于生活的中心②，在旅游情境下，舒适物时常成为游客体验对象，是游客的首要考虑要素③，大运河河道及其沿线文化舒适物系统逐步形成以生态环境为基础、以消费为核心、以人群为媒介、以资源为支撑的不同层级的共生系统，所以，本文将文化舒适物空间聚集区与大运河河道两类地理要素作为研究新型城河共生的共生单元。当共生单元在空间上靠近时，彼此间就会产生共生效应。文化舒适物与大运河河道在空间上以较高密度彼此靠近，有助于产生更多的共生能量，从而形成更坚实的共生基础。

3. 新型城河共生模式

共生模式是共生单元之间相互作用的方式和结合程度，按照组织程度

---

① 参见陈波、延书宁《场景理论下非遗旅游地文化价值提升研究——基于浙江省 27 个非遗旅游小镇数据分析》，《同济大学学报（社会科学版）》2022 年第 1 期。
② Silver D. A., Clark T. N., *Scenescapes: How Qualities of Place Shape Social Life*, Chicago: University of Chicago Press, 2016, pp. 6-10.
③ 参见陈波、延书宁《场景理论下非遗旅游地文化价值提升研究——基于浙江省 27 个非遗旅游小镇数据分析》，《同济大学学报（社会科学版）》2022 年第 1 期。

可划分为间歇共生、连续共生和一体化共生。[1] 共生模式具有多样性和动态性，它是行为方式和组织模式的产物，体现了不同阶段的共生程度。[2] 一体化共生被认为是理想的共生模式[3]，此时共生单元之间有着持续的多边多向互动，共生关系稳定，且存在同步化的广谱进化效应。在大运河沿岸区域，城市在经历非对称发展之后，亟须通过协同进化构建城河一体化共生模式。

4. 新型城河共生环境

共生环境是共生关系存在的外在条件[4]，根据其影响效果，可划分为正向环境、中性环境和反向环境。共生单元的打造、共生模式的建立，以及共生能量的生成与传导，都离不开具体的共生环境。大运河开凿之初，沿线城镇因"运"而盛。随着城河共生环境变迁，大运河从运输通道向文化、生态、休闲、游憩廊道过渡[5]，城河共生的模式、类型和内涵进一步丰富[6]。城河共生模式演变是多因素共同作用的结果，参考相关研究成果，宏观区域环境是影响文化舒适物分布的主要因素，其中，区域经济、人口、旅游和文化

---

[1] 参见杨坤、芮旸、李宜峰等《基于共生理论的中国特色保护类村庄振兴类型细分研究》，《地理科学进展》2021年第11期。
[2] 参见卢珊、蔡莉、詹天悦等《组织间共生关系：研究述评与展望》，《外国经济与管理》2021年第10期。
[3] 参见肖立胜《历史文化名城护城河域保护与更新规划研究——以随州市为例》，硕士学位论文，华中科技大学，2010年。
[4] 参见熊海峰、祁吟墨《基于共生理论的文化和旅游融合发展策略研究——以大运河文化带建设为例》，《同济大学学报（社会科学版）》2020年第1期。
[5] 参见肖立胜《历史文化名城护城河域保护与更新规划研究——以随州市为例》，硕士学位论文，华中科技大学，2010年。
[6] 参见王璠《基于共生理论的中小城市空间结构发展策略研究》，硕士学位论文，哈尔滨工业大学，2010年。

等要素与之密切关联。[1] 从经济角度看，大运河沿线城市的经济发展水平影响文化舒适物的数量与空间分布[2]，宜采用人均地区生产总值[3] 和人均可支配收入[4] 等指标进行量化。从人口角度看，人类活动范围与大运河沿线城市的文化舒适物在时空上的演变大致呈正相关[5]，通常以人口总量[6] 作为衡量人口环境的基础指标，而城镇化率是城镇常住人口占总人口的比例，该指标能显著影响大运河沿线设施空间分布[7]，可作为衡量人口环境辅助指标。从旅游发展角度看，旅游活动是影响文化舒适物空间分布的重要因素，可采用全年接待游客数量和旅游收入等指标[8] 进行衡量。从文化角度看，大运河沿线各类文化舒适物与大运河文化遗产相互融合、彼此交织，形成一系列特色鲜明的大运河城市场景，不断提升城市吸引力，为遗产传承和旅游开发提供持续

---

[1] 参见陈波、林馨雨《中国城市文化场景的模式与特征分析——基于31个城市文化舒适物的实证研究》，《中国软科学》2020年第11期。

[2] 参见焦敏、路璐、牛福长、和佳慧、穆学青《大运河文化带国家重点文物保护单位分布特征及其影响因素》，《经济地理》2023年第3期。

[3] Li J., Zhang H., Sun Z., "Spatiotemporal Variations of Land Urbanization and Socioeconomic Benefits in a Typical Sample Zone: a Case Study of the Beijing-Hangzhou Grand Canal", *Applied Geography*, 2020, Vol.117, pp.102-187；吴承忠《国家文化公园建设中的区域不平衡及发展路径问题》，《探索与争鸣》2022年第6期。

[4] 参见吴承忠《国家文化公园建设中的区域不平衡及发展路径问题》，《探索与争鸣》2022年第6期。

[5] 参见焦敏、路璐、牛福长、和佳慧、穆学青《大运河文化带国家重点文物保护单位分布特征及其影响因素》，《经济地理》2023年第3期。

[6] 参见焦敏、路璐、牛福长、和佳慧、穆学青《大运河文化带国家重点文物保护单位分布特征及其影响因素》，《经济地理》2023年第3期。

[7] Li J., Zhang H., Sun Z., "Spatiotemporal Variations of Land Urbanization and Socioeconomic Benefits in a Typical Sample Zone: a Case Study of the Beijing-Hangzhou Grand Canal", *Applied Geography*, 2020, Vol.117, pp.102-187.

[8] 参见杨梅、冯珠珠、田波《全域旅游发展对县域脱贫的组态影响研究——基于fsQCA的分析方法》，《西南大学学报（社会科学版）》2021年第4期。

动力[1]，大运河文化遗产空间为大运河城河共生模式提供了基本文化环境[2]。因此，本研究以经济环境、人口环境、旅游发展环境和文化环境作为构成城河共生环境的子维度。

二、研究方法

（一）数据来源

本文根据由陈波等[3]提出的"中国文化舒适物分类量表"（表1），通过高德开放平台抓取文化舒适物对应的兴趣点（point of interest，POI数据），在研究区域内总共得到617286个文化舒适物单体，获取指标数据包含每个文化舒适物单体的名称、设施类型、地理坐标。研究区矢量底图主要来自大运河HGIS大数据与服务平台[4]，参照各城市地图进行了校对和补充绘制[5]。本研究涵盖城市的人均地区生产总值、人均可支配收入、人口总量、城市化水平、全年接待游客数量和旅游收入等，数据均来源于《中国城市统计年鉴（2019年）》和各城市官方统计年鉴，世界文化遗产地理坐标数据来自联合国教科文组织网站[6]。

---

[1] 参见周丽娜《城市更新背景下大运河沿线历史街区的保护与复兴——以江苏仪征城南大码头街区为例》，《中国名城》2019年第7期。
[2] 参见焦敏、路璐、牛福长、和佳慧、穆学青《大运河文化带国家重点文物保护单位分布特征及其影响因素》，《经济地理》2023年第3期。
[3] 参见陈波、林馨雨《中国城市文化场景的模式与特征分析——基于31个城市文化舒适物的实证研究》，《中国软科学》2020年第11期。
[4] 大运河HGIS大数据与服务平台网址：http://www.gchgis.com/。
[5] 本研究中的大运河河道范围为现存主河道，包含但不限于被列入《世界遗产名录》的河段，故沿线城市共36座（包含濮阳市）。
[6] 联合国教科文组织网站网址：https://zh.unesco.org/。

表 1　中国文化舒适物分类量表

类别	中国文化舒适物举例
餐饮美食	面包甜点、咖啡、饮品、茶、烧烤、小吃快餐、火锅、川菜、素食、西餐、日本料理、东南亚菜
休闲娱乐	美甲店、美容店、文身店、摄影工作室、KTV、棋牌室、网吧、密室逃脱、电影院、DIY手工坊、采摘/农家乐、桌面游戏、桌球馆、按摩/足疗、洗浴/汗蒸、酒吧/夜店、公园、动物园、儿童公园、游乐园
文化服务	音乐厅、美术馆、公共图书馆、电视台、电台、创意园区、剧场、博物馆
运动健身	羽毛球馆、游泳馆、体育场/馆、篮球场、瑜伽馆、健身中心
生活服务	彩票站、菜市场、理发店、宠物店、花店、星级酒店、连锁酒店、客栈/民宿、教堂寺庙、医院、银行、邮局、通信营业厅、家政、搬家运输、居家维修、停车场、加油站
购物消费	便利店、超市、综合商场、房屋地产中介、旅行社、4S店/汽车美容店、家装/建材卖场
学习培训	书店、琴行、画室、驾校、外语培训、留学机构、大学

（二）核密度估计

核密度估计（kernel density estimation，KDE）是一种可视化的空间数据分析工具，根据输入的点要素数据集计算整个区域的数据聚集情况，从而产生一个连续的密度表面，在区域分析中较为常用。本文采用核密度估计探究大运河沿线城市文化舒适物的聚集强度分异情况。

（三）地理探测器

地理探测器是探测空间分异性，揭示其背后驱动因子的统计学方法。[1]

---

[1] 参见王劲峰、徐成东《地理探测器：原理与展望》，《地理学报》2017年第1期。

地理探测器的 q 统计量，可用于度量空间分异性、探测解释因子、分析变量之间的交互关系，在自然和社会科学多领域均有成功应用。[①] 本文采用地理探测器探测文化舒适物空间分异的驱动因子，以 1 千米见方的区域作为研究单元，结合大运河世界遗产点的空间位置和 6 项共生环境指标（人均地区生产总值、人均可支配收入、人口总量、城市化水平、全年接待游客数量、旅游收入）构建驱动因子指标体系。

三、大运河文化舒适物的空间格局

（一）文化舒适物集聚的总体空间格局

根据自然断点法将大运河沿线城市文化舒适物整体图层的核密度计算结果划分为 6 类（图 2），结果显示大运河沿线城市文化舒适物空间分布格局的差异性显著。整体文化舒适物聚集区呈"北部极化，南部聚集，其余地区多节点散布"态势。北部集聚区主要集中于北京市和天津市；中部聚集区分布在郑州市和洛阳市；南部聚集区则集中在杭州市、宁波市、苏州市、无锡市、常州市、扬州市、徐州市、嘉兴市、绍兴市多地。

通过在整体文化舒适物聚集区图层上叠加《世界遗产名录》所列 58 处大运河世界遗产点坐标，研究进一步分析了大运河沿线城市的文化舒适物供给与世界遗产点位的融合情况。结果显示，北京市、杭州市、宁波

[①] 参见贾文通、黄震方、洪学婷等《共享民宿空间集聚特征及其影响机制研究——以北京市 Airbnb 为例》，《中国生态旅游》2021 年第 5 期；刘敏、郝炜《山西省国家 A 级旅游景区空间分布影响因素研究》，《地理学报》2020 年第 4 期；Duijn M., Rouwendal J., "Sorting Based on Urban Heritage and Income: Evidence from the Amsterdam Metropolitan Area", *Regional Science and Urban Economics*, 2021, Vol. 90, pp. 1-18。

128 | 国家文化公园建设研究（2023 年度）

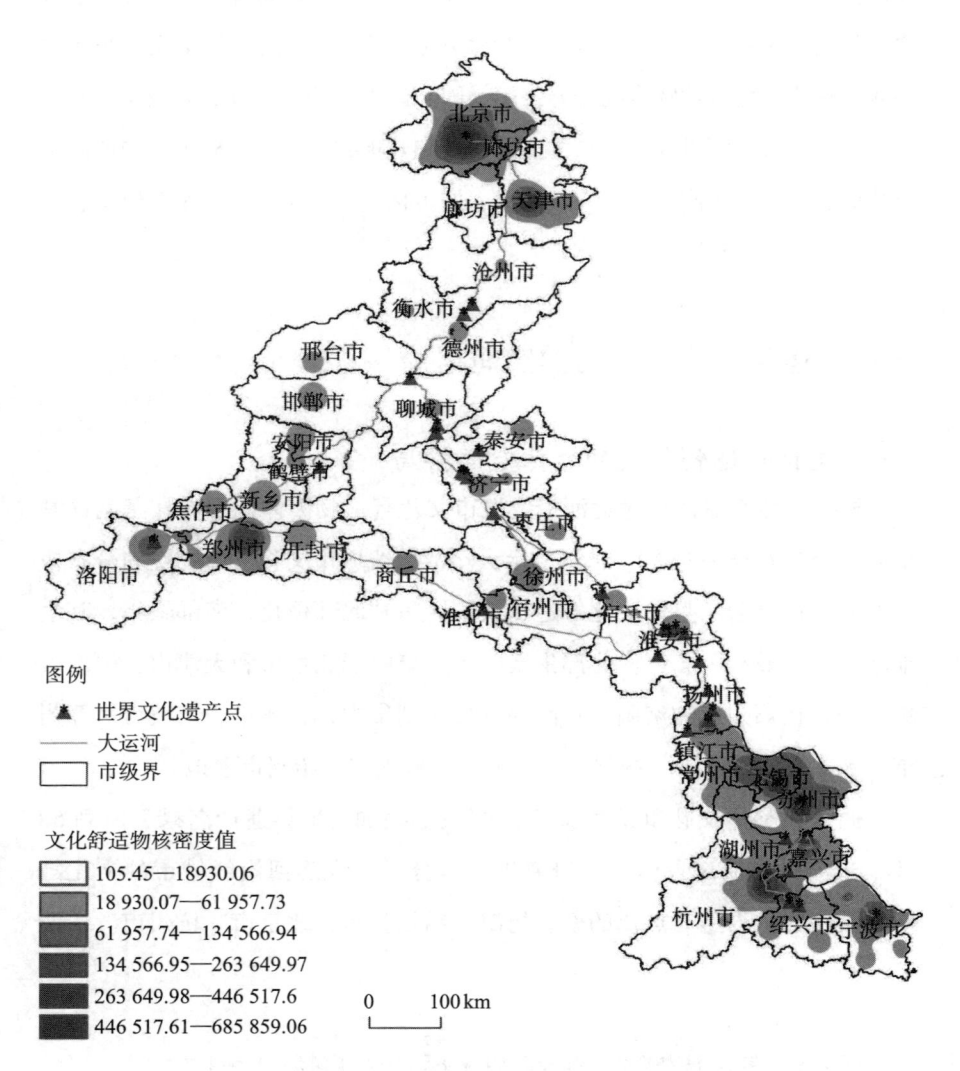

图 2 大运河沿线城市文化舒适物核密度与世界文化遗产点位置图
[底图来源：高德平台，审图号：GS（2021）6375 号，底图无修改]

市、苏州市、无锡市、扬州市、洛阳市、嘉兴市和绍兴市的文化舒适物高密度聚集区与大运河世界遗产点地理位置高度重合，说明上述 9 座城市围绕世界遗产点位建立了较为完善的文化舒适物供给体系，在长期历史进程中培育形成了相对完整的城河共生界面，为进一步巩固和发展新型城河共生模式奠定了良好基础。

（二）运河沿线城市文化舒适物集聚效应分析

在大运河国家文化公园建设背景下，为进一步识别大运河与沿线城市共生模式的内在特征，本文将文化舒适物高密度集聚区与大运河河道位置进行叠加分析，结果如下。

由图 3 可知，文化舒适物高密度集聚区与大运河水网在空间位置上共生关系相对紧密的城市有：北京市、天津市、沧州市、德州市、聊城市、济宁市、宿迁市、淮安市、扬州市、镇江市、常州市、无锡市、苏州市、嘉兴市、杭州市、绍兴市、宁波市、开封市和宿州市。上述 19 座城市文化舒适物高密度区域与大运河水网位置重合。这说明，长期以来，这些城市围绕大运河及其滨水空间建设和完善了城市文化舒适物，形成了持续且稳定的城河共生模式，为大运河国家文化公园建设打下了良好基础。值得注意的是，除了位于隋唐大运河段的开封市和宿州市以外，现有紧密型共生城市主要位于京杭大运河和浙东运河沿线。

由图 4 可知，文化舒适物高密度聚集区与大运河水网在空间位置上存在错位的城市有：廊坊市、枣庄市、徐州市、湖州市、商丘市、焦作市、新乡市和鹤壁市。上述城市主要位于整个大运河水网中部地区。城市中文化舒适物高密度区与大运河位置相关，但大运河河道位置与城市文化舒适物密度最高区域在空间位置上出现错位。这说明，历史上，大运河的开凿和漕运带动

130 | 国家文化公园建设研究（2023 年度）

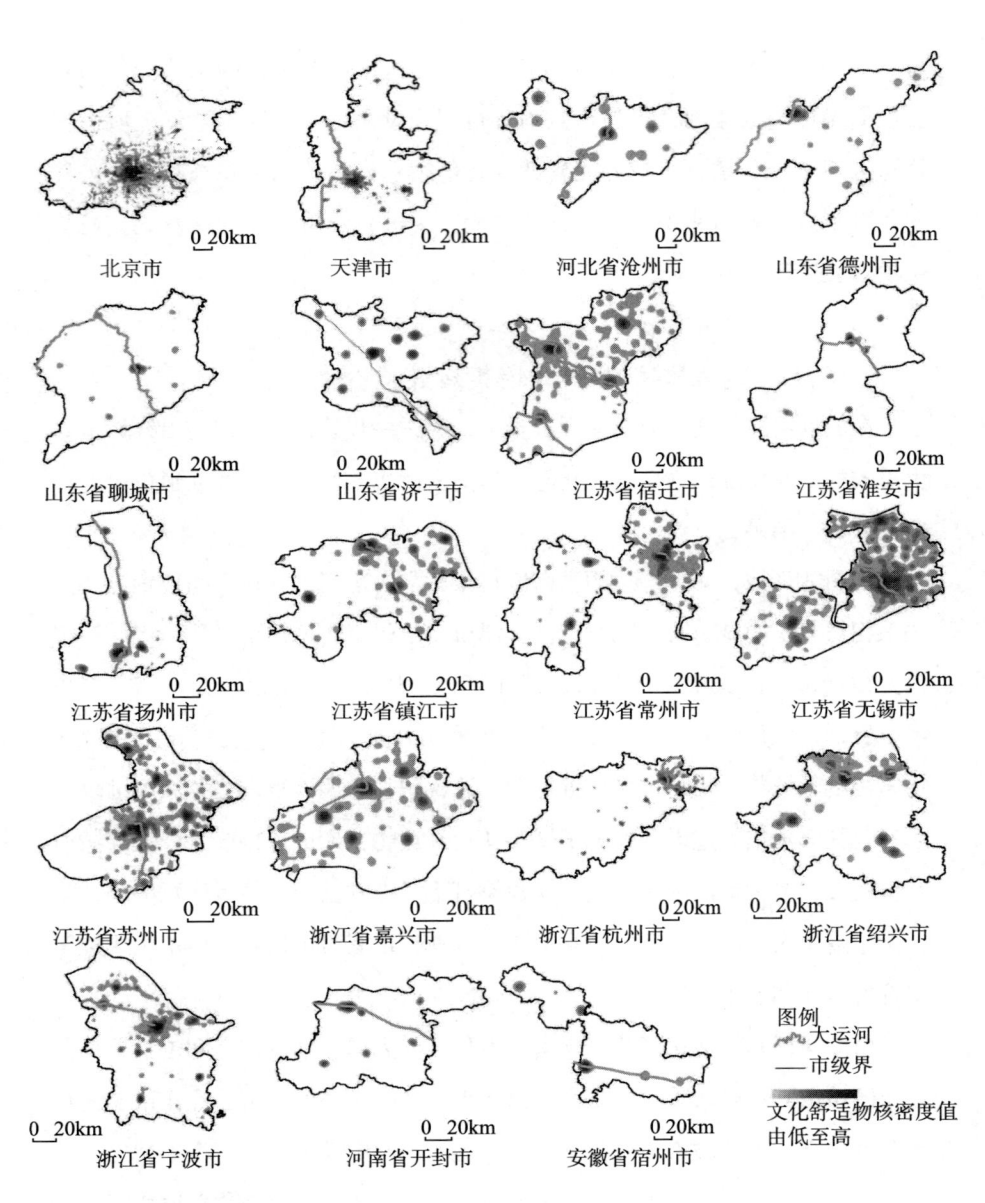

图 3　空间共生关系相对紧密的城市
［底图来源：高德平台，审图号：GS（2021）6375 号，底图无修改］

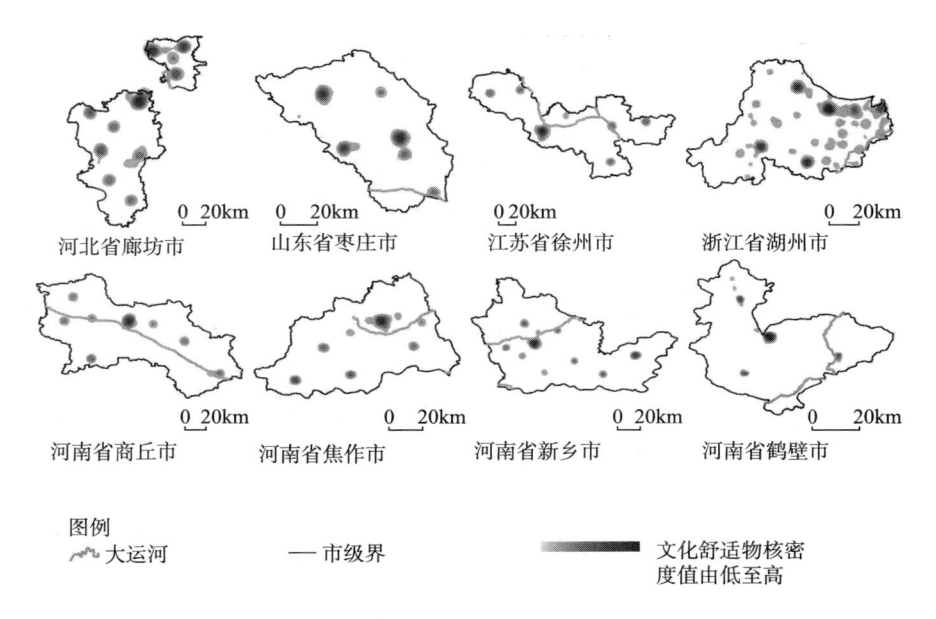

图 4　空间共生关系存在错位的城市
[底图来源：高德平台，审图号：GS（2021）6375 号，底图无修改]

了两岸城市的发展与繁荣，诸多居民生活在运河沿岸区域，但由于运河河道功能衰退和海运与陆运兴起，上述城市的居住消费区域逐渐脱离运河及滨水区域。

由图 5 可知，文化舒适物高密度聚集区与大运河水网的空间关系较为松散的城市有：衡水市、邢台市、邯郸市、洛阳市、郑州市、安阳市、濮阳市、淮北市和泰安市。上述城市表现为现有的城市文化舒适物供给体系与大运河河道处于"脱离"状态。原因在于，大运河部分河道因泥沙淤积或缺乏治理而断航甚至干涸，运河滨水区域在近代城市发展中极少发挥作用。以上 9 座城市在大运河完成全线通水后，可依托大运河河道开展文化舒适物体系化建设。

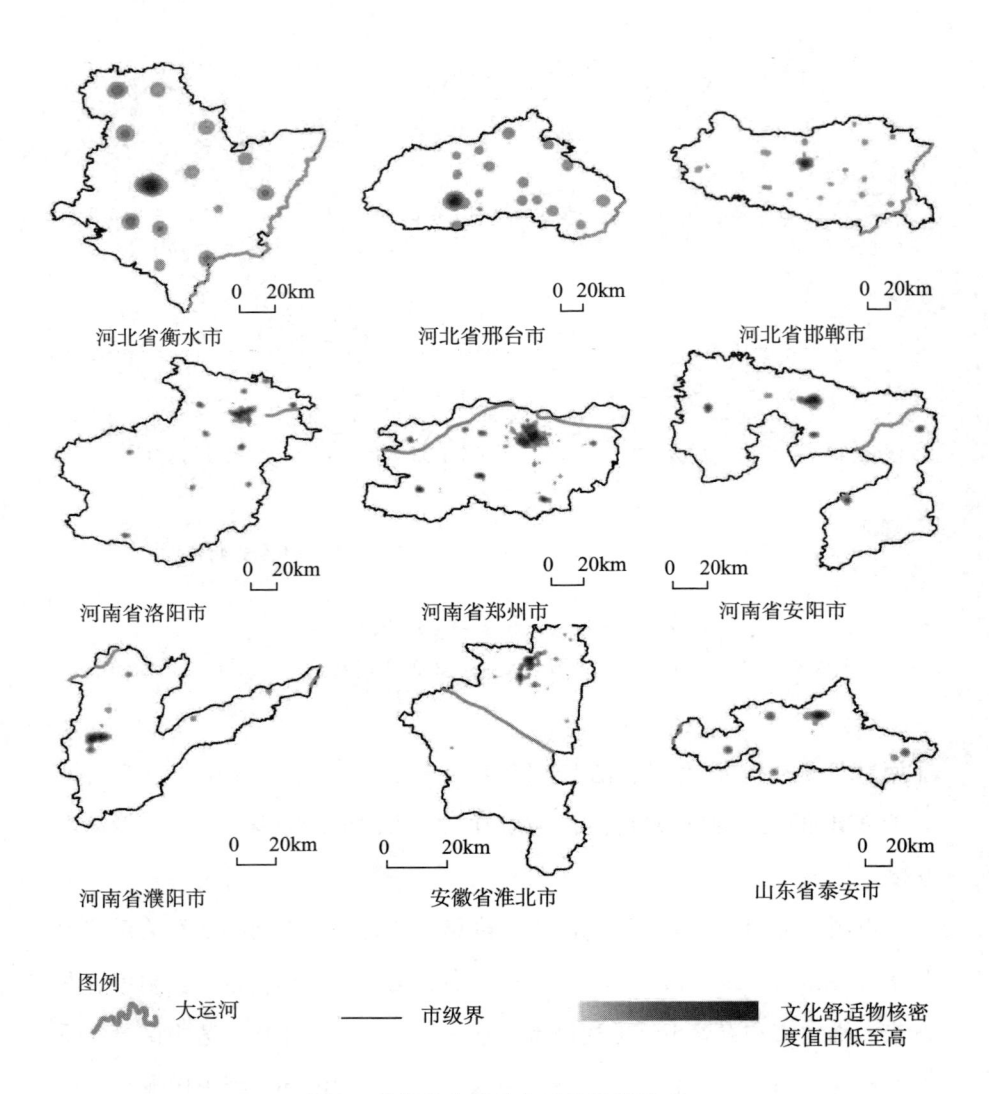

图 5 空间共生关系相对松散的城市
［底图来源：高德平台，审图号：GS（2021）6375 号，底图无修改］

总体来看，大运河沿线 36 座城市中，文化舒适物集聚区与大运河位置存在相关性的城市有 27 座，占沿线城市数量的 3/4。其中，京杭大运河和浙东运河沿线城市的文化舒适物集聚区与大运河河道位置的相关度要高于隋唐大运河沿线城市。从省（市）域层面分析结果可得，北京市、江苏省、浙江省大运河区段的文化舒适物集聚区与大运河位置相关度高。其中，大运河河道状态明显影响着城河共生类型，以河南省为例，该省作为隋唐大运河起点省份，文化舒适物数量多，拥有多个世界文化遗产点，但因部分河道干涸未修缮（河南段大运河已探明长度为 686 千米，其中，有水段 267 千米，无水段 419 千米①），致使后续城市建设与大运河区位关联度低，几乎所有城市与大运河河道的共生关系都存在不同程度的松散或错位。

（三）基于文化舒适物的城河共生模式识别

根据文化舒适物供给体系的整体现状、世界文化遗产点位现状和共生单元现状三个维度，研究识别出以下三类城河共生模式。

第一类是一体化共生模式，表现为大运河河道、世界文化遗产点与城市文化舒适物供给体系经过长时间稳定的相互作用，形成全方位的共生关系。沿线城市中可归类为一体化共生模式的有：北京市、苏州市、扬州市、无锡市、杭州市、绍兴市、宁波市和嘉兴市。在这些城市中，大运河河道与文化舒适物两个共生单元之间形成了具有独立功能的共生体，共生模式稳定且有内在必然性，这是一种共生单元之间形成全方位相互作用的新型城河共生模式。

第二类是连续共生模式，表现为城市中拥有的世界文化遗产点数量相对

---

① 参见王劲峰、徐成东《地理探测器：原理与展望》，《地理学报》2017 年第 1 期。

较少，但城市文化舒适物供给体系与大运河河道位置密切相关。沿线城市中，处于连续共生模式的有：天津市、沧州市、德州市、聊城市、济宁市、枣庄市、宿迁市、淮安市、镇江市、常州市、洛阳市、开封市和宿州市。在这些城市中，大运河河道与文化舒适物两个共生单元之间持续发生相互作用，共生模式比较稳定。这是一种共生单元在多方面发生作用的新型城河共生模式。

第三类是间歇共生模式，表现为城市中不具备大运河遗产点，文化舒适物建设位置与大运河河道位置相偏离。沿线城市中，处于间歇共生模式的包括：廊坊市、衡水市、邢台市、邯郸市、泰安市、徐州市、湖州市、郑州市、商丘市、焦作市、新乡市、鹤壁市、安阳市、濮阳市和淮北市。在这些城市中，城河共生模式具有某种不稳定性和随机性。这是一种大运河河道与文化舒适物两类共生单元仅在有限方面保持相互作用的新型城河共生模式。

四、大运河文化舒适物空间分布的影响因素

（一）因子分类的影响

共生关系受到外在共生环境的显著影响，本研究以经济环境、人口环境、旅游发展环境和文化环境作为城河共生环境的四个子维度。在遵循数据可获得性和指标代表性原则下，将共生环境进一步细分为七项指标进行测量：以人均地区生产总值（X_1）和人均可支配收入（X_2）来量化经济环境，以人口总量（X_3）和城市化水平（X_4）来量化人口环境，以全年接待游客数量（X_5）和旅游收入（X_6）来量化旅游发展环境，以世界文化遗产点空间位置（X_7）来代表文化环境。研究进而将上述七项驱动因子对大运河城市文化舒适物空间分布（Y）的影响作用在置信度为0.05的水平上进行检验，用以识别不同驱动因子之间是否存在显著性差异。结果表明，七项驱动因子

均通过了 0.05 的显著性检验，且相关系数均大于 0.8，说明选取指标合理。

（二）影响因素分析

因子探测主要用于探测文化舒适物的空间分异性以及各驱动因子对文化舒适物空间分异的解释程度。根据地理探测器的因子探测器结果（表2），七个自变量的解释程度依次为：人均地区生产总值 X_1> 城市化水平 X_4> 人均可支配收入 X_2> 旅游收入 X_6> 全年接待游客数量 X_5> 人口总量 X_3> 世界文化遗产点空间位置 X_7。可见，人均地区生产总值是影响文化舒适物空间分异的最重要因素，其余重要因素依次是城市化水平、人均可支配收入和旅游收入，证明城市发展质量型指标对区域文化舒适物布局影响较大，促进城市文旅消费有助于优化文化舒适物空间布局。七项影响因子均能够有效推动一体化城河共生模式，说明经济环境、人口环境、旅游发展环境和文化环境是城河共生模式的正向环境。

表2 大运河文化舒适物影响因子探测

影响因素	人均地区生产总值 X_1	人均可支配收入 X_2	人口总量 X_3	城市化水平 X_4	全年接待游客数量 X_5	旅游收入 X_6	世界文化遗产点位 X_7
q 值	0.031	0.028	0.015	0.028	0.020	0.026	0.005
p 值	0.000	0.000	0.000	0.000	0.000	0.000	0.000

（三）影响因素交互探测

利用地理探测器中的交互作用探测器，进一步探究各驱动因子相互组合对 Y 的解释力以及各因子的影响作用是否相互独立。交互作用探测结果如表3所示，因子之间的交互作用主要表现为双因子增强与非线性增强。全年

表3　交互作用探测结果

$C=A \cap B$	$A+B$	比较	解释
$q(X_1 \cap X_2)=0.033$	$q(X_1)+q(X_2)=0.058$	$C>A, B; C<A+B$	$X_1 \uparrow\uparrow X_2$
$q(X_1 \cap X_3)=0.032$	$q(X_1)+q(X_3)=0.046$	$C>A, B; C<A+B$	$X_1 \uparrow\uparrow X_3$
$q(X_1 \cap X_4)=0.033$	$q(X_1)+q(X_4)=0.058$	$C>A, B; C<A+B$	$X_1 \uparrow\uparrow X_4$
$q(X_1 \cap X_5)=0.033$	$q(X_1)+q(X_5)=0.051$	$C>A, B; C<A+B$	$X_1 \uparrow\uparrow X_5$
$q(X_1 \cap X_6)=0.033$	$q(X_1)+q(X_6)=0.057$	$C>A, B; C<A+B$	$X_1 \uparrow\uparrow X_6$
$q(X_1 \cap X_7)=0.032$	$q(X_1)+q(X_7)=0.036$	$C>A, B; C<A+B$	$X_1 \uparrow\uparrow X_7$
$q(X_2 \cap X_3)=0.029$	$q(X_2)+q(X_3)=0.043$	$C>A, B; C<A+B$	$X_2 \uparrow\uparrow X_3$
$q(X_2 \cap X_4)=0.033$	$q(X_2)+q(X_4)=0.055$	$C>A, B; C<A+B$	$X_2 \uparrow\uparrow X_4$
$q(X_2 \cap X_5)=0.031$	$q(X_2)+q(X_5)=0.048$	$C>A, B; C<A+B$	$X_2 \uparrow\uparrow X_5$
$q(X_2 \cap X_6)=0.031$	$q(X_2)+q(X_6)=0.054$	$C>A, B; C<A+B$	$X_2 \uparrow\uparrow X_6$
$q(X_2 \cap X_7)=0.030$	$q(X_2)+q(X_7)=0.033$	$C>A, B; C<A+B$	$X_2 \uparrow\uparrow X_7$
$q(X_3 \cap X_4)=0.031$	$q(X_3)+q(X_4)=0.043$	$C>A, B; C<A+B$	$X_3 \uparrow\uparrow X_4$
$q(X_3 \cap X_5)=0.027$	$q(X_3)+q(X_5)=0.036$	$C>A, B; C<A+B$	$X_3 \uparrow\uparrow X_5$
$q(X_3 \cap X_6)=0.027$	$q(X_3)+q(X_6)=0.042$	$C>A, B; C<A+B$	$X_3 \uparrow\uparrow X_6$
$q(X_3 \cap X_7)=0.022$	$q(X_3)+q(X_7)=0.020$	$C>A+B$	$X_3 \uparrow X_7$
$q(X_4 \cap X_5)=0.032$	$q(X_4)+q(X_5)=0.048$	$C>A, B; C<A+B$	$X_4 \uparrow\uparrow X_5$
$q(X_4 \cap X_6)=0.031$	$q(X_4)+q(X_6)=0.054$	$C>A, B; C<A+B$	$X_4 \uparrow\uparrow X_6$
$q(X_4 \cap X_7)=0.032$	$q(X_4)+q(X_7)=0.033$	$C>A, B; C<A+B$	$X_4 \uparrow\uparrow X_7$
$q(X_5 \cap X_6)=0.028$	$q(X_5)+q(X_6)=0.047$	$C>A, B; C<A+B$	$X_5 \uparrow\uparrow X_6$
$q(X_5 \cap X_7)=0.026$	$q(X_5)+q(X_7)=0.026$	$C=A+B$	$X_5 \uparrow X_7$
$q(X_6 \cap X_7)=0.030$	$q(X_6)+q(X_7)=0.031$	$C>A, B; C<A+B$	$X_6 \uparrow\uparrow X_7$

注：A $\uparrow$ B 表示 A 和 B 非线性增强；A $\uparrow\uparrow$ B 表示 A 和 B 互相增强。

接待游客数量（X_5）和世界文化遗产（X_7）、人口总量（X_3）和世界文化遗产（X_7）双因子交互对文化舒适物布局产生了显著增强效果，两因子交互的解释力大于两因子影响力之和，即非线性增强；其余因子两两交互均表现为双因子增强，即两因子对文化舒适物的影响交互作用大于各单因子独自作用的最大值，双因子交互作用后对影响因素的解释力均会有明显提升。这表明大运河文化舒适物空间分布格局是驱动因子共同正向作用的结果，因子共同作用时会产生更明显作用，沿线城市可通过改善经济发展质量、增加常住人口数量、提升旅游发展水平、加强文化遗产开发利用，进一步优化城河共生模式。

五、基于文化舒适物的新型城河共生模式影响机理模型

文化舒适物的空间集聚是一个复杂过程，受多种环境因素综合作用。基于前文城河共生模式识别和影响因素探测的结果，人均地区生产总值、城市化水平、人均可支配收入和旅游收入是构建新型城河共生模式的主要驱动力，全年接待游客数量、人口总量和世界文化遗产点位能够正向驱动新型城河共生模式建设，但属于非决定性驱动力。上述各项指标隐含更深层次的洞察：其中，人均地区生产总值、人均可支配收入、城市化水平是衡量城市经济发展质量的重要指标，而旅游收入则是衡量旅游发展水平的重要指标。因此，具备高水平的经济发展环境和旅游产业发展环境是构建理想的城河共生模式的关键，同时，优质的文化环境和健康的人口结构也可进一步推动新型城河共生模式形成。

已有研究认为，美学、消费和生活方式等能够象征地方品质的场景要素

对高素质人力资源具有很强吸引力[1]，而世界遗产点则对游客和居民有着普遍吸引作用[2]。本研究尝试从地方发展角度提炼新型城河共生及其影响机理模型。（图6）在大运河文化带所倡导的"以文化为引领"的区域经济社会

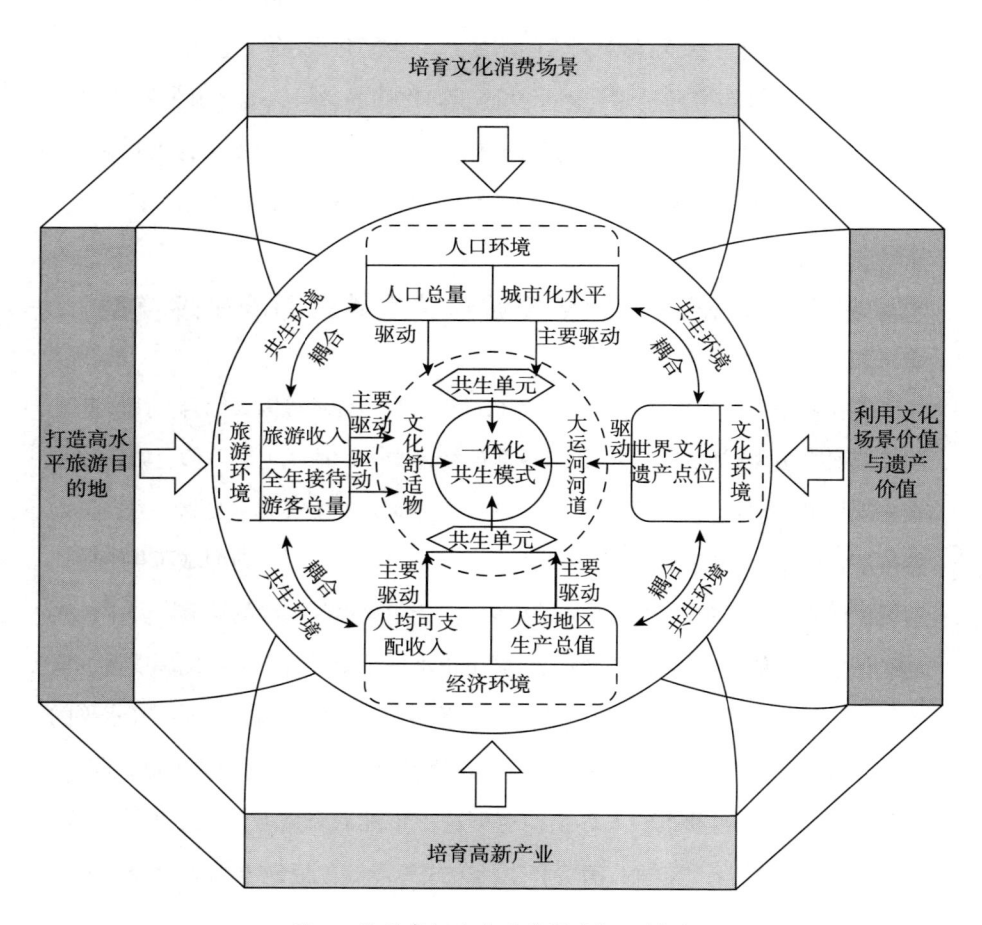

图6 新型城河共生及其影响机理模型

---

① 参见王媛媛《旅游城市舒适物水平及驱动机制研究》，硕士学位论文，西安外国语大学，2019年。
② 参见李进儒《江苏省基本公共文化服务均等化研究》，硕士学位论文，南京财经大学，2018年。

高质量发展中，一方面，各地应加快培育符合高新技术产业人才和发展需求的文化消费场景，从而吸引人才前往工作和定居[①]；另一方面，旅游发展不宜过分聚焦于规模型指标如游客接待量，而应更加注重旅游发展质量，全力提升旅游目的地品质。为此，利用好大运河遗产，配套建设和完善沿线文化舒适物体系，建立和丰富大运河沿线城市场景，是改善城河共生环境、推动形成一体化城河共生的良性互动模式的重要途径。

六、结论与讨论

（一）结论

本文结合大运河国家文化公园建设最新实践，着眼于"促进大运河与现代城市良性互动，探索构建新型城河一体化共生模式"问题。以沿线城市文化舒适物体系为切入点，综合采用核密度计算和地理探测器等方法，探究新型城河共生模式类型及分异驱动因子，主要结论如下。

（1）整体上看，京杭大运河和浙东运河沿线城市文化舒适物供给体系较为完善。研究将城河共生的类型划为三类：一体化共生模式、连续共生模式和间歇共生模式。结合不同类型，证明共生理论在城河共生模式研究中具有适用性，通过完善文化舒适物供给体系来优化城河共生关系，进而推动大运河与沿线城市迈向一体化共生。

（2）人均地区生产总值、城市化水平、人均可支配收入和旅游收入是文化舒适物空间分异的主要驱动因素，说明大运河沿线城市应立足地方发展，

---

① 参见吴军《文化舒适物——地方质量如何影响城市发展》，人民出版社2019年版，第1—6页。

加快文化舒适物体系化建设，注重提升经济发展质量和旅游发展质量，不宜过分关注规模指标。在国家文化公园建设实践中，各地应更加关注居民和游客的美好生活需求，通过优化城市的文化舒适物布局，推动形成一体化城河共生模式，从而提升城市吸引力，积累高质量人力资源，提升居民生活水平和消费能力，增加城市文化消费支出比例，释放和激发大运河沿线区域的城市活力和消费潜力。

（3）在大运河文化带及国家文化公园建设中，以大运河文化遗产点周边区域为切入点，加快布局文化舒适物供给，培育有特色的运河城市场景，能够更加直接地提升城市文化吸引力。因此，沿线城市应注重大运河城市场景打造，重点依托各世界遗产点及其邻近区域，提升多类型文化舒适物数量和密度，这对于沿运河区域的城市场景、人口结构和产业结构创新而言具有现实意义。

（二）讨论

中国大运河是世界运河中规模最大、线路最长、延续时间最久的运河，对沿线城市的发展具有重要影响。然而，其沿线仍有少量城市发展并非依赖于大运河，大运河对其影响范围仅限于滨河地带。本文探讨大运河沿线城市城河共生模式，主要着眼于两方面：一方面，大运河国家文化公园作为重大战略部署，受到大运河沿线所有城市高度重视，相关政策与规划已经陆续推出和实施，未来大运河与城市发展之间的关系将变得更加紧密；另一方面，在文旅深度融合大背景下，大运河滨水区域逐渐成为沿线居民和游客重要的生活居住与休闲消费场景，当代大运河成为重要休闲廊道[①]，新型城河共生

---

① 参见张瑛、史凯静、刘建峰《基于网络游记的大运河文化遗产游客感知研究》，《地域研究与开发》2020年第4期。

模式正在逐步形成。

在理论层面，本文首先通过引入共生理论，初步探索了当代大运河与城市之间存在的新型城河共生关系及其内在机理；进而将文化舒适物概念引入大运河研究，为在国家文化公园研究情境中应用场景理论创造条件。在应用层面，本研究通过三种共生模式的划分和剖析，为今后一定时期我国大运河文化遗产的深度开发以及核心区、监控区内外的城市设施建设提供方向。

舒适物内涵广泛，但本研究仅针对文化舒适物这一独特而重要类型展开分析，并未纳入自然、社会等已存在的其他舒适物类型。在未来，针对多类型舒适物组合分析，可作为研究拓展的重要方向。

（原载《旅游学刊》2023 年第 9 期）

建好用好国家文化公园

吴立斌

新时代，党中央、国务院做出建设长城、大运河、长征、黄河、长江五大国家文化公园的战略部署。国家文化公园建设是传承发展中华优秀文化的重要举措，是中国式现代化在文化建设领域的全新探索。党的二十大报告提出，加大文物和文化遗产保护力度，加强城乡建设中历史文化保护传承，建好用好国家文化公园。这是对国家文化公园意义、作用的充分肯定。建好用好国家文化公园，应着重把握好以下四个方面。

一是突出国家主题。建设国家文化公园是对中华文化作系统性梳理之后的创新性创造性建构，强调在整合各种文化元素后突出体现整体性、共同性、持续性的国家和民族意义。长城、大运河、长征、黄河、长江是中华文明的标识性符号，其所孕育的中华优秀文化是中华民族的根和魂。建设五大国家文化公园就是要透过这些文化标识，深入挖掘其蕴含的思想观念、人文精神、道德规范，深入提炼中华文化的民族价值、国家价值、世界价值，集中打造中华文化标志，进一步坚定文化自信，砥砺文化自觉。在具体建设过程中，要紧扣中华文化的主要特征。中华文化绚烂多彩，不同流派、不同区域、不同形态的文化竞相争辉，但也相互映衬、互为补充。建设五大国家文化公园必须根据它们各自的文化内涵，既寻找共性，又发现特质，做到"各美其美、美美与共"。每个公园要把握好其沿线不同区域文化的关联点，善于在大时空下表达小时空的故事。而深入每个点段的公园建设，则需具备点线面的思维，找准自身定位，把握共同主题，协同打造整体性、"国字号"的文化工程。

二是强化保护职责。国家文化公园名为文化建设，实为文化遗产保护，或者说通过加强保护实现文化的传承发展，这是设立国家文化公园的初心所在，也是实际工作中一以贯之的要求。当前，文物和文化遗产保护面临新的形势特点，伴随社会公众文保意识的提高，敬重、鉴赏、品读文物成了社会风尚。但与此同时，许多具有重要保护价值的历史文化遗存以及与文物和文化遗产相关的城镇传统格局、历史风貌等也遭到一些损毁和破坏，其中很多是借文化建设之名搞大拆大建带来的后果。这也提醒我们建好国家文化公园，要确保初心不变。历史文化遗产弥足珍贵、不可再生，在建设过程中，要始终把保护作为第一职责，将传承作为首要任务，不能游离主业、偏离主责，乃至念错经，导致荒腔走板、人物俱废。国家文化公园主张的是一种原真性、融合性、系统性的文物保护行为。要划定历史文化保护线，建立遗产保护缓冲区，制定负面禁入清单。文物本体依赖于文化景观，文化景观更是一种稀缺资源，要注重维护文物周边风貌的纯朴性、完整性、延续性。要树立文化遗产与自然山水和谐共生的理念，全面保护山水林田湖草沙，维护城乡自然肌理和大地景观，使国家文化公园同时成为践行"两山"理论、助力美丽中国建设的精品力作。

三是注重载体创新。国际上大型文化遗产的保护传承通常存在系统保护难、统一阐释难、综合利用难的问题。国家文化公园是破解这一难题的有效方式，其最大特点是借助公园载体，以系统的思维对众多分散的文化资源进行空间化整合、实施分区化管理、做到联动化展示，形成整体效应。因此，能否规划塑好公园这个"体"，关系到文化这个"魂"能否得到合适的展示和充分的表达。在实际工作中，要准确理解公园的内涵，把握其构成要素，掌握其运行原理，防止出现概念误用，用有围墙的物理概念的公园去理解文化意义上、具有创新性的公园的概念。国家文化公园建设面对的是跨区域联结、跨时空呼应、多形态呈现的庞大的历史文化遗产，最直观的目的是要在一个大的国土空间上形成一个外在边界范围清晰、内在空间布局分明的文化坐标，所以需要借鉴的是公园的生成机制、组合原理、"构图法则"等，即如何用公园空间的布局去统摄文化内容，如何用"廊、带、区、点"的公园形态去梳理和提取文化，做到以形立意、以象示意。

四是发挥综合功能。国家文化公园作为一种大型文化载体，其功能是多种的，要实现的价值目标是多元的。国家文化公园最核心的"资产"是历史文化遗产，最有吸引力的资源是人文和自然景观资源。因此，怎么发挥好公园的功能，取决于怎么用好这种遗产和资源，怎么全面释放其价值能效。国外一些著名的国家公园在转化资源优势方面有一套成熟的经验，值得我们学习借鉴。针对长城、大运河、长征、黄河、长江沿线的文化遗产和资源，在利用的理念、机制、手法等方面要有所转变，要用文旅融合的思路，采取社会化、专业化方式，优化资源配置，进行一体开发、多元开发、接续开发，打造各种优秀的文化 IP，不断丰富公共产品供给，使国家文化公园拥有多彩之姿、多能之效，让沐浴其中的人强烈感受到自然之美、人文之美、信仰之美、生活之美。

（原载《光明日报》2023 年 2 月 19 日）

文化景观史视角下国家文化公园体系构建初探

吴必虎　纪凤仪　金彩玉

一、引言

国家文化公园是立足于中国本土提出的跨越地域性的文化圈，是发挥着公众教育、文化传承与连通功能的文化区域[①]，还是象征着人地和谐的大型遗产公共空间。[②]2017年，"国家文化公园"提出，并逐渐走进大众视野，成为打造中华文化标识、提升中华文化软实力、强化中华文化特性的重要途径。一系列政策文件[③]的出台，拉开了打造国家文化公园体系的序幕。2020年10月和2022年1月，黄河[④]和长江[⑤]先后被列入国家文化公园建设行列，

[①] 参见孙华《国家文化公园初论——概念、类型、特征与建设》，《中国文化遗产》2021年第5期。
[②] 参见李飞、邹统钎《论国家文化公园：逻辑、源流、意蕴》，《旅游学刊》2021年第1期。
[③] 这些政策文件包括但不限于《关于实施中华优秀传统文化传承发展工程的意见》《长城、大运河、长征国家文化公园建设方案》。
[④] 参见《中共中央关于制定国民经济和社会发展第十四个五年规划和二〇三五年远景目标的建议》，2020年11月3日，中国政府网，http://www.gov.cn/zhengce/2020-11/03/content_5556991.htm。
[⑤] 参见新华社《长江国家文化公园建设正式启动》，2022年1月3日，中国政府网，http://www.gov.cn/xinwen/2022-01/03/content_5666221.htm。

壮大了现有国家文化公园体系，不断扩充着中华文化的丰富内涵，提升了国家的文化软实力。

自提出建设国家文化公园后，其内涵价值与实践路径得到诸多关注。在内涵价值方面，国家文化公园是增强中华文化认同感、打造中华文化共同体并传递文化价值的功能载体[1]，是中华文化的象征与标识，是中华民族文化自信的来源、意志品格的彰显以及精神思想的根基，其建设具有深刻的时代价值。[2] 国家文化公园的提出为文化资源的挖掘整合、文化遗产的活化利用提供了崭新契机，越来越多的研究开始关注国家文化公园的实践路径。张祎娜指出，挖掘文化资源、建设跨区域文旅品牌、开发文化IP等路径的整合并用，有助于推动黄河国家文化公园的文化资源转化为文化资本。[3] 傅才武和程玉梅提出"文化长江"的IP理念，串联起长江流域各地的历史文化资源，推动文旅联动发展，建构中华民族的集体记忆与文化符号，为中华民族提供文化软实力与文化资本。[4] 此外，由于国家文化公园跨越的空间范围较大，各地域在自然条件、文化禀赋、经济基础、历史进程等方面存在显著差异，需注意地域间的比较优势，突出差异化的地域文化主题，打造并健全地域间的统筹与联动制度，以实现共同协调发展。[5] 为此可采用"段长制"，落实分工与责任，以充分调动地方主体与利用社会资本。[6]

---

[1] 参见钟晟《文化共同体、文化认同与国家文化公园建设》，《江汉论坛》2022年第3期。
[2] 参见张祝平《黄河国家文化公园建设：时代价值、基本原则与实现路径》，《南京社会科学》2022年第3期。
[3] 参见张祎娜《黄河国家文化公园建设中文化资源向文化资本的转化》，《探索与争鸣》2022年第6期。
[4] 参见傅才武、程玉梅《"文化长江"超级IP的文化旅游建构逻辑——基于长江国家文化公园的视角》，《福建论坛（人文社会科学版）》2022年第8期。
[5] 参见刘敏、张晓莉《国家文化公园：从文化保护传承利用到区域协调发展》，《开发研究》2022年第3期。
[6] 参见吴殿廷、刘宏红、王彬《国家文化公园建设中的现实误区及改进途径》，《开发研究》2021年第3期。

虽然当前关于国家文化公园已存在不少研究成果，但缺少对国家文化公园形成与演变之宏观历史过程的关注，尚缺少线贯性的、区域性的国家文化公园研究取向。首先，国家文化公园的出现并非一蹴而就，而是源自历史时期由人类活动带来的文化沉积。国家文化公园形成与演变的历史过程，决定了其独特定位与本质特征。[①] 如苗长虹指出，国家文化公园的文化内涵与历史传承谱系是中华文化的"根与魂"，但目前学界对它的挖掘与阐释十分不足。[②] 其次，现有国家文化公园在空间上均呈现出显著的线性特征，这构成了当前国家文化公园的主要体系，但诸多以点块状分布的区域性自然与文化遗产地也拥有丰富的文化遗存，承载了厚重的中华文化，也应是国家文化公园体系的重要组成部分。因此，学界必须关注国家文化公园形成与发展的宏观历史过程，以阐释国家文化公园的定位与特征，为国家文化公园体系的构建与完善提供支撑。

文化景观是人类文化的物质载体，国家文化公园实质上是一个特殊的、具有国家象征意义的、得到全民认同的文化景观。本研究将结合地理学的理论观点，以文化景观史视角，从文化景观形成的宏观角度出发，明晰国家文化公园的定位与空间特征，为国家文化公园体系的构建与完善提供历史依据，探讨其未来发展建设的核心理念。

---

① 参见刘鲁、郭秋琪、吴巧红《立足新时代，探索新路径——"国家文化公园建设与遗产活化"专题研讨会综述》，《旅游学刊》2022 年第 8 期。
② 参见苗长虹《文化遗产保护能够从自然保护中学到什么——以黄河国家文化公园建设为例》，《探索与争鸣》2022 年第 6 期。

二、文化景观史的提出与形成机制

（一）什么是文化景观史

文化景观是附着在地球表面的人类活动的痕迹，是人与自然相互作用的结果，代表了人类文化赋予一个地区的特性，能直观地反映出一个地区的文化特质或文化特征。[①] 可以说，文化景观并非一类物体或文本，而是社会认同或主体认同形成的过程。[②] 文化景观包括技术体系的景观和价值体系的景观，前者具有具象性特征，如聚落、产业和公共事业景观；后者具有非具象性特征，如民俗、语言和宗教景观。[③]

文化景观的形成是一个历史过程，一个地区的文化景观往往是由不同时期的各种文化在同一空间上层层沉积叠置而成的，不同时期文化景观的沉积叠置表现出不同的形式和特征。[④] 文化景观不是静止不变的，而是随着历史的发展不断叠加的。[⑤] 吴必虎曾借助沉积学的概念提出了"文化沉积"，以此阐释中国文化景观形成的历史层累过程与文化意义。[⑥] 政治因素是中国古代文化景观产生层累的主要原因，如历代中原王朝出于加强中央集权并建立国家认同的需要，大力尊崇儒家文化，使得大量儒家文化景观在曲阜沉积，造就了今日曲阜的城市风貌与景观格局。[⑦]

[①] 参见周尚意、孔翔、朱竑编著《文化地理学》，高等教育出版社2004年版，第301—302页。
[②] Mitchell W. J. T. (eds.), *Landscape and Power*, Chicago: The University of Chicago Press, 2002, p.2.
[③] 参见吴必虎、刘筱娟《中国景观史》，上海人民出版社2004年版，第5页。
[④] 参见杨俊、张青萍《南京钟山历史文化景观层积认知研究》，《城市发展研究》2018年第11期。
[⑤] Conzen M. P. (eds.), *The Making of the American Landscape (Second Edition)*, New York: Routledge, 2010, pp.4-5.
[⑥] 参见吴必虎《中国山地景区文化沉积研究》，博士学位论文，华东师范大学，1996年。
[⑦] 参见唐顺英、周尚意、刘丰祥《孔子故里文化景观发展的历史层累及其机制效应》，《热带地理》2016年第2期。

吴必虎、刘筱娟所著《中国景观史》将文化视作区域现象，构建了一个利用景观特征并从时空分异角度阐述中华文化基本特征的框架体系，即文化景观史。文化景观史主张从历史透视视角阐释文化景观变迁的历史进程，探讨人类与文化景观形成的内在联系，分析文化的空间扩散与整合，了解文化景观发生、发展的历史。文化景观史的研究将帮助人们从时空分布视角，纵向、横向全面剖析文化景观的形成原因，发现不同文化层面的形态及其结构与特征，以及各历史时期形成的人类文化在同一地区的沉积组合、按时间序列有规律的文化演进层次，并通过文化层的概念比较研究各个地区文化延续发展的基础，以更加深刻地理解一个地区文化景观的前生与今世。文化景观史的提出，为从历史景观角度分析国家文化公园形成与发展的宏观机制与独特之处提供了依据。

（二）文化景观史的形成机制

第一，自然地理环境奠定了文化景观史形成与发展的基底。海陆位置、气候、地形地貌、水文等自然地理环境要素与文化景观的形成联系密切，是文化景观形成发展的基底。如气候的差异塑造了各地不同的农业景观特征，"南稻北麦""南橘北枳""南米北面"便是如此，另外，气候波动也会推动农业景观的改变。又如地形地貌与水文条件的南北差异造就了"南船北马""南航北骑"现象，相应地形成了不同的交通设施景观。此外，我国农牧交错带与400毫米等降水量线、地形地貌分隔线等有所重合，交错带两侧的自然地理条件明显不同，是种植业与游牧业、农耕文明与游牧文明的分界线，也是多民族交流融合的地带，形成了不同的文化景观特征。[①] 不过，成

---

① 参见吴必虎、纪凤仪、薛涛《农牧交错视角下京张体育文化旅游带体育文化沉积及其旅游活化》，《北京体育大学学报》2021年第4期。

长于不同自然地理环境中的农耕文明、游牧文明与海洋文明,均是中华文明的重要组成部分。

第二,政治上的中央集权保证了文化景观的连续与统一。自秦始皇后,大一统的中央集权始终是中华文明发展的政治主线。历史上,中华文明展现出强大的文化整合能力,即不同文化在相互接触过程中不断吸收与融合,不同文化特质之间相互协调而逐渐走向一体化。[1]吴必虎指出,中央王朝实现统一管理的历史长短,决定了各区域文化沉积的程度,可称之为"史化度"。[2]虽然每个朝代所管辖的地域范围有所不同,但多有重叠之处,其中统治时间最久、活动时间最长、文化沉积最为丰富的地方,即中原地区、山东半岛地区,以及淮河以南、长江以北地区,其次是长江以南地区,即从海南岛至长江沿线的区域。较高的史化度意味着丰富的文化沉积,这持续影响着区域文化景观的发展以及人们对文化的感知与认同。

在现有的国家文化公园中,长城、大运河、黄河和长江国家文化公园均是经过长期的人类活动塑造而成的,都出现在史化度较高的区域范围内,具有丰富多彩的文化沉积。如古代黄河的治理与大运河的建造及疏浚,均涉及广大的区域范围,通常由中央进行统一部署,事实上也只有在大一统背景下的强大中央政府才能实现跨区域的全流域治理,建造庞大的水利工程,继而塑造沿途的文化景观。如灵渠便是为统一岭南而开凿,以水运的方式贯通了长江流域和珠江流域,以达到恩抚岭南地区的目的,同时为岭南与中原地区的政治、经济、文化等交流开辟了重要通道。

第三,经济与文化重心的变化推动了文化景观的演变和文化景观史的发

---

[1] 参见周尚意、孔翔、朱竑编著《文化地理学》,高等教育出版社2004年版,第245页。
[2] 参见吴必虎《中国文化区的形成与划分》,《学术月刊》1996年第3期。

展。人口迁移与文化传播是推动中国古代经济与文化重心转移的主要因素。自唐代"安史之乱"后，黄河流域所在的中原地区困于长期战乱，人口和经济的重心开始向长江流域转移。① 至南宋，江南成为经济②和文化③最为发达的地区。经济与文化重心的转移意味着人类活动地域范围的变化，推动了文化景观的发展与演变。旅游景观因人的游览活动而形成，晚明时期的旅游资源主要分布于江南地区，这既与该地区优越的自然条件紧密相关，也与其经济、文化的发达程度相一致。④ 如附着在碑刻之上的书法景观，在时空分布上就呈现出先以中原地区为主、后向江南地区扩散的特征，这与历史时期经济和文化重心的转移格局相一致。⑤

三、文化景观史视角下的国家文化公园定位与空间特征

（一）国家文化公园是重要的公共事业景观

公共事业景观指负责维持公共服务基础设施的相关景观，包括政治边界景观、水利工程景观、水陆交通景观和旅游名胜景观等。⑥ 具体来说，政治边界景观，如曾经发挥疆域边界与文化分界作用的长城；水利工程景观，如沟通南北、连贯多个流域的大运河，以及兼具防洪、供水、灌溉等功能的都

---

① 参见于希贤、陈梧桐《黄河文化——一个自强不息的伟大生命》，《北京大学学报（哲学社会科学版）》1994年第6期。
② 参见程民生《关于我国古代经济重心南移的研究与思考》，《殷都学刊》2004年第1期。
③ 参见张俊峰、李杰《北方有江南：一项景观史的研究》，《民俗研究》2022年第1期。
④ 参见任唤麟、龚胜生、周军《晚明旅游资源类型结构与地域分布——以〈三才图会·地理〉与〈名山胜记〉为数据来源》，《地理研究》2011年第3期。
⑤ 参见颜丙金等《元朝及以前书法景观文化遗产时空特征——基于〈寰宇访碑录〉及其补作数据库》，《地理研究》2017年第5期。
⑥ 参见吴必虎、刘筱娟《中国景观史》，上海人民出版社2004年版，第233—295页。

江堰；水陆交通景观，如沟通中华文明与域外文明的"丝绸之路"和"海上丝绸之路"，还有作为古代内河水运干道的长江与黄河；旅游名胜景观，如经过长期文化沉积而形成的江南园林、"八景"城市旅游景观结构等。历史上的公共事业景观，往往具有强大的政治、文化和精神象征意义，有助于推动国家认同感以及文化认同感的形成与发展。

长城、大运河、黄河和长江及其沿岸水利工程在开始建设之初均属于公共事业景观，跨越广大的区域范围，历经千年发展而拥有丰富的文化沉积，是国家统一、文化整体性与稳定性的象征，国家文化公园的设立体现出对这一国家特质与文化特色的强调。[①] 如长城地处农牧交错带，既是历史政治边界的象征，也是多民族在经济上互通有无、在情感上交流联络、在文化上融合与碰撞的见证，因而长城不仅仅是军事设施，更是跨越不同时期、属于全体民众的公共事业景观。长征国家文化公园，也凭借其深厚的革命历史和丰富的文化资源，成为具有重要教育功能的公共文化空间，这为长征国家文化公园的开发建设奠定了物质与文化基础。总之，国家文化公园是具有国家和文化象征意义的公共事业景观，已得到当前政府与人民的认可，成了一种全新的、全民共享的公共文化空间[②]，是连贯统一、源远流长的中华文化的物质象征与展示媒介，公共服务属性是其基本属性。[③]

---

① 参见龚道德《国家文化公园概念的缘起与特质解读》，《中国园林》2021年第6期。
② 参见程惠哲《从公共文化空间到国家文化公园 公共文化空间既要"好看"也要"好用"》，《人民论坛》2017年第29期。
③ 参见梅耀林、姚秀利、刘小钊《文化价值视角下的国家文化公园认知探析——基于大运河国家文化公园实践的思考》，《现代城市研究》2021年第7期。

（二）国家文化公园具有线贯性特征

在国家文化公园概念提出之际，文化线路、遗产廊道、线性文化遗产等相关理论概念已被多次提及。[1] 文化线路（Cultural Routes）是指对理解和尊重欧洲共同价值观具有重要意义的历史路线，是文化概念、人物或现象的集合，可展现欧洲的记忆、历史与遗产。文化线路强调欧洲文化的多样性与遗产属性，它的提出旨在为欧洲不同的国家与民族建立共同的文化认同，树立欧洲共同价值观，形成欧洲共识与身份认同[2]，并为欧洲所有公民提供丰富的休闲和教育活动。与文化线路相比，根植于美国情境提出的遗产廊道则是国家遗产区（National Heritage Area）体系的一部分，更侧重利用遗产实现经济的振兴，主要方式是串联各类单体文化与自然景观，促进对遗产资源的保留与开发，鼓励社区参与，吸引民众关注历史，并没有明确的国家象征含义。线性文化遗产指"拥有特殊文化资源集合的线形或带状区域内的物质和非物质的文化遗产族群"[3]，是从文化线路发展而来的概念。线性文化遗产是历史时期各地域互动交流的纽带与载体，是历史的见证者，可以再现中华文明的动态发展过程。线性文化遗产网络包括交通线路、军事工程、自然河流与水利工程、重大历史事件（如长征之路）四个类型。[4]

综合文化线路、遗产廊道、线性文化遗产的概念与特征，立足中国实际情况，本研究提出了国家文化公园所拥有的线贯性特征概念，即时间上经历长期文化沉积，空间上跨越多个地域，以一线或一带统领跨地域的政治、经

---

[1] 参见李飞、邹统钎《论国家文化公园：逻辑、源流、意蕴》，《旅游学刊》2021年第1期。
[2] 参见戴湘毅、姚辉《国际文化线路理念演进及中国的实践》，《首都师范大学学报（社会科学版）》2017年第1期。
[3] 单霁翔：《大型线性文化遗产保护初论：突破与压力》，《南方文物》2006年第3期。
[4] 参见俞孔坚等《中国国家线性文化遗产网络构建》，《人文地理》2009年第3期。

济与文化交流，是具有整体意义的国家和政治认同的象征。国家文化公园兼具文化整体性和多样性[①]，如长城、大运河、黄河、长江和长征线路，均以一线贯之不同的自然、文化与经济区域，以线性形态建构起跨地域的文化体系，是人类文化遗产的一种特殊类型。不过需要注意的是，国家文化公园的线贯性并不意味着空间上的完全连续，而是"有实有虚"，即实际的地域空间范围与概念性的功能作用相结合，是断续构成的线性整体。[②]

与现有相关理论概念不同的是，线贯性强调国家文化公园所具有的文化整体性。线贯性是在强烈的政治统治力量下统合而成，并通过中央集权的方式加以实现。线贯性也暗含着空间整体性，可带动多个地域的多方面交流，将各地域的文化与文化景观集合为整体，形成一个跨越地域范围、实现多地文化整合的共同体，远远超越了区域文化开发所带来的综合效益[③]，这对于促进国家统一、展现文化的整体性与多元性具有非常重要的意义。

（三）国家文化公园具有区域性特征

区域性是文化景观的基本特征之一。区域性文化是在特定地域内形成的人与自然的独特互动关系，文化景观是人与自然互动的结果，形成并发展于特定的区域，可以直接或间接反映地方在历史时期的动态演变过程，是宝贵的历史见证。[④]因此，文化景观往往具有鲜明的区域性特征，这也是文化景

[①] Zou T., Qiu Z., Huang X., "The Origin and Vision of National Cultural Park Management Policy in China", *Journal of Resources and Ecology*, Vol.13, No.4, 2022, pp.720-733.
[②] 参见吴殿廷、刘宏红、王彬《国家文化公园建设中的现实误区及改进途径》，《开发研究》2021年第3期。
[③] 参见钟晟《文化共同体、文化认同与国家文化公园建设》，《江汉论坛》2022年第3期。
[④] 参见于向华《文化景观中地域性传承与研究》，《美术观察》2018年第3期。

观的基本特征之一。[①]

中国地域辽阔，各地的自然环境与人文条件大不相同，这为区域性文化景观的形成与发展提供了充分空间。许多区域性文化景观也带动着跨区域的文化互动交流，是中华文明在历史长河中不断发展的见证者，具有国家和政治整体认同意义。如泰山不仅是自然景观，更是历经千年发展、有着深刻政治烙印的文化景观，为历代帝王所尊崇，是国家统一、政权稳固的象征，被视为中华民族精神的象征和华夏历史文化的缩影[②]，亦有"泰山安，四海皆安"之说。围绕泰山而形成的泰山文化也就具有了跨越阶级、地域、民族与宗教的广泛影响力。泰山碧霞元君信仰兴于唐宋、盛于明清，其在民间的影响力早已超越东岳大帝，吸引了京师以南、淮河以北各地民众朝山进香，并自发形成了以到泰山朝拜为目的的民间信仰组织——泰山香社。[③] 此外，作为世界文化与自然双遗产，泰山在世界范围内已成为具有相当影响力的中华名片，其所具有的自然与文化价值、国家文化象征意义、教育科研与游憩功能等远远超出了区域范围，足以设立国家文化公园，进而更好地打造泰山文化标志。

又如以厦门、漳州和泉州为主体的闽南地区，自汉代以来随着北方移民的不断进入，逐渐形成了稳定的地域文化系统，它们具有相同的地域环境、相似的生计形式与制度组织以及共同的语言、宗教信仰、饮食和风俗习惯。[④] 闽南地区的文化发展与海洋密不可分，泉州是古代中国与海外交流互

---

① 参见许静波《论文化景观的特性》，《云南地理环境研究》2007年第4期。
② 参见《中国的世界自然与文化遗产——泰山》，2006年3月31日，中国政府网，http://www.gov.cn/test/2006-03/31/content_241131.htm。
③ 参见叶涛《碧霞元君信仰与华北乡村社会——明清时期泰山香社考论》，《文史哲》2009年第2期。
④ 参见陈凯峰《"厦漳泉大都市区"的社会文化渊源》，《城乡建设》2011年第10期。

通的门户,渔业与频繁的海洋贸易造就了闽南地区的海神信仰,如妈祖信仰、通远王信仰等[①],并诞生了一系列具有闽南特色的文化景观,如聚落景观、闽南民居等。[②] 频繁的海洋活动也将闽南人及闽南文化带至世界各地,近代以来,厦门、漳州、泉州民众随工业化大潮而遍布各国,但他们始终与家乡保持着密切联系,保持着对中华文化的向心力。随着频繁往来的书信和汇款行为,侨批业诞生,侨批成为记录和承载特定时期海内外往来的宝贵记录。2013 年,闽南侨批被列入《世界记忆名录》,成为全人类共同的记忆财富。闽南地区作为中国独特的文化地域,与其他文化区有诸多不同,表现在对内强烈认同中原文化,对外频繁开展海内外贸易,是陆地文化与海洋文化结合的产物。[③] 闽南文化区具有独特的地域文化景观体系,拥有极强的文化内核与凝聚力,是中华海洋文化形成与发展的缩影,其影响力早已超出区域范围[④],辐射至东南亚等地区,极具独特性与代表性,而国家海洋文化公园正是目前国家文化公园体系内所缺少的类型。

文化景观是国家文化公园建设的物质基础,国家文化公园是文化景观的地域体系,具有区域性特征。对地方文化的再现需要以原有文化景观为基础,故国家文化公园建设离不开对其内部文化景观的保护与开发利用,如此才能再现历史过程,保护性展示地方文化的核心价值。国家文化公园正是在文化景观的基础上创造的,因此,国家文化公园也是再创造的文化景观[⑤],其体系构建不应忽视文化景观的区域性特征。

---

① 参见林溢婧、林金良《浅谈闽南地区的海洋民俗》,《泉州师范学院学报》2010 年第 3 期。
② 参见王绍森《当代闽南建筑的地域性表达研究》,博士学位论文,华南理工大学,2010 年。
③ 参见李智君《风下之海:明清中国闽南海洋地理研究》,商务印书馆 2021 年版,第 7—20 页。
④ 参见陈支平《闽南文化的历史构成及其基本特质》,《闽台文化研究》2014 年第 1 期。
⑤ 参见龚良《大运河:从文化景观遗产到国家文化公园》,《群众》2019 年第 24 期。

四、国家文化公园体系的构建核心

（一）整合自然景观与文化景观属性

目前，在以国家公园为主的自然保护地体系构建过程中，忽视了其内部丰富的文化积淀。2017年，《生态保护红线划定指南》将国家公园、自然保护区、风景名胜区的核心景区纳入国家级和省级的禁止开发区域范围，严禁不符合主体功能定位的各类开发活动。①《建立国家公园体制总体方案》则指出，在国家公园区域内应"除不损害生态系统的原住民生产生活设施改造和自然观光、科研、教育、旅游外，禁止其他开发建设活动"②。尽管在以传统农牧业为主的地区，低强度的观光、科研、教育和旅游活动被允许进行，但一些地方政府在实践过程中仍然会选择"一刀切"的管理模式，禁止一切游憩与旅游活动。这不仅忽视了不同区域的生态差异性与多样性，更忽视了人类活动的合理性，致使长期以来缺少对自然保护地历史文化沉积的挖掘与表征，不符合中国的实际情况。③

受"天人合一"观念的影响，中国的自然保护地往往都具有特定的文化景观属性，尤其是在广大东部地区，几乎没有地方无人类活动的痕迹。④如在对长城国家文化公园景观特征的识别与评估中，发现其自然景观与文化景

---

① 参见环境保护部办公厅、国家发展和改革委员会办公厅《关于印发〈生态保护红线划定指南〉的通知》，2017年7月20日，中华人民共和国生态环境部，https://www.mee.gov.cn/gkml/hbb/bgt/201707/t20170728_418679.htm。
② 新华社：《中共中央办公厅 国务院办公厅印发〈建立国家公园体制总体方案〉》，2017年9月26日，中国政府网，http://www.gov.cn/zhengce/2017-09/26/content_5227713.htm。
③ 参见吴必虎、盈斌、杨秋风《中国自然保护地体系建设——红线管控、旅游发展与文化表征》，《中国生态旅游》2022年第2期。
④ 参见宋峰、代莹、史艳慧、王博《国家保护地体系建设：西方标准反思与中国路径探讨》，《自然资源学报》2019年第9期。

观具有高度融合的特征。① 又如秦岭国家公园拥有诸多珍稀野生动植物，是重要的自然保护地，但自旧石器时代始，人类活动早已遍及秦岭深处，形成秦蜀古道、秦巴古道等文化景观和公共事业景观，并形成了稳定的人地系统，兼具自然景观与文化景观双重属性。因此，不允许在秦岭国家公园内开展合理、低强度的人类活动的做法，是违背自然与文化逻辑的。

　　人类活动也是国家文化公园的重要组成部分，应尊重其所具有的公共事业属性。人们在日常生活中塑造着景观，同时也是当地景观的组成部分。② 地球上已少有未被人类活动影响的区域，许多自然保护地同时也是重要的文化遗产地，其内部和周边区域均有长期生活的居民。③ 国家文化公园更是人类活动的产物，见证了历史与文化的发展变化，形成了良好的人地互动关系，作为公共事业景观，在现代社会中仍然发挥一定的作用，或是延续着其最初的基本功能，或是具有旅游、文化和教育功能，属于"活态遗产"。大运河便是这样的"活态遗产"，它至今仍为两岸的居民所使用。可以说，正是人类的活动赋予了大运河源源不断的生机与活力。④ 居民也是地方文化与记忆的载体，发挥着纽带作用，其所承载的地方文化与记忆不断巩固着集体认同，而这种认同感正是构建国家文化公园的记忆场所，是推动更广大地域范围内文化认同的依据所在。⑤ 因此，对于国家文化公园的建设，不能只是

---

① 参见贺鼎、卢丽娜、王晶、张杰《大尺度线性遗产区域景观特征识别——以北京长城文化带为例》，《风景园林》2022年第9期。
② Vannini P., Vannini A., Valentin E.,"Manicured Landscapes: a Video Exploration of the Dolomite Mountains as Memory-scapes", *Social & Cultural Geography*, Vol.21, No.1, 2020, pp.114-134.
③ 参见杨锐、申小莉、马克平《关于贯彻落实"建立以国家公园为主体的自然保护地体系"的六项建议》，《生物多样性》2019年第2期。
④ 参见单霁翔《"活态遗产"：大运河保护创新论》，《中国名城》2008年第2期。
⑤ 参见李渌、徐珊珊、何景明《文化记忆与乡村振兴：长征国家文化公园的社区参与——基于贵州省清镇市观游村索桥红军渡的个案研究》，《旅游科学》2022年第3期。

保存那些历史的物质躯壳，更要保留、保护生活在其中的原住民，尊重原住民的生产生活方式，如此才能保存其所承载的文化，保护文化的多样性，保持文化的活力。

因此，国家文化公园体系要坚持自然景观与文化景观的整合，尊重其所具有的自然与文化景观属性，弥补以自然为主导的自然保护地体系的不足。一方面，自然地理环境是文化景观形成的基础，塑造着独一无二的文化特质。国家文化公园也是在特定的自然地理环境中形成的，自然地理环境限定并约束了其发展的方向。另一方面，人类活动所塑造的文化景观具有空间一致性，有助于确定国家文化公园的空间范围。① 国家文化公园的建设需要以原有文化景观为基础进行保护、开发与利用，挖掘文化的内涵与资源。然而，国家文化公园的建设仍存在着边界范围模糊、对其文化内涵和文化基因谱系的阐释与挖掘十分欠缺的问题，尚未构建起清晰的文化资源体系，无法形成清晰的、独特的文化标识系统。② 我们要进一步明确其文化内涵，充分开发利用并设计创造文化景观，打造代表国家文化、中华文化的标志，促进文化品牌、文化旅游的衍生开发，让国家文化公园的建设惠及人民，尊重国家文化公园所具有的公共事业景观属性。可以说，国家文化公园是自然景观与人文景观的融合，自然景观是国家文化公园建设的基底，文化景观是国家文化公园建设的重中之重。

---

① 参见安倬霖、周尚意《基于地理学尺度转换的国家文化公园文化遗产保护机制》，《开发研究》2022 年第 1 期。
② 参见苗长虹《文化遗产保护能够从自然保护中学到什么——以黄河国家文化公园建设为例》，《探索与争鸣》2022 年第 6 期。

（二）整合线贯性与区域性空间特征

线贯性和区域性是国家文化公园的两大特性，国家文化公园体系的构建要坚持线贯性和区域性的统一。首先，尊重国家文化公园的线贯性特征与历史演变，完善线性国家文化公园体系。历史上的黄河曾流经淮北地区长达七百余年，这段历史展现了黄河所具有的巨大区域地理效应，对地方文化景观产生了巨大塑造力，留下了丰富的历史文化遗产，具有极大的遗产活化价值。①然而，黄河故道的这段历史尚未被黄河国家文化公园的建设方案考虑在内，这削弱了黄河悠久历史的真实性与完整性，也是对黄河国家文化公园线贯性特征的忽视。历史上的大运河不仅仅发挥着南北沟通的作用，更连接了五大水系。大运河通过赣鄱水系、梅岭古道与珠江水系的北江相连，其中，梅岭古道历史悠久，沿线留有驿站、建筑、碑刻等文化景观，是大运河和长江漕运文化景观以及中华文化的重要组成部分，而今日的大运河国家文化公园仅由京杭大运河、隋唐大运河、浙东运河三个部分组成。对这些历史片段的忽视，弱化了国家文化公园的线贯性文化内涵，割裂了中华历史文化的整体性与稳定性。

其次，需要重视国家文化公园的区域性特征，建设区域性的国家文化公园。目前已经建成的四个国家文化公园均以线贯性为主要特征，尚缺少区域性类型。如前文所述的泰山，虽为区域性自然景观与文化景观，但其凭借特有的国家和政治认同意义、丰富的文化沉积、跨区域的民间影响力，俨然成为中华文化的象征之一，足以围绕其建设泰山国家文化公园。又如由厦门、漳州和泉州构成的闽南文化区，具有远远超出闽南区域范围的文化影响力与

---

① 参见吴必虎、纪凤仪、薛涛《黄河改道的区域地理效应与故道遗产活化——以黄河故道（江苏段）为例》，《民俗研究》2021 年第 3 期。

认同感,展现了中华海洋文化形成与发展的历程,是对中华文化和国家文化公园内涵的重要补充。区域性国家文化公园的落地,需要整合在不同历史时期形成的文化沉积,将历史文化沉积与时代文化相融合[1],通过历史上的区域文化构建当代民众的身份认同与集体记忆。可以说,建设区域性的国家文化公园对于构建和完善中国国家文化公园体系来说是非常重要的。

  文化景观是划定文化区的标准之一,文化区可帮助界定区域性国家文化公园。文化区跨越了现有行政区划的刚性边界,是以不同地区盛行的文化特征的差异而划分的一种空间单位,在同一文化区域内,某种或多种文化要素以及文化景观会呈现出一致性特征。[2] 人们普遍认为,自然环境、经济和人口结构奠定了区域文化形成与发展的基础,而人口迁徙和政治权力主导则是改变文化景观空间格局的主要力量。[3] 吴必虎指出,中国文化区的形成主要受地理环境、历史发展过程和区位三方面条件的影响。其中地理环境条件包括气候、地貌等自然地理要素,以及人口、民族、经济结构、生计形式等人文地理要素;历史发展过程造成了文化沉积厚度的空间差异;区位条件则表现为不同时期地理条件与文化意义的组合,二者共同赋予区位以特定意义。[4] 结合各地区地形、气候、农业形式和民族分布等条件,吴必虎、刘筱娟以自然和经济社会指标为依据,按照文化景观特征对文化区域进行了分类,共划分为8个文化区和16个文化亚区。(图1)[5] 各个文化区内部的文化

---

[1] 参见赵心宪《民族区域红色文化之构建:长征国家文化公园在地化建设》,《民族学刊》2021年第11期。
[2] 参见周尚意、孔翔、朱竑编著《文化地理学》,高等教育出版社2004年版,第227页。
[3] 参见孟召宜、苗长虹、沈正平、渠爱雪《江苏省文化区的形成与划分研究》,《南京社会科学》2008年第12期。
[4] 参见吴必虎《中国文化区的形成与划分》,《学术月刊》1996年第3期。
[5] 参见吴必虎、刘筱娟《中国景观史》,上海人民出版社2004年版,第448页。

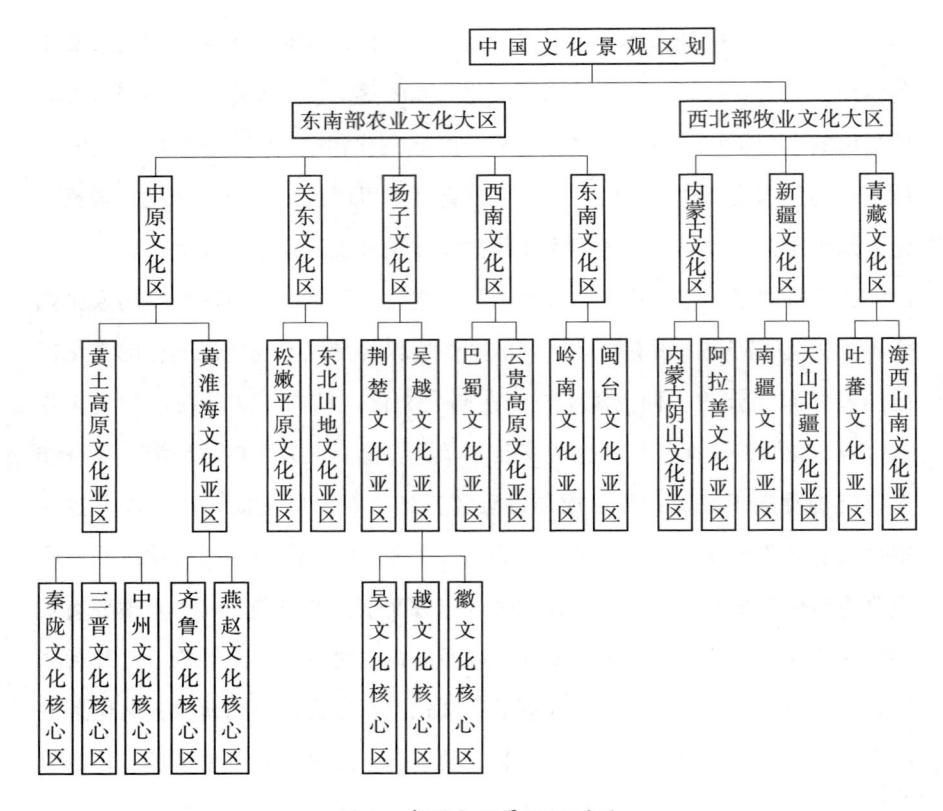

图 1　中国文化景观区划图

特质与文化景观具有一致性，对于文化认同有很强大的塑造作用，可作为判定区域性国家文化公园的指标之一。如泰山碧霞元君庙在今天华北平原的山东、河北、北京均有出现①，这一文化景观的空间分布可为泰山国家文化公园边界的划定提供参考。

---

① 参见叶涛《碧霞元君信仰与华北乡村社会——明清时期泰山香社考论》，《文史哲》2009 年第 2 期。

五、结语

  中国国家文化公园是具有国家整体象征意义的文化景观地域体系，它具有宏大的国家认同、文化认同价值，是重要的公共事业景观。国家文化公园兼具自然景观与文化景观属性，它的建设弥补了自然保护地体系对内部文化关注的不足。国家文化公园以线贯性和区域性为主要空间特征，但目前线贯性特征形成的历史过程及其背后的文化内涵尚未受到人们的充分重视，如黄河故道尚未被纳入国家文化公园的设立范围。另外，区域性国家文化公园也有待开展建设，目前所公布的国家文化公园均呈现出线性空间形态，这削弱了中华历史文化的真实性与完整性。因此，必须坚持对线贯性和区域性两大特征的整合，以完善中国国家文化公园体系的建设，为发扬中华文化、增强文化自信、应对"百年未有之大变局"提供有力抓手。

（原载《民俗研究》2023 年第 1 期）

国家文化公园建设中的央地关系研究

——基于制度堕距的视角*

吴承忠　彭建峰

国家文化公园是我国原生性的新型公共文化空间概念[①]，建设国家文化公园是根植于我国政治、文化、社会现实环境的大型遗产保护利用的创新思想[②]，是党中央在全面开启社会主义现代化新征程、推进社会主义文化强国建设过程中的重大制度创新。相较于传统文化保护和文化建设工作而言，国家文化公园具有超大型的叙事体量、整体性的空间布局和系统性的结构设计等典型特征，是国家层面的原生性文化制度设计。作为我国覆盖范围最广、涉及内容最多、体系化程度最高的超大型国家文化工程，国家文化公园建设在一定程度上依赖于中央与地方两种治理主体之间的角色分工和高效合作。按照2019年发布的《长城、大运河、长征国家文化公园建设方案》（以下简

---

* 本文系国家社会科学基金艺术学重点项目"我国国家文化公园政策体系构建研究"（项目编号：22AH016）；国家社会科学基金艺术学重大项目"文化和旅游融合视野下黄河文化保护传承弘扬研究"（项目编号：21ZD03）；对外经济贸易大学中央高校基本科研业务费专项资金资助项目"国家文化公园建设的央地关系协同治理研究"（项目编号：QHZX02）成果。

[①] 参见陈波、庞亚婷《黄河国家文化公园空间生产机理及其场景表达研究》，《武汉大学学报（哲学社会科学版）》2022年第5期。

[②] 参见李飞、邹统钎《论国家文化公园：逻辑、源流、意蕴》，《旅游学刊》2021年第1期。

称《方案》）要求，国家文化公园建设总体上按照"中央统筹、省负总责、分级管理、分段负责"的工作机制推进，但如何保障中央有效统筹与地方积极负责，如何在确保中央统筹的基础上调动地方参与的积极性，构建合理、有效、有序的国家文化公园管理体制，促进中央与地方的协同治理，成为当前高质量推进国家文化公园建设实践中所必须思考和解决的重要问题。在国家治理现代化背景下探索统筹有效、分权有序的国家文化公园央地关系，是完善国家文化公园管理体制、保障国家文化公园高质量建设的重要内容与必然要求。

一、文献综述

无论是西方话语体系中的联邦主义，还是中国语境中的分权与集权，对央地关系的探讨一直是世界各国具有普遍性的话题。特别是对于我国这样一个广土众民的大国而言，如何妥善处理中央与地方、集权与分权的关系，一直是国家政治制度设计和行政体制改革的重要内容。一般而言，央地关系是指"国家体制中纵向上权力与资源配置的基本关系"[1]。在现代国家治理体系中，央地关系通过纵向上的权力与资源配置架构了国家治理体系的基本骨架[2]，决定了国家治理中不同治理主体在角色分工、高效合作方面的能力与效率，是影响国家意志实现和国家能力发展的"轴心问题"[3]。对央地关系问题的探讨是理论界长期的关注热点，且基于不同学科视角形成了

---

[1] 景跃进、陈明明、肖滨主编：《当代中国政府与政治》，中国人民大学出版社2016年版，第185页。
[2] 参见朱成燕、储建国《央地关系的协调性与当代中国纵向政治制度变迁——基于对制度变迁广义理论的反思》，《学术月刊》2019年第4期。
[3] 钟开斌：《中国中央与地方关系基本判断：一项研究综述》，《上海行政学院学报》2009年第3期。

不同的观点。例如，政治学强调权力分配关系，认为央地关系主要指国家政权组织形式下的中央政府与地方政府之间的权力分配与统属关系[①]；经济学主要以政府间财政关系为切入点，认为央地关系主要是中央与地方在政府间事权、财权和转移支付等方面的关系[②]；管理学将央地关系定义为组织中上下不同层级之间的关系[③]，从组织视角探讨中央与地方在组织管理幅度和管理层次方面的关系。理论界对央地关系的探讨和成果为我们理解央地关系样态提供了不同视角，也为解读文化领域央地关系建立了认识基础。

目前，文化领域央地关系的相关话题尚未引起学界的普遍关注。现有研究主要对公共文化服务领域的央地分权、项目治理与财事关系[④]，文化行政领域的事权与支出责任划分、文化旅游融合中的央地互动、国家文化公园建设中地方激励等话题展开讨论[⑤]，尚未形成系统化、体系化的理论成果。在国家文化公园管理体制方面，相关研究主要针对国家文化公园管理体制、省域机

[①] 参见李治安《论古代中央与地方关系的演化和若干制约因素》，《天津社会科学》1996年第4期；景跃进、陈明明、肖滨《当代中国政府与政治》，中国人民大学出版社2016年版，第185—189页。

[②] 参见陈硕、高琳《央地关系：财政分权度量及作用机制再评估》，《管理世界》2012年第6期；吕冰洋《"顾炎武方案"与央地关系构建：寓活力于秩序》，《财贸经济》2019年第10期。

[③] 参见张璋《基于央地关系分析大国治理的制度逻辑》，《中国人民大学学报》2017年第4期。

[④] 参见蒋绚《央地分权与公共文化服务：韩国的失败与光州市的崛起》，《城市观察》2016年第2期；张良《"项目治国"的成效与限度——以国家公共文化服务体系示范区（项目）为分析对象》，《人文杂志》2013年第1期；李国新《制度改革创新促进公共文化服务高质量发展——析〈公共文化领域中央与地方财政事权和支出责任划分改革方案〉》，《图书馆建设》2020年第4期。

[⑤] 参见傅才武、宋文玉《创新我国文化领域事权与支出责任划分理论及政策研究》，《山东大学学报（哲学社会科学版）》2015年第6期；李宇军《文旅融合发展中的"文化—旅游""政府—市场""中央—地方"三大关系》，《贵州民族研究》2021年第3期；傅才武《国家文化公园建设中的地方激励问题》，《探索与争鸣》2022年第6期。

制、区段管理、建设成效等问题展开[1]，尚未对国家文化公园建设中的央地关系进行专题探讨。本文在梳理国家文化公园建设中央地互动的制度构想与实践样态的基础上，分析国家文化公园建设中央地关系制度堕距的生成及其原因，并结合国家文化公园建设实际，提出央地关系堕距弥合的对策，以期为探索完善国家文化公园管理体制提供参考。

二、国家文化公园制度中的央地互动：制度构想与实践样态

党中央在创造性提出国家文化公园设想之初，就考虑到这一超级文化工程必须借力于中央与地方间的联动协同，在制度设计层面对中央与地方间的责任关系和互动机制形成初步安排，为实践层面的央地互动提供制度遵循。

（一）国家文化公园制度设计中的央地关系构想

2019年中共中央办公厅、国务院办公厅出台的《方案》是针对我国国家文化公园建设的最权威的顶层设计，其中对国家文化公园管理体制机制的有关规定构成了国家文化公园央地关系构建所必须遵循的基本要求，也为理解国家文化公园建设中的央地关系提供了政策依据。《方案》要求，地方政府承担国家文化公园建设的主体责任，中央主要发挥统筹协调功能，地方与

---

[1] 参见刘敏《国家文化公园管理体制机制研究》，《中国国情国力》2022年第5期；刘晓峰、邓宇琦、孙静《大运河国家文化公园省域管理体制探略》，《南京艺术学院学报（美术与设计）》2021年第3期；白翠玲等《长城国家文化公园（河北段）管理体制研究》，《河北地质大学学报》2021年第2期；吴丽云、邹统钎、王欣等《国家文化公园管理体制机制建设成效分析》，《开发研究》2022年第1期。

中央在政策供给、资源分配、管理监督等方面形成互动。同时，作为党中央在文化旅游领域的重大制度创新，国家文化公园在制度设计上还具有明显的国家意志性，在实践推进中表现出强烈的政治性加权特征，这也是理解国家文化公园央地关系的关键变量。（图1）

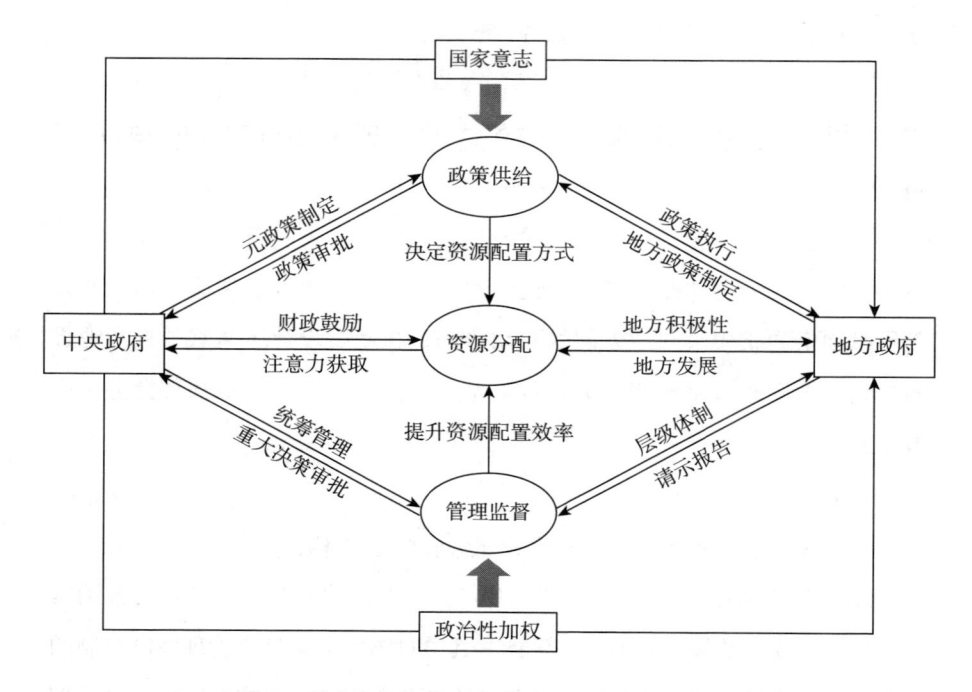

图 1　制度构想中的国家文化公园央地互动机制

一般而言，政治压力和经济激励是中央确保地方政府执行中央政策的基本手段。经济激励主要通过转移支付、专项资金以及国家项目入库等方式调动地方政府的积极性；政治压力则主要通过工作考核评估、任务的政治性加权等方式向地方施加压力，使地方采取行动执行中央政策。从政治逻辑来看，国家文化公园的国家性决定了其在制度设计层面的国家意志，中央基于国家文化发展和现代国家建设等国家意志实现的需要，部署规划国家文化公园建设，并依托政治权威和组织层级对地方施加影响，要求地方政府服从中央的决定。这个过程中，央地关系取决于权力秩序的服从机制，政策执行构成地方政府的行动逻辑。同时，为了让地方政府更深刻地认识到国家文化公园建设的重要性，中央对国家文化公园进行了"政治性加权"，从政治的角度赋予了国家文化公园之于地方不可忽视、不可违背的重要性地位。[①] 值得注意的是，尽管中央在制度设计过程中并没有将国家文化公园的国家意志和"政治性加权"特征予以制度化体现，但这种特质却实实在在地贯彻于国家文化公园建设的全过程，并对中央与地方在政策供给、资源分配以及监督管理等方面的互动关系产生持续的影响。

中央与地方在政策供给方面的互动是国家文化公园央地关系的重要内容。从现有制度来看，基于国家文化公园的超大体量与跨区域特征，为了确保地方政府能够基于地方实际开展国家文化公园建设，压实地方政府的主体责任，中央主要发挥两个方面的政策功能。一是制定国家文化公园"元政策"，明确国家文化公园建设的总要求、实施步骤、建设阶段和国家目标，从而为地方推进国家文化公园建设提供方向性指导。二是对地方政策进行审批把控，确保地方政策不违背中央政策的要求。例如，《方案》提出"中央有关部门对省份规划建议进行严格审核与有机整合"[②]，这也是中央对地方实施监督管理权的体现。与之相对应，地方政府在国家文化公园建设政策方面也承担着明确的责任，即贯彻中央关于国家文化公园建设的政策要求以及基

[①] 国家发展和改革委员会社会发展司在组织召开黄河国家文化公园建设启动暨长城、大运河、长征国家文化公园建设推进会上，明确强调建设国家文化公园是一项重大政治任务。
[②]《中央有关部门负责人就〈长城、大运河、长征国家文化公园建设方案〉答记者问》，2023 年 2 月 10 日，www.gov.cn/zhengce/2019-12/05/content_5458886.htm。

于地方实际制定相关规划、法规条例与专项政策，并接受中央对相关政策的审批管理与监督。

中央与地方间的资源分配关系决定了国家文化公园央地关系的基本形态，包括中央自上而下的经济激励逻辑和地方自下而上的注意力获取逻辑。一方面，为了激发地方政府参与国家行动的积极性，同时考虑到地方政府的财政实力，中央政府会通过财政转移支付制度、专项支出以及设置国家项目储备库等方式，为地方推进国家文化公园建设提供一定的财政支持，例如《方案》提出的"中央财政要通过现有渠道提供必要的补助"。另一方面，地方政府出于地方经济、社会、文化发展的需要，会在执行中央政策要求的过程中主动推进国家文化公园建设，以期获得中央更多的财政支持和关注。来自中央的更多关注对地方意味着更多资源分配机会的可能性增加，这进一步意味着地方的发展机会更多，特别是对于西部地区一些经济欠发达省份而言，国家文化公园建设为其完善基础设施、推动文旅事业高质量发展带来了新的驱动和项目支持，成为其加速经济结构转型和实现高质量发展的强劲动力。

对地方的监督管理也是国家文化公园央地关系的重要内容。在国家层面，国家文化公园实行"专门机构管理框架下的分头管理"[①]机制，在以中央宣传部为牵头单位的国家文化公园领导小组机制下，中央宣传部、国家发展和改革委员会、文化和旅游部等部门对各个国家文化公园进行分头管理。国家层面的工作机制包括两项管理职能：一是对地方建设工作进行指导，形成稳定的信息沟通、专题协商机制；二是对地方重要工作的落实情况进行监督管理，审议地方的重大政策与重大事项，并有针

---

① 刘敏：《国家文化公园管理体制机制研究》，《中国国情国力》2022 年第 5 期。

对性地开展监督活动。在地方层面，作为对中央政策的响应，地方政府按照中央的政策要求建立与国家层面相对应的工作机制，并接受中央层面自上而下的任务传导和责任要求。同时，在面对重大事项或重要问题时，地方通过请示报告制度向中央政府寻求支持与帮助，能够在解决实际工作中困难的同时，向上表达地方"全力以赴"推进国家文化公园建设的决心和信念。

（二）国家文化公园建设实践中的央地互动关系样态

自 2019 年国家文化公园建设工作启动以来，中央与地方政府都将国家文化公园建设视为一项重要工作。在国家意志贯彻与政治性加权的基础上，央地双方在政策供给、资源配置与管理监督等方面开展互动。在政策供给方面，以《方案》为根本遵循，央地之间以各个国家文化公园专项建设规划为骨架的政策体系已经建立起来。以长城国家文化公园为例，中央层面先后制定了《长城国家文化公园建设保护规划》《长城文化和旅游融合发展专项规划》《长城沿线交通与文旅融合发展规划》《长城国家文化公园重大工程建设方案》等专项政策方案。地方层面遵循中央对国家文化公园建设的阶段安排，沿线 15 个省级行政区均就所在区段的长城国家文化公园建设任务出台专项规划，其中河北省、山西省、山东省、甘肃省、宁夏回族自治区等进一步制定了长城保护条例或办法。（表 1）

在财力资源配置方面，中央在现有财政渠道的基础上，广泛拓展财政支持机制，为地方国家文化公园建设提供项目启动资金。一是通过中央预算内投资，支持国家文化公园、国家重点文物保护和考古发掘等重大旅游基础设施、重点公共文化设施项目建设。例如，2021 年国家发展和改革委员会、文化和旅游部等七部门联合制定《文化保护传承利用工程实施方案》，按照

表1 长城国家文化公园建设的相关政策[①]

政策层级	政策名称	颁发部门
中央政策	《长城、大运河、长征国家文化公园建设方案》	中共中央办公厅、国务院办公厅
	《长城国家文化公园建设保护规划》	国家文化公园领导小组
	《长城文化和旅游融合发展专项规划》	文化和旅游部资源开发司牵头编制、国家文化公园建设领导小组办公室印发
	《长城沿线交通与文旅融合发展规划》	文化和旅游部资源开发司牵头编制、国家文化公园建设领导小组办公室印发
	《长城国家文化公园重大工程建设方案》	文化和旅游部资源开发司牵头编制、国家文化公园建设领导小组办公室印发
地方政策	地方国家文化公园建设保护规划	沿线省级行政区政府编制印发
	《河北省长城保护条例》	河北省人大常委会审议通过
	《长城国家文化公园（河北段）文化和旅游融合发展专项规划》《长城（河北段）周边风貌控制导则》	河北省国家文化公园建设工作领导小组办公室印发
	《山东省齐长城保护条例（草案）审议》	山东省人大常委会审议通过
	《甘肃省长城保护条例》	甘肃省人大常委会审议通过
	《宁夏回族自治区长城保护条例》	宁夏回族自治区人大常委会审议通过
	《山西省长城保护办法》	山西省政府审议通过
	《山西省长城重要点段保护方案》	山西省文物部门印发

[①] 截至2022年9月25日，除内蒙古自治区以外，其余沿线14个省级行政区均就所在区段长城国家文化公园建设制定了专项规划。内蒙古自治区于2022年发布了《内蒙古自治区长城保护规划（2021—2035）》。

重点项目和非重点项目对国家文化公园建设予以支持。二是拓展新的资金支持渠道。例如，文化和旅游部、国家开发银行制定了《关于进一步加大开发性金融支持文化产业和旅游产业高质量发展的意见》，强调通过部行合作为国家文化公园范围内的文化产业和旅游产业项目的推介、服务、融资等提供支持。国家发展和改革委员会社会发展司针对大运河国家文化公园建设的投资问题，与国家开发银行就引导社会资本参与的多元化投融资机制展开了重点研讨，等等。

在管理建设方面，各个国家文化公园分头管理部门积极发挥统筹功能，指导沿线省级行政区在健全组织领导机构、编制分省级行政区规划、梳理重点项目工程、细化工作实施方案等方面推进国家文化公园建设工作；国家文化公园领导小组下设国家文化公园专家咨询委员会秘书处，设立长城、长征、大运河、黄河四个专家组，为国家文化公园建设提供智力支持。文化和旅游部组织开展长城国家文化公园线上培训和专题培训，指导沿线省级行政区开展长城国家文化公园建设的相关实践工作。

三、制度堕距：国家文化公园央地关系堕距的形成

"堕距"是美国社会学家 W. F. 奥格本于 1923 年提出的概念，用于解释社会变迁过程中制度与观念相较于技术与文化的滞后现象。制度堕距是"堕距"概念在制度领域的引申应用。一般认为，制度设计有理想状态（应然状态）、制度状态（当然状态）和运行状态（实然状态）三种状态。理想情况

下，三者统一于实然状态。①但受客观因素的限制和政策执行主体意志选择的影响，制度的三种状态在制度目标实现方面必然存在着差距，一般表现为理想状态、制度状态、运行状态的效果依次递减，学术界将这一现象或规律称为"制度堕距"。其中，理想状态与制度状态之间的差距为上向堕距，制度状态与运行状态之间的差距为下向堕距。②从国家文化公园制度的特征与实际情况来看，制度堕距为解释国家文化公园央地关系提供了一个分析框架。

（一）国家文化公园央地关系中制度堕距的生成

作为原生性的制度设计，国家文化公园在逻辑根源、理论源流与价值意蕴等方面的丰富内涵③，决定了其制度构建过程必然具有的复杂性和特殊性。当前，我国国家文化公园制度整体上尚处于制度探索的初期阶段，无论是顶层制度设计还是具体制度规范都还不完善，因而在制度运行过程中难免就会生成堕距现象，在上向堕距和下向堕距两个方面都有具体表现。

在上向堕距上，国家文化公园央地关系在理想状态与制度状态之间的差距，表现为现有制度设计相对于国家治理现代化目标的滞后性。党的十九届四中全会通过的《中共中央关于坚持和完善中国特色社会主义制度　推进国家治理体系和治理能力现代化若干重大问题的决定》（以下简称《决定》），是我国国家治理体系和治理能力现代化的纲领性文件④，文件中关于央地关

---

① 参见辛秋水《制度堕距与制度改进——对安徽省五县十二村村民自治问卷调查的研究报告》，《福建论坛（人文社会科学版）》2004年第9期。
② 参见王琪、陈昭《央地关系：制度堕距与改革的内卷化困境》，《山东社会科学》2017年第5期。
③ 参见李飞、邹统钎《论国家文化公园：逻辑、源流、意蕴》，《旅游学刊》2021年第1期。
④ 参见欧阳康《如何理解党的十九届四中全会〈决定〉的里程碑意义？》，《红旗文稿》2020年第4期。

系的构想与设计是推进央地关系治理现代化的重要依据和工作蓝本。《决定》强调,要健全发挥中央和地方两个积极性体制机制,构建从中央到地方权责一致、运行顺畅、充满活力的工作体系。[①] 这从国家治理现代化的高度为中央与地方之间的关系提供了理想状态的目标样态,也为国家文化公园央地关系的现代化构建明确了方向。但在制度层面,现有制度对国家文化公园领域央地间的权责关系尚未形成清晰规定,仅有《方案》所提出的"中央统筹、省负总责、分级管理、分段负责"的工作机制。此外,《文化保护传承利用工程实施方案》只针对部分重点项目的投资责任进行了规定,尚未形成体系化、整体化的制度设计。总体来看,现有制度对央地之间的权责关系、管理机制等方面的制度安排,与国家文化公园建设的系统性、复杂性等特点及协同性要求不相符合,与治理现代化所强调的"两个积极性发挥"和工作体系的形成还存在着较大差距。

在下向堕距上,国家文化公园央地关系在制度状态与运行状态之间的差距,表现为现有制度文本与国家文化公园建设实践之间的非耦合性。一般情况下,制度的文本状态在目标实现方面往往优于制度的运行状态,但央地关系的交互性和主体性使得央地关系的下向堕距生成同样具有交互性,且在国家文化公园建设中,中央对重点建设区与非重点建设区的分区制度设计使得央地间下向堕距的交互性更加明显。就其具体表现而言,一种情况是,地方政府对中央要求的国家文化公园建设任务采取部分执行、选择性执行或变通执行的策略,将国家文化公园视作国家层面的"政治口号",导致国家文化公园的制度权威性在地方层面的弱化。这种情况在非重点建设的省级行政区

---

① 《中共中央关于坚持和完善中国特色社会主义制度 推进国家治理体系和治理能力现代化若干重大问题的决定》,2019 年 11 月 5 日,www.gov.cn/zhengce/2019-11/05/content_5449023.htm。

更为常见；另一种情况是，现有制度文本落后于国家文化公园建设中的央地互动实践需要，表现为现有制度大多为原则性制度，缺少具体操作和规范，这不仅不利于中央发挥统筹管理作用，还极易诱发地方政府灵活性的膨胀，导致地方自主性边界的非正常扩张，从而不利于国家文化公园的规范管理。

（二）国家文化公园央地关系形成制度堕距的原因

上向堕距与下向堕距在表现形式和作用机制上都有着明显的差异。因此，必须基于堕距向度的生成机制探明制度堕距的成因，从而为央地之间制度堕距的弥合提供依据。

在国家文化公园央地关系互动中，上向堕距的生成主要在于现有制度设计与治理现代化的目标取向之间的滞后性与差距，从国家文化公园制度实践来看，导致这种滞后性的原因主要有三个方面。一是国家文化公园制度的模糊性。有学者认为，国家文化公园在空间边界、文化标志物、建设资金及责任主体等方面的不确定性是制约其建设的主要问题。[1] 不止于此，由于中央层面对国家文化公园的一般概念描述过于笼统，导致相关主体在实践与理论层面对国家文化公园建设仍然存在很多疑惑。例如，《方案》提出的中央统筹与分级管理机制在具体操作层面如何实现，中央统筹的抓手和机制聚焦在哪些方面，中央统筹安排下的中央责任范围如何确定，分级管理中中央承担哪些管理职能，国家文化公园整体采取几级管理机制，分级过程中中央与地方的权责如何分配，等等，这些问题都需要在中央层面的制度设计中予以明确。任务的模糊性意味着缺少清晰的行动指令、可供评估的标准以及行动

---

[1] 参见祁述裕《国家文化公园：效果如何符合初衷》，《探索与争鸣》2022年第6期。

目标间的优先次序。① 国家文化公园制度的模糊性导致地方行动主体不知道采取何种行为能够实现中央层面的国家意志，也不知道应该付出何种程度的努力去推进国家文化公园建设。二是国家文化公园制度的非系统性。系统性的制度设计能够在制度间形成合力，有助于制度目标的实现。当前，国家文化公园尚未形成系统性的制度体系，对于国家文化公园建设中的央地权责分配、合作机制、监督管理等都没有给出系统性的规定，对于以什么标准来衡量地方国家文化公园的建设质量，从哪些维度来考察国家文化公园建成与否，在地方主体负责的情况下中央如何把控国家文化公园建设进度，等等，这些问题也缺乏系统性的制度化要求。国家文化公园制度的非系统性不利于从制度层面激发地方参与国家文化公园建设的积极性。三是国家文化公园制度与现有制度的冲突性。作为一项新型制度设计，国家文化公园制度不可避免地要面对与其他现有制度之间的协调与兼容问题。以大运河国家文化公园和大运河文化保护带为例，二者都是由党中央和国务院联合发文高位推动的大型文化保护工程，发文时间仅间隔 5 个月。从发文机构角度来看，二者具有同等的政策效力。但从建设理念来看，大运河国家文化公园明显比大运河文化带具有更加丰富的政策内涵、更复杂的任务要求和更强烈的国家意志。因此，对于地方政府而言，如何区分二者之间的关系，二者之间谁更具有优先性和权威性，二者在建设范围、重点项目等方面的交叉性如何处理，这些问题便成为地方工作的困惑所在。

下向堕距的存在反映了制度设计与国家文化公园治理实践之间的错位与差距，它是影响国家文化公园建设成效的主要因素，也是实践层面的关注重

---

① 参见肖芸、赵俊源《任务模糊性视角下科层制变革的不同走向——基于前沿文献的评析》，《公共行政评论》2019 年第 2 期。

点。这种堕距生成的因素，主要包括地方政府理性、国家文化公园制度权威性以及中央注意力的差异化配置三个方面。一是地方政府理性行为。自分税制改革以来，地方政府成为具有独立理性的主体，可以在不违背中央意志的前提下，根据地方经济社会发展需要和地方资源禀赋决定地方工作的重点内容和注意力指向。作为国家文化公园建设的责任主体，地方政府承担着国家文化公园的主体投资和建设责任。但国家文化公园建设超大体量的投资需求与地方有限的投资能力之间存在着较大差距，同时，其他治理任务（例如经济发展、教育事业、环保工作等）的多重挤压也会在一定程度上迫使地方政府自觉采取"弹性"的方式推进国家文化公园建设，包括选择性执行、变通执行甚至于不执行，将工作停留于规划政策层面或直接搁置相关工作。二是国家文化公园制度权威性不足。制度权威性的缺失是导致国家文化公园央地关系下向堕距的重要因素。从制度权威性生成的角度来看，由党中央开创性设立的国家文化公园制度在制度合法性、制度认同方面都契合制度权威构建的要求，但并不能完全确保国家文化公园制度的规则和规范要素得到贯彻和落实。[①] 换言之，从国家文化公园制度的强制权力形成来看，现有制度效力并不能完全契合央地间制度秩序与制度规范维护的需要。制度权威的缺失与弱化在一定程度上扩大了国家文化公园建设中地方"理性"行为的活动空间。三是中央注意力的差异化配置。国家文化公园重点建设区与非重点建设区的分类设计导致了中央注意力在地方层面的差异化分配，即重点建设区更有可能获得中央的关注和支持，而非重点建设区获得的关注相对较少。在中央注意力更聚焦的省级行政区，地方政府会在政策议程设置、政策配套和资

[①] 参见程同顺、邢西敬《合法性、认同和权力强制：制度权威建构的逻辑》，《上海行政学院学报》2016年第5期。

源支持等方面积极响应国家文化公园建设，以此向中央传达决心和态度。①然而，处于非重点建设区的地方则更倾向于将有限的地方资源分配到更紧迫的事项上，如经济发展、民生保障、环境保护等工作，从而导致地方对国家文化公园建设要求的相机抉择和低回应性。长城沿线省级行政区与河北省在长城国家文化公园政策制定、工作机制建设、财政资金配套等工作进展方面的差距，长征沿线省级行政区与贵州省在地方国家文化公园建设条例制定及实施方面的差距，等等，都体现了中央注意力差异化配置导致的地方差异化响应。

四、制度弥合：促进国家文化公园央地协同共治的策略

相较于一般意义上中央与地方之间的纵向分权逻辑，文化领域的央地关系呈现出典型的弱制度化特征，与其他领域在央地政府间的利益博弈关系表现出明显差异。但不可否认的是，中央与地方在文化领域的目标取向和行动逻辑上并不存在根本性的冲突，二者能够为了共同的战略目标相互配合、相互支撑。②因此，弥合国家文化公园央地互动中制度堕距的关键，在于找到双方在治理目标上的耦合点，并通过制度化建设完善国家文化公园建设中的央地协同共治机制。

---

① 参见易兰丽、范梓腾《层级治理体系下的政策注意力识别偏好与政策采纳——以省级"互联网＋政务服务"平台建设为例》，《公共管理学报》2022年第1期。
② 参见马斌《央地关系一体化下的地方政府创新与区域发展》，《浙江社会科学》2013年第3期。

（一）完善法律法规，提升国家文化公园制度权威性

完善的法律法规体系既能有效弥合上向堕距，缩小央地在制度建设与治理理念方面的差距，又能在规范央地互动实践的过程中促进下向堕距弥合。因此，推动国家文化公园法律法规体系完善，不仅是保障国家文化公园建设顺利推进的现实需要，也是探索国家文化公园央地协同治理的基本路径。我国在国家文化公园制度设计之初就认识到了法律法规建设的重要性，在《方案》中明确"修订完善《长城保护条例》，制定大运河保护条例、长征文物保护条例。相关省份结合实际修订制定配套法规规章"[①]等要求。当前，我国五大国家文化公园中，仅有长城国家文化公园和长江国家文化公园有现成相关的法律条例，分别是《长城保护条例》（2006）和《中华人民共和国长江保护法》（2021），此外，《中华人民共和国黄河保护法》也已于2022年10月颁布。省级行政区层面，有《贵州省长征国家文化公园条例》《浙江省大运河世界文化遗产保护条例》《北京市长城保护管理办法》《河北省长城保护条例》等。整体来看，除了《贵州省长征国家文化公园条例》是针对国家文化公园建设制定的专项条例之外，其他省（区、市）尚未形成具有统领性的国家文化公园法，现有的相关法律也较少涉及文化保护或国家文化公园建设的相关内容，同时在相应的省级法规条例上也未能形成体系。缺乏法律法规对国家文化公园建设管理的规范指导，不仅影响了国家文化公园建设进度，也导致了央地制度堕距的生成。基于国家文化公园的特殊性和建设需要，建议从三个方面完善国家文化公园法律法规体系。一是加快制定《国家文化公园法》，明确和规范国家文化公园的定位与性质、分区机制、财政保障机制、

[①]《中央有关部门负责人就〈长城、大运河、长征国家文化公园建设方案〉答记者问》，2019年12月5日，www.gov.cn/zhengce/ 2019-12/05/content_5458886.htm。

监管机制、法律责任等事项，在国家层面形成统领国家文化公园建设的根本遵循和法律依据。二是按照"一园一法"的原则，完善与各个国家文化公园相对应的法律，包括修订完善《长城保护条例》，制定《大运河文化保护法》《长征文化保护法》《长江文化保护法》等，形成以《国家文化公园法》为引领、各个国家文化公园专项法为支撑的法律体系。三是完善地方国家文化公园法规体系，地方按照所在地区文化资源情况及国家文化公园建设需要，参照贵州省做法制定各个地区的国家文化公园建设专项条例，或对应中央层面的《国家文化公园法》制定综合性条例，特别是对于区域内有多个国家文化公园建设任务的省级行政区，其可采取此方法制定综合性的建设管理规范。

（二）完善央地共管机制，促进国家文化公园央地关系的实践的平衡性

管理体制是影响国家文化公园管理方式选择、资源配置以及管理效能实现的重要因素。当前，各个国家文化公园实行的是"专门机构下的分头管理机制"，重大事项决策和管理主要依靠国家文化公园领导小组实现。这一机制的优点在于能够充分发挥各部门的比较优势和部门职能，在短时间内依靠"领导权威"快速集中人力、物力和财力来推进国家文化公园建设，并就国家文化公园建设给予专项指导。但领导小组作为一种"非正式议事协调机构"[1]，其作用过程会产生非预期性和不确定的政策效果，特别是当国家文化公园由建设阶段过渡到运营管理阶段之后，领导小组的工作机制不能适应国家文化公园日常管理需要的规范性和常态化要求，从而就

---

[1] 罗湖平、郑鹏：《从分割到协同：领导小组重塑条块关系的实践机制》，《中国行政管理》2021年第12期。

会导致央地间距范围的扩大。因此，构建规范化、制度化的国家文化公园央地共管机制是非常必要的。按照中央关于国家文化公园建设的构想，笔者认为可以从两个方面探索国家文化公园管理体制机制。一方面，在国家层面设置国家文化公园管理局，并在相关省级行政区设置地方管理机构，形成由中央到地方的垂直管理模式，构建"国家文化公园管理局—地方国家文化公园管理局（处）"的工作格局。国家文化公园管理局主要负责各个国家文化公园建设管理中的重大决策与立法、执法与监督、标准制定等，地方国家文化公园管理局（处）负责协助地方具体工作的开展，包括文化保护、公共服务、文化教育及休闲娱乐、旅游观光等文化业态发展。为了保证国家文化公园管理机构的相对独立性和"一定"的权威性，应在《国家文化公园法》中对国家文化公园管理机构的地位、性质、权力、职责等进行明确规定。另一方面，要构建分级分类管理体系。[1] 按照"具有国家象征意义、能够展示国家形象和打造中华文化标识"的标准，在涉及国家文化公园建设的每个省级行政区遴选出三至五个主题突出、意义重大的国家文化公园项目，由国家文化公园管理局直接管理，具体工作由地方国家文化公园管理局执行，其他文化单位或项目则由地方主管部门负责管理和运营，此举可以强化国家文化公园建设和管理过程中国家意志的"在场"，体现国家文化公园的国家性。以国家文化公园管理局体系建设为抓手，构建分级分类管理体系，有利于解答《方案》提出的"中央统筹与分级管理"的难题。

---

[1] 参见邹统钎主编《国家文化公园管理总论》，中国旅游出版社2021年版，第14—15页。

（三）完善政策体系，提升国家文化公园制度系统性

完善国家政策体系，是促进资源配置优化、提升资源利用效率的有效方式。对于国家文化公园这样的国家超级工程而言，加快财政、土地等政策体系的构建与完善，有利于促进各类资源要素在央地系统内的高效流通，从而推动国家文化公园高质量建设。一方面，国家文化公园主要建设责任由地方承担，而我国"重大文化建设的财政事权却在中央"[1]，这就导致国家文化公园建设所需的财政事权与支出责任在行动主体上的层级错位。因此，完善国家文化公园政策体系的首要任务就是基于实际需要和国情特色，形成科学合理的财政支持政策，从而明确中央与地方在财政支持方面的投资范围与财政责任。结合前文的两级分类管理体系构想，以"受益范围"[2]为基本原则进行划分具有一定的可能性。具体来看，可从内涵代表性、内容完整性、文化典型性、地位重要性等维度，结合国家文化公园项目的保护传承价值、开发价值、教育价值、休闲价值、研究价值等特征，评估国家文化公园项目受益范围，并以此为依据将其分为中央直管、央地共管和地方直管三类，并明确各类项目的财政投资责任。其中，对于由中央和地方共同承担支出责任的项目，在具体责任分配上可根据项目建设需求、工作任务量、项目建设价值等维度，结合所在省（区、市）财政能力确定央地投资比例。另一方面，国家文化公园的四大功能区设计要求对土地实行差异化管制利用，但现有政策并不能完全满足这一要求。因此，必须结合国家文化公园建设实际，针对国家文化公园建设中的土地征收、土地租赁、保护地役权等土地利用方式，形成

---

[1] 傅才武：《国家文化公园建设中的地方激励问题》，《探索与争鸣》2022年第6期。
[2] 王浦劬：《中央与地方事权划分的国别经验及其启示——基于六个国家经验的分析》，《政治学研究》2016年第5期。

制度化的政策体系。具体来看，要通过政策制定明确国家文化公园建设中土地的征收范围、价格标准、实施主体、责任管理等，探索土地租赁中土地经营权、所有权和承包权的流转机制，并结合国家文化公园建设实际确定符合保护地役权适用范围的保护项目。

（四）落实和完善监管与激励机制，规避国家文化公园制度模糊性

无论是从制度权威建构还是制度堕距弥合的逻辑来看，完善监管与激励机制都是推动国家文化公园央地协同共治的必然之举。一方面，落实对地方国家文化公园建设工作的监管和激励，其本身就是制度设计中"中央统筹"的基本内涵，是中央发挥统筹管理功能的基本手段；另一方面，推动国家文化公园监管和激励机制完善，有利于从强制权力使用和制度内部认同的角度强化国家文化公园制度在地方的权威性，提高地方政府推进国家文化公园建设的自觉性和主动性，缩小央地间制度堕距。一是要落实国家文化公园监督机制。充分发挥国家文化公园主管部委、国家文化公园领导小组、国家文化公园专家咨询委员会等主体在地方国家文化公园重大项目决策与审批、进展把控、建设质量等方面的监督管理作用，确保国家文化公园高质量建设。在具体工作中，可采取定期随机调研检查的方式，对重点项目的建设进度、存在困难、资金利用、建设工期、协同机制等进行监督与反馈；也可将国家文化公园监督纳入政协、国家纪委监委、人大等权威机构的政治监督范围，实施全过程跟进监督，保障国家文化公园制度的权威性。二是探索完善相容的激励机制，发挥中央与地方两个积极性。对于中央而言，地方能够按照制度设计和政策要求推进国家文化公园建设，实现国家文化公园制度的目标就是对中央的有效激励。因此，制度激励的重点在于激发地方积极性。除了财政

转移支付、中央预算内投资等直接资源激励以外，中央可加大对地方国家文化公园建设中形成的创新工作机制、先进管理经验和突出工作成果的关注度，将国家文化公园建设成果与地方政府考核、干部奖励、干部晋升等结合起来，激发干部工作积极性。

［原载《福建论坛（人文社会科学版）》2023年第6期］

中国国家公园与国家文化公园管理体制机制比较及其启示*

邹统钎　韩　全　常东芳

国家公园和国家文化公园建设是以习近平同志为核心的党中央做出的重大决策部署，是探索人与自然和谐共生，促进新时代文化繁荣发展，推进文化强国建设、美丽中国建设的国家性重大工程。尽管两个公园的发展历程和保护主体不尽相同，但其建设过程本质上是保护自然生态系统和文化遗产的原真性、完整性，增强中华民族归属感和认同感，构建中国国家标识的过程。两者在管理体制和利用机制探索过程中存在许多相似的问题和可供相互借鉴的经验，并可为应对全球生物多样性挑战做出新贡献，也可为世界文化遗产保护提供中国方案。

---

* 本文系国家社会科学基金艺术学重大项目（项目编号：20ZD02）、国家自然科学基金项目（项目编号：71673015）成果。

一、国家公园与国家文化公园的发展历程

(一)从自然保护区到国家公园

中华人民共和国成立初期,中国面临资源约束趋紧、环境污染加重和生态系统退化的趋势。1956年,中国第一个国家级自然保护区——鼎湖山保护区应运而生。随后,中国自然保护区逐步发展,生态系统退化和生物多样性急剧下降的趋势得到减缓,尊重自然、顺应自然、保护自然的生态文明理念开始形成。但是,这一阶段的自然保护区以"抢救式保护"为主,注重保护地数量和面积的扩张,自然生态保护策略较为单一。[①](图1)

1956年 自然保护区	1982年 森林公园	2001年 水利风景区	2008年 国家公园体制试点探索	2018年 组建国家林业和草原局,挂牌国家公园管理局
全国人大代表在全国人民代表大会上提议并讨论了"建立自然保护区"议题,第一个自然保护区——鼎湖山自然保护区建立	1982年张家界国家级森林公园建立。2006年2月28日,国家林业局决定启用"中国国家森林公园专用标志"	中国水利部水利风景区评审委员会批准北京十三陵水库等18个单位(景区)为首批"国家水利风景区"	原环境保护部和国家旅游局批准建设中国第一个国家公园试点单位——黑龙江汤旺河国家公园	《深化党和国家机构改革方案》提出,"组建国家林业和草原局,加挂国家公园管理局牌子",并赋予对国家公园等各类自然生态保护地的管理权和监督权

1982年 风景名胜区	2000年 地质公园	2005年 湿地公园&矿山公园	2013年 建立国家公园体制	2019年 建立以国家公园为主体的自然保护地体系
国务院首次公布包括五岳等在内的44处第一批国家级风景名胜区。1987年,《风景名胜区管理暂行条例实施办法》发布	国土资源部于2000年8月成立了国家地质遗迹保护(地质公园)领导小组,及国家地质遗迹(地质公园)评审委员会	2月2日,国家林业局确定杭州西溪湿地为全国第一个国家湿地公园试点单位。8月,国土资源部批准唐山开滦等28个申报单位建设国家矿山公园	《中共中央关于全面深化改革若干重大问题的决定》明确将建立国家公园体制作为重点改革任务,促进生态文明建设	中共中央办公厅、国务院办公厅印发《关于建立以国家公园为主体的自然保护地体系的指导意见》,进一步明确以国家公园为主体、自然保护区为基础、各类自然公园为补充的自然保护地分类系统

图1 国家公园相关政策演变历程

---

① 参见黄宝荣、马永欢、黄凯等《推动以国家公园为主体的自然保护地体系改革的思考》,《中国科学院院刊》2018年第12期。

为适应不同生态环境的保护需要，中国按照保护对象分类，开始探索多样化的保护模式。1979年，国务院提出建立风景名胜区制度，保护具有观赏、文化或者科学价值的自然景观和人文景观，由城乡建设环境保护部进行管理。1982年，为保护森林生态系统的完整性与丰富度，原国家林业局批准设立中国第一处森林公园——湖南张家界国家森林公园，促进了中国生态旅游的健康长远发展。2000年8月，在联合国教科文组织建立"世界地质公园网络体系"（UNESCO Geoparks）的倡议下，原国土资源部组建国家地质遗迹保护（地质公园）领导小组，确立了国家地质公园的申报和评审机制。随后，国家水利风景区、国家湿地公园、国家矿山公园试点建设也相继启动。这些举措有效地拓展了保护地空间治理范围，但在保护地的建设和管理过程中人为地割裂了生态系统的完整性，保护区域交叉重叠、多头管理等问题突出[1]，严重制约了中国自然保护地事业的健康发展。

　　为保护自然生态系统的原真性与完整性，中国积极探索国家公园管理体制，以"生态保护第一、国家代表性、全民公益性"为核心理念[2]，推动建立以国家公园为主体、自然保护区为基础、各类自然公园为补充的自然保护地体系。2008年10月8日，原国家旅游局与环境保护部批准设立中国第一个国家公园试点单位——黑龙江汤旺河国家公园。[3]2013年11月，党的十八届三中全会审议通过《中共中央关于全面深化改革若干重大问题的决定》，明确提出"建立国家公园体制"整合自然保护地，推动生态文明建设。随后，在国家公园试点建设实践的基础上，相继出台《建立国家公园体制试点

---

[1] 参见唐小平《中国国家公园体制及发展思路探析》，《生物多样性》2014年第4期。
[2] 参见《我国正式设立首批国家公园》，http://www.gov.cn/fuwu/2021-10/12/content_5642183.htm，2021-10-12。
[3] 参见耿松涛、唐洁、杜彦君《中国国家公园发展的内在逻辑与路径选择》，《学习与探索》2021年第5期。

方案》(2015年)、《生态文明体制改革总体方案》(2015年)、《建立国家公园体制总体方案》(2017年,以下简称《总体方案》)等重要文件,明确中国国家公园体制的内涵、建设要求和目标。在党的十九大明确提出"建立以国家公园为主体的自然保护地体系"后,为实现对自然保护地的统一管理与监督,中国于2018年3月组建了国家林业和草原局,并加挂国家公园管理局的牌子。近年来,中国不断加大生物多样性保护力度,并对重要生态区域进行大尺度整体性保护,促进保护地与周边区域协调发展,探索人与自然和谐共生之路。①

(二)从文物保护单位到国家文化公园

中华人民共和国成立初期,面对文物流失和破坏严重的局面,中央人民政府迅速设立自中央到地方的文物行政机构②,在全国范围内开展针对文物资源的调查、建档与修复工作,建立起"文物保护单位"制度。(表1)③ 这一举措有效地改变了文物系统的混乱局面,但是文物保护单位制度的重点在于文物修缮与保护,忽视了文物周边历史环境的和区域的整体性保护,致使众多文化遗产单位丧失了原有的"栖息地",无法应对工业化、城市化进程中"保护性破坏"和历史风貌"格式化"的危机。因此,为平衡城市经济建设与历史风貌的完整性,1982年国务院公布了第一批国家级历史文化名城,《历史文化名城保护规划规范》《历史文化名城名镇名村保护条例》等文件也相继发布,标志着在国家层面上逐步建立起了包括文物保护单位、历史文化

---

① 参见国务院新闻办公室《中国的生物多样性保护》,新华社,http://www.gov.cn/zhengce/2021-10/08/content_5641289.htm。
② 参见姚远《新中国文物保护的历史考察(1949—1965)》,《江苏社会科学》2014年第5期。
③ 参见王运良《中国"文物保护单位"制度研究》,博士学位论文,复旦大学,2009年。

表1　国家文化公园相关政策发展历程

文件名称	发布日期	发布部门	地位
《文物保护管理暂行条例》	1961年11月	国务院	初步建立了中国特有的重点文物保护单位的保护管理制度
《中华人民共和国文物保护法》	1982年11月	全国人民代表大会常务委员会	标志着中国现代文物保护制度的正式建立
《风景名胜区管理暂行条例》	1985年6月	国务院	第一份关于国家风景名胜资源管理的法规性文件
《历史文化名城保护规划规范》（GB50357-2005）	2005年9月	建设部	标志着中国历史文化遗产的保护有了切实可行的标准
《历史文化名城名镇名村保护条例》	2008年4月	国务院	这一行政法规的诞生体现了国家对历史文化村镇保护工作的日渐重视
《国家考古遗址公园管理办法（试行）》《国家考古遗址公园评定细则（试行）》	2009年12月	国家文物局	标志着国家考古遗址公园建设实践的序幕正式拉开
《中华人民共和国非物质文化遗产法》	2011年2月	全国人大常委会	中国首部文化领域的法律，标志着中国非遗保护实现了国家层面的法制化
《国家级文化生态保护区管理办法》（文化和旅游部令第1号）	2018年12月	文化和旅游部	有利于加强非物质文化遗产区域性整体保护，维护和培育文化生态
《长城、大运河、长征国家文化公园建设方案》	2019年12月	中共中央办公厅、国务院办公厅	进一步明确国家文化公园的核心原则、主体功能区、主要任务等
《中共中央关于制定国民经济和社会发展第十四个五年规划和二〇三五年远景目标的建议》	2020年	中国共产党"十九届五中全会"	将黄河国家文化公园建设列入其中，形成了"四大"国家文化公园布局

保护区（历史街区）、历史文化名城（镇）多个层次的中国历史文化名城保护体系。但是，这一阶段的历史名城保护仍遵循不可移动文物的保护方法和手段，保护范围有限。

随着中国参与世界遗产保护方面的国际交流与合作不断增加，保护对象开始从文物保护向文化遗产保护过渡，保护理念也开始从真实性保护向完整性保护拓展。2005年12月，国务院发布《关于加强文化遗产保护的通知》，首次将物质文化遗产和非物质文化遗产放在同等重要的地位，标志着中国文化遗产的内涵与保护范围不断扩大。从2007年起，以推动非物质文化遗产整体性保护和传承为核心，10个国家文化生态保护实验区陆续建立，开始注重在自然环境和文化生态中完整地保护传统文化和非物质文化遗产。此外，中国文化遗产保护技术也逐渐从单一普适趋向于多元具体，国家考古遗址公园等针对单项文化遗产的专项法规陆续出台，推动遗产保护措施从抢救性保护到大规模预防性保护转变。但是当前文化遗产管理体系以资源分类为主，一个遗产地通常涉及多个管理部门，而文化遗产管理机构的行政级别相对较低，对其他管理部门无行政约束力，难以形成合力来保护国家文化遗产功能价值与精神意义的完整性，从而影响中华文化的传播度和影响力。

"十三五"时期以来，中国文化遗产保护的外延从历史古迹延伸到文化意义。《中华人民共和国国民经济和社会发展第十三个五年规划纲要》（2016年）、《国家"十三五"时期文化发展改革规划纲要》（2017年）强调将国家文化遗产打造为新时代中华文化建设的主要阵地和对外文化交流的重要平台，唤醒人们的国家记忆与价值认同。2019年12月5日，中共中央办公厅、国务院办公厅印发《长城、大运河、长征国家文化公园建设方案》（以下简称《建设方案》），提出建设长城、大运河、长征国家文化公园，坚持"文化保护第一、国家代表性、全民公益性"理念，将国家文化公园打造为传承中华文明的历史文化标识、凝聚中国力量的共同精神家园、提升人民生活品质的文化体验空间。随后，黄河国家文化公园（2020年）和长江国家文化公园（2022年）建设也相继展开。国家文化公园建设是为了打造中华文化标志，坚定国家自信，突破文物保护单位忽视非物质文化遗产的局限，对文化遗产实行整体性保护与相容性利用。

二、国家公园与国家文化公园的管理体制比较

（一）管理机制："统一事权、分级管理"与"中央统筹、省负总责"

国家公园与国家文化公园的管理机制的核心是解决中国自然遗产与文化遗产多头管理、条块分割的弊端，实现统一管理。《中国的生物多样性保护》白皮书与《总体方案》指出国家公园在设立之后应整合组建统一的管理机构，履行公园范围内的各种职责，同时各国家公园试点的管理体制可以具有一定的自主性。目前，国家公园的管理体制主要可以分为以下三种类型[1]：一是以东北虎豹国家公园为例的中央垂直管理体制，基本建立了三个层级在内的垂直管理体系[2]；二是以三江源国家公园为代表的中央地方共同管理体制[3]，建立包含国家公园管理局、园区管委会及各级管护队在内的管理体

---

[1] 参见秦天宝、刘彤彤《央地关系视角下我国国家公园管理体制之建构》，《东岳论丛》2020年第10期；李款、李发祥《我国国家公园自然资源管理探讨》，《生物多样性》2022年第1期。

[2] 参见曹正汉、钟佩、聂晶《郡县制国家现代化：中央政府如何扩大公共事务治理职能》，《学术月刊》2021年第9期。

[3] 参见丁姿、王喆《生态安全观视域下国家公园管理体制改革问题研究：以三江源国家公园为例》，《青海社会科学》2021年第2期。

系[①]；三是以钱江源国家公园为例的地方主导型管理体制，在公园管委会内设综合办公室，下设公园生态资源管理局[②]。这三种管理体制有效地回答了国家公园"怎么管"的问题，但实际操作中仍面临如中央与地方权责未厘清等问题。[③]

国家文化公园采取中央直接指派的方式，在中央的统一指导下，地方承担建设主体责任。《建设方案》明确构建"中央统筹、省负总责、分级管理、分段负责"的工作格局，由此基本确立国家文化公园是由中央统筹与地方分权相结合的管理模式。[④] 国家文化公园在管理组织上主要采取领导小组、办公室或专班的方式，大多由发展和改革委员会、宣传部或文化和旅游部牵头。江苏省自2018年依据《国家"十三五"时期文化发展改革规划纲要》的指示成立大运河文化带建设工作领导小组，统领实施大运河国家文化公园（江苏段）以及大运河文化带（江苏段）建设。诸如淮安市、沧州市等提出"组—办/局—院—企"模式来管理建设国家文化公园。尽管国家文化公园"中央统筹、省负总责"的工作格局有利于各地因地制宜地建设国家文化公园，但中央层面缺乏像国家公园管理局这样的机构、地方缺乏固定编制是其管理建设遭遇的挑战。

[①] 参见赵新全《三江源国家公园创建"五个一"管理模式》，《生物多样性》2021年第3期；吴静《国家公园体制改革的国际镜鉴与现实操作》，《改革》2017年第11期。
[②] 参见方言、吴静《中国国家公园的土地权属与人地关系研究》，《旅游科学》2017年第3期。
[③] 参见李晟、冯杰、李彬彬等《大熊猫国家公园体制试点的经验与挑战》，《生物多样性》2021年第3期。
[④] 参见邹统钎、韩全、李颖《国家文化公园：理论溯源、现实问题与制度探索》，《东南文化》2022年第1期。

（二）资金保障机制："中央主导、地方协同"与"中央引导、地方为主"

"只给帽子不给票子"是中国自然保护地和文化遗产管理常用的办法，但易导致建设积极性不高、资金不足的弊端。缩小资金缺口，扩大资金来源是实现国家公园与国家文化公园持续长远发展的重要环节。目前，国家公园的建设资金来源有[1]：（1）国家发展和改革委员会在"文化旅游提升工程"专项下增设的国家公园试点资金；（2）财政部为进行国家公园试点的省份拨付一般性转移支付资金，并将其建设资金纳入林业草原生态保护恢复资金；（3）地方财政的专项资金与配套支持；（4）社会组织的捐赠。[2]《总体方案》要求国家公园依据全民所有自然资源所有权的不同，划分保障资金，并在"条件成熟时逐步过渡到国家公园内全民所有自然资源资产所有权由中央政府直接行使"。国家标志性和全民公益性的属性决定了国家公园用于建设保护的资金与为公众提供服务的资金最终必定由中央财政支持。[3] 三江源国家公园在园区总规划中明确指出要建立以财政投入为主、社会积极响应的资金筹集保障机制[4]，在其建设、管理、保护等过程中，将由省政府申请寻求中央财政支持。截至2021年3月，10个试点区的中央财政已累计投入达60亿元。[5] 反观国家文化公园，《建设方案》指出"中央财政通过现有渠道予

---

[1] 参见邱胜荣、赵晓迪、何友均等《我国国家公园管理资金保障机制问题探讨》，《世界林业研究》2020年第3期。

[2] 参见臧振华、张多、王楠等《中国首批国家公园体制试点的经验与成效、问题与建议》，《生态学报》2020年第24期。

[3] 参见汪劲《中国国家公园统一管理体制研究》，《暨南学报（哲学社会科学版）》2020年第10期。

[4] 参见王正早、贾悦雯、刘峥延等《国家公园资金模式的国际经验及对中国的启示》，《生态经济》2019年第9期。

[5] 参见欧阳志云、徐卫华、臧振华《完善国家公园管理体制的建议》，《生物多样性》2021年第3期。

以必要补助"，"在政策、资金等方面为地方创造条件"，中央政府主要在主题展示、交通、风景道等方面提供引导性资金①，而国家文化公园的保障资金最终由地方财政负责。

国家公园与国家文化公园作为集国家性、公共性、公益性于一体的重大工程②，若只由政府承担建设资金，将为政府财政带来巨大压力。因此两个公园亟待拓展多样的资金渠道，如探索建立国家公园与国家文化公园发展基金、发行债券，号召动员社会力量投资③，积极发挥中央预算内投资的带动作用④。

（三）法律机制："一园一法"与"顶层约束、地方协同"

系统的、整体的、专门的上位法有明确支撑和管理目标，充分发挥管理制度体系的功能和作用，而中国国家公园在建设中较多的是地方性立法。2017年8月1日，三江源国家公园颁布实施中国第一部有关国家公园的地方性法规《三江源国家公园条例（试行）》，这一举动引得众多国家公园试点纷纷制定国家公园地方性法规，例如湖北省出台《神农架国家公园保护条例》、福建省制定《福建省武夷山国家公园条例》等。但由于立法时间不同且受政策演进的影响，各个国家公园的地方性法规并没有统一的标准，主要体现在管控措施与功能分区上。三江源国家公园在发展中组建了资源环境综

---

① 参见刘凤、傅利平、孙兆辉《重心下移如何提升治理效能？基于城市基层治理结构调适的多案例研究》，《公共管理学报》2019年第4期。
② 参见钟晟《文化共同体、文化认同与国家文化公园建设》，《江汉论坛》2022年第3期。
③ 参见刘晓峰、邓宇琦、孙静《大运河国家文化公园省域管理体制探略》，《南京艺术学院学报（美术与设计）》2021年第3期。
④ 参见周凤文、吴越、何瀚章等《发挥中央投资关键带动作用 国家文化公园建设加快推进》，《中国旅游报》2022年5月12日。

合执法机构，但其他的国家公园仍需要行政主管部门开展执法工作，如南山国家公园管理局仍需林业管理局、农业局、环保局等行使行政执法权[①];《三江源国家公园条例（试行）》最初将自身划分为三类功能分区，实行不同的空间管制措施[②]，而《云南省国家公园管理条例》(2016 年) 将国家公园分为四类功能分区。总体而言，中国国家公园在试点期间分别立法，形成了"一园一法"的局面。[③]而国家文化公园建设中同样缺少中央层面立法，且地方立法存在约束力度不足、考虑层面受限的问题。现有的《长城保护条例》自2006 年起实行，确立国家文化公园以来，地方也积极出台相关的保护条例促进国家文化公园的建设[④]，但现存的保护条例大多仅是对本省的国家文化公园建设行为进行约束，对地区发展的差异性与国家文化公园建设中协同合作机制考虑不足，且缺少与除保护传承外的教育科研、旅游观光、公共服务等方面相关的地方性法规。[⑤]

在中国国家公园的建设中，出于政策指引与立法实践的需求，每个国家公园都要制定一个内容大同小异的地方性法规，但由于地方的立法权限不足，各国家公园并不能依据制定的法规厘清各管理机构间的权责。在具体实践中，公园管理局的职权仍受生态、林业、水利、国土资源等部门的限制，并不能实现国家公园体制改革所期望的划清权责、理顺体制的目标。[⑥]《国

[①] 参见夏云娇、黄珊《国家公园资源环境综合执法研究》，《安全与环境工程》2018 年第 4 期。

[②] 参见国务院新闻办公室《中国的生物多样性保护》，新华社，http://www.gov.cn/zhengce/2021-10/08/content_5641289.htm。

[③] 参见廖华、宁泽群《国家公园分区管控的实践总结与制度进阶》，《中国环境管理》2021 年第 4 期；王社坤、焦琰《国家公园全民公益性理念的立法实现》，《东南大学学报（哲学社会科学版）》2021 年第 4 期。

[④] 参见《甘肃省长城保护条例》《河北省长城保护条例》《宁夏回族自治区长城保护条例》。

[⑤] 参见陈诚《央地关系视角下区域环境协同立法的完善路径》，《理论月刊》2022 年第 2 期。

[⑥] 参见秦天宝、刘彤彤《国家公园立法中"一园一法"模式之迷思与化解》，《中国地质大学学报（社会科学版）》2019 年第 6 期。

家公园设立规范》指出国家公园将在国家层面出台的统一大法下建设，试点期间"一园一法"局面应为设立《中华人民共和国国家公园法》提供实践经验。[1] 国家文化公园在建设之初便明确完善制定中央层面的法律条例，规范地方在中央层面法律的约束下分别制定地方层面的法律法规。

（四）协调机制："管理、执法竞争合作"与"跨区域、跨部门协调"

国家公园与国家文化公园是宏大的系统工程，跨部门、跨地区之间的协调必不可少。由于涉及多部门的分工与协作，在两者的建设过程中往往存在部门间的竞争与合作关系。针对东北虎豹、大熊猫等珍稀动物，以及祁连山等国家公园体制试点区成立了国家公园管理局，从而实现跨省区统一管理，且同各个相关省成立协调工作领导小组，以便一起推进试点工作。海南省与青海省皆成立直属于省政府的国家公园管理局，统一行使园区内管理事权，并明确各主体的责任。国家公园的边界易于确定，但政府职能却难以划分[2]：以三江源国家公园为例，即便其在管理机构的设置方案中约束了各方职责，但县域层面地方政府与园区管委会分工不明、职责不清的情况依旧存在，造成实际管理和执法的困难。国家文化公园同样面临行政边界限制空间边界的划定、文化标志物各省各搞一套、责任主体不明确导致管理责任互相推诿等情况。如何实现城乡协调、区域联动、部门协作，如何寻求文化遗产保护与发展利用之间的平衡是建设中的实际问题。[3] 学者基于此提出应打造

---

[1] 参见张机、李鑫《国家公园的属性结构及其对中国本土实践的启示》，《生物多样性》2020年第6期。
[2] 参见王运良《中国"文物保护单位"制度研究》，博士学位论文，复旦大学，2009年。
[3] 参见程遂营、张野《国家文化公园高质量发展的关键》，《旅游学刊》2022年第2期。

跨地区参与、多部门协调的平台型政府①；将现代光影技术与生态环保技术作为突破口，注重区域联动、创新相关产品业态②；国家层面加强区域协作与省际协同，划定国家文化公园的主线与支线③，建设跨区域性基础设施等建议。

国家文化公园相较于国家公园，其地方主责的特性更为突出，更需要地方发挥主动性、积极性、创新性。即便国家公园与国家文化公园的侧重点不同，但国家文化公园仍可从国家公园的管理机构设置、资金获取渠道、立法实践与部门协同之中获取经验。《建设方案》中指出要"探索新时代文物和文化资源保护传承利用新路"，这需要充分关注国家公园与国家文化公园在可持续利用机制方面的不同，这实质上也是自然遗产保护利用方式与文化遗产保护方式的不同。

三、国家公园与国家文化公园的可持续利用机制比较

管理体制探索能够有效解决国家公园与国家文化公园"怎么管"的问题，但是这两个公园"怎么用"，用什么样的保护理念，什么样的利用机制，什么样的利益相关者参与、使用和监督机制，才能实现自然与文化遗产资源可持续发展，满足人民日益增长的美好生活需要同样需要探讨。

---

① 参见罗巍、杨玄酯、杨永芳等《黄河流域水—能源—粮食纽带关系协同演化及预测》，《资源科学》2022年第3期。
② 参见吴殿廷、刘锋、卢亚等《大运河国家文化公园旅游开发和文化传承研究》，《中国软科学》2021年第12期。
③ 参见牛彦合、焦胜、夏依宁等《基于红色旅游的国土空间规划层级传导与冲突协调研究》，《自然资源学报》2021年第11期。

（一）保护机制：基于自然的解决方案与基于文化的解决方案

中国国家公园与国家文化公园建立之初面临的最大困难便是整体性保护问题。自然保护地面积过小和孤岛化保护时常导致乱砍滥伐和盗猎现象出现，生物多样性保护出现阻碍。文化遗产地的保护也常出现重遗产本体轻周边环境、重物质文化遗产轻非物质文化遗产等选择性保护问题。

国家公园与国家文化公园的保护理念相似，即强调整体性保护（integrated protection）。大多数国家的国家公园都以世界自然保护联盟（IUCN）提出的"保护大尺度生态过程以及这一区域的物种和生态系统特征"为原则，强调要"完好无损地保护国家公园系统的自然和文化资源和价值，以供今世后代享受、教育和启发"。中国国家公园秉持人与自然和谐共生理念，把保护自然环境和自然生态系统的原真性和整体性作为主要目的，建设有益于人民，为人民所享有的公共公园，从而激发国民的国家认同感和民族自豪感。[①] 相似地，文化遗产也生长于特定的文化环境中，依存于遗产地居民特定的生活方式中，与当地人有着特殊的精神关系。文化遗产保护随着人类社会现代化进程兴起，1964 年《威尼斯宪章》(The Venice Charter for the Conservation and Restoration of Monuments and Sites) 开始关注历史遗迹及其周边环境空间的整体保护。1979 年，《巴拉宪章》(The Burra Charter) 以"构件"(fabric) 与"地方"(place) 为出发点，在有关文化遗产的物理空间层面上，强调创造遗产的地方人民的主体维度，凸显了"地方"整体性的文化意义。同时，《关于原真性的奈良文件》(Nara Document on Authenticity，1994 年)、《西安宣言》(2005 年) 等文件重新定义了"原真

[①] 参见杨锐《生态保护第一、国家代表性、全民公益性：中国国家公园体制建设的三大理念》，《生物多样性》2017 年第 10 期。

性"(authenticity)的核心概念,强调遗产与地方性社会生活的关联和对多样性文化的尊重。目前,以真实性、完整性与多样性为关键原则保护文化遗产已经成为全球遗产保护的基本共识,以及人们在后工业化时代重新寻找、重建社会发展与人类精神的历史脉络的重要一环。

国家公园与国家文化公园的保护方式存在差异。国家公园通常采用基于自然的保护方案,例如巴伐利亚森林国家公园始终秉持"让自然保持自然"(natur natur sein lassen)的理念,强调减少人类对自然景观的规划和干预,使大部分动植物资源按照其自有的规律天然地生长、繁衍。1832年,美国艺术家乔治·卡特林提议建立"国家的公园",让具有代表性的北美水牛、荒野和印第安文化等所有的一切都处于最原始和鲜活的状态之中,为国民、为全世界、为子孙后代保存和守护这种自然之美。同样,纵观中国自然保护地的发展历程,"保护"的内涵也经历了从普通意义的保护(protection),到注重尽量减少人类痕迹与作用的自然原真性保存(preservation)的转变,再到提倡积极保护与适度利用的自然保育(conservation)的过程。然而,国家文化公园通常采用基于文化的保护方案,注重依据当地的、内部的、历史的经验保护具有国家代表性的文化遗产及周边环境,发挥文物和文化资源综合效应。1987年,《华盛顿宪章》开始将社区居民参与作为遗产保护的重要方法。随后,在《实施〈世界遗产公约〉操作指南》中也不断强调社区是遗产保护的责任主体。目前,诞生于法国的"生态博物馆"(ecomusee)理念已被不少国家接受并付诸实践,该理念将整个社区作为博物馆空间,由公共权力机构和当地居民共同设想、共同修建、共同经营管理,推动社区动态地向前发展。英国也采用复杂但灵活的"分权制"解决土地私有性与公园公共性的冲突,促进社区参与。因此,面对中国国家文化公园自然与文化遗产交叠、土地产权复杂、原住民人口众多等难题时,更需要注重文化遗产的生产性保护，构建多方共建共享的产权机制、利益分配机制和监督机制，实现国家文化公园与遗产地居民的互惠共生。

（二）利用机制：特许经营与相容性利用

建设保护资金中央投入不足，利用机制不健全是许多著名遗产地（如黄山、泰山、张家界等）不愿意参与国家公园建设的重要原因。根据《总体方案》和各试点区国家公园条例，中国建立国家公园的首要目标是"保护自然生态系统的原真性、完整性"。因此，国家公园利用机制需要满足"生态保护第一""全民公益性优先"的原则，采用特许经营的运行模式，将山、水、林、田、湖、草作为一个生命共同体进行统一管理。但是，目前国家公园试点多是在既有的自然保护区、国家湿地公园、国家地质公园、国家森林公园、国家水利公园、风景名胜区等自然保护地基础上进行功能重组，统一地针对国家公园的特许经营法尚未制定。一般而言，特许经营权是为了提高园内资源的利用效率，由政府通过竞争流程对经营者进行选择，依法赋予其在园区内开展规定数量与范围的非资源消耗型活动的权利。[1] 因此，获得特许经营权的市场主体可以在保护国家公园生态环境的基础上，利用园内土地、水面等自然资源开展包括餐饮、住宿、生态旅游、低碳交通、商品销售等经营活动，并向政府交纳相应数量的特许经营费。

对于国家文化公园这种大量居民存在的文化遗产地，活化传承与合理利用是人类对遗产保护并持续利用的重要方式。[2]《总体方案》中也明确指出

---

[1] 参见牛彦合、焦胜、夏依宁等《基于红色旅游的国土空间规划层级传导与冲突协调研究》，《自然资源学报》2021年第11期。
[2] 参见杨锐《生态保护第一、国家代表性、全民公益性：中国国家公园体制建设的三大理念》，《生物多样性》2017年第10期。

国家文化公园可"适度发展文化旅游、特色生态产业",推进"文旅融合工程","对优质文化旅游资源推进一体化开发"。因此,国家文化公园应采用相容性利用机制,跳出静态的遗产保护管理模式,结合国家文化公园中优质文化旅游资源进行"游住结合、食住兴游"的一体化开发。一方面,国家文化公园的利用机制更需要关注具有同一历史基因、民族精神的文化遗产之间的相互关联,通过文化创意产业、休闲娱乐空间、博物展览等形式对其历史文脉进行整体性利用,例如意大利"遗产领养"、日本"地域制"法律、韩国"活保护"与金字塔式传承人制度。另一方面,关注文化遗产自身的特殊性,运用数字再现工程增强旅游者对文化遗产的感知,例如印尼"文化地图"与埃及数字化管理等,通过数字博物馆虚拟再现遗址和古村落,利用4D影像增强游客对民俗活动的体验,构成遗产的动态保护圈。

(三)功能分区:两分法与四分法

国家公园和国家文化公园涉及范围较大、管理目标较多,既要严格保护自然生态系统和国家文化遗产的原真性与完整性,又要兼顾资源的合理利用,因此需要通过分区管控实现差异化管理。[①] 但是,当前国家公园与国家文化公园的功能分区边界划分没有固定依据,分区管控的要求及目标仍不明晰,甚至存在为经济目的修改分区边界等问题。

对于以物种资源保护为主要目的的自然保护地,中国通常遵循联合国教科文组织倡导的生物圈保护区分区理念,将自然保护区划分为"核心区—缓冲区—实验区"进行管理。这种三圈分区模式以自然生态系统的严格保护

---

① 参见张机、李鑫《国家公园的属性结构及其对中国本土实践的启示》,《生物多样性》2020年第6期。

为主，对于合理利用目标关注较少。对国家公园而言，鉴于生态系统保护与科研、教育、游憩等综合功能兼具的公园化运营属性，各国家公园需根据资源类型和发展方向选择相应的分区模式，如《云南省国家公园管理条例》（2016年）按照（生态）功能和保护目标将国家公园划分为严格保护区、生态保育区、游憩展示区和传统利用区四个功能区，《三江源国家公园条例（试行）》（2017年）将国家公园划分为核心保育区、生态保育修复区、传统利用区三个功能区。2019年，《关于建立以国家公园为主体的自然保护地体系指导意见》明确提出国家公园采用二级分区管理模式，根据自然资源的保护与利用程度划分为"核心保护区和一般控制区"，即在核心保护区中原则上禁止人为活动，在一般控制区中仅允许开展生态修复、生态旅游等有限的人为活动，但禁止开发性、生产性建设活动。随后，《国家公园总体规划技术规范》（LY/T 3188—2020）以及各地的国家公园总体规划相继将分区模式从"四区""三区"调整为"管控—功能"两区模式。

与国家公园相比，国家文化公园具有体现中华民族伟大创造精神、伟大奋斗精神、伟大团结精神、伟大梦想精神的重要使命，然而在建设范围内存在大量的集体所有制土地和居民，"人地"约束使得管理和利用目标难以统筹实现。①2019年《建设方案》中明确提出结合国土空间规划，重点建设管控保护、主题展示、文旅融合、传统利用四类主体功能区，但是各类功能区的具体范围、监管方式及建设重点不明晰，管控界限模糊。在实施过程中，地方政府主要根据其文物和文化资源的整体布局、禀赋差异及周边人居环境、自然条件、配套设施等情况进行规划，例如《杭州市大运河文化保护传

---

① 参见程遂营、张野《国家文化公园高质量发展的关键》，《旅游学刊》2022年第2期。

承利用暨国家文化公园建设方案》的主题展示区中包括塘栖古镇、拱宸桥、桥西历史文化街区等在内的核心展示园、集中展示带和特色展示点，在文旅融合区中包含了运河夜游、江河汇—南宋皇城小镇等经典文旅线路。

四、发展建议

（1）构建以国家公园为主体的自然保护地体系和以国家文化公园为主体的文化遗产保护体系。国家文化公园建设为重构国家文化遗产管理体系提供契机，参照以国家公园为核心的自然保护地体系，对中国现有的世界遗产地、考古遗址公园、文物保护单位、文化生态保护区等文化遗产进行梳理。探索以文物保护单位和非物质文化遗产代表名录为基础，以国家文化公园为统领，以历史文化名城、名镇、名村为补充的文化遗产保护地体系。最终建立以国家公园为主体的自然保护地体系与以国家文化公园为引领的文化遗产保护体系，提高生物多样性保护成效，形成具有特定开放空间的公共文化载体，集中打造中华文化重要标志。

（2）推动国家公园与国家文化公园管理体制改革。首先，设立统一的国家公园管理局的国家公园管理体制为国家文化公园管理提供了有益的借鉴。根据文化遗产完整性保护原则，国家文物局宜同国家文化和旅游部非物质文化遗产管理司整合，组建国家文化遗产局，加挂国家文化公园管理局牌子，有效实现国家文化遗产整体性保护。其次，在面临钱权改革难点时，国家公园与国家文化公园应厘清各级政府间的权责关系，提高中央与地方建设积极性，敦促上位法出台落实财权与事权。同时，完善投融资机制和公益组织捐献机制丰富资金来源。最后，国家公园和国家文化公园分别出台以生态资产与生态服务价值为核心的和以文化资产与文化传播价值为核心的考核评估指标体系与方法，将更多利于协同推进绿色发展和增强中华民族凝聚力的对象纳入建设范围。

（3）国家公园与国家文化公园的可持续发展需以整体性保护和相容性利用为指导。国家公园的建立目的是保护自然环境和自然生态系统的原真性、完整性，因此应减少人类对自然环境的规划和干预，"让自然保持自然"，从生态特征、生态系统与自组织能力等角度构建以国家公园为核心的生态系统完整性网络[1]，确保生物物种完整性、物种所处栖息环境完整性、栖息过程的完整性。国家文化公园建设中则需注重功能价值完整性、视觉景观完整性、组织结构完整性与精神意义完整性，采用基于文化的保护方案，依据当地的、内部的、历史的经验保护和利用具有国家代表性的文化遗产[2]，充分彰显中华优秀传统文化持久影响力、社会主义先进文化强大生命力。

（原载《自然资源学报》2023 年第 9 期）

---

[1] 参见魏钰、雷光春《从生物群落到生态系统综合保护：国家公园生态系统完整性保护的理论演变》，《自然资源学报》2019 年第 9 期。
[2] 参见邹统钎《国家文化公园的整体性保护与融合性发展》，《探索与争鸣》2022 年第 6 期。

长江国家文化公园场景感知研究[*]

陈 波 庞亚婷

国家文化公园建设是实现我国文化强国目标的重要路径。2021年年底，长江国家文化公园启动建设。其覆盖地域广泛，文化底蕴深厚，经济发展程度高，融合了自然的长江、人文的长江和经济的长江等文化符号。其场景形态、公众关注点及其感知皆值得从理论与实证层面进行探索研究。

一、引言：从空间到地方

（一）空间感知研究

地方感、地方依恋与地方认同是人文地理学的核心概念，其阐释了人对某特定地域的不同感受和感知程度。[①]20世纪中期，凯文·林奇（Kevin

---

[*] 本文系国家社会科学基金艺术学重大项目"文化和旅游融合视野下长江文化保护传承弘扬研究"（项目编号：21ZD04）、湖北省长江国家文化公园建设研究一般项目"长江国家文化公园的场景识别与跨政区协同机制研究"（项目编号：HCYK2022Y10）成果。

[①] 参见唐文跃《地方感研究进展及研究框架》，《旅游学刊》2007年第11期；朱竑、刘博《地方感、地方依恋与地方认同等概念的辨析及研究启示》，《华南师范大学学报（自然科学版）》2011年第1期。

Lynch）提出城市环境的"道路、边界、区域、节点、标志物"元素，研究人与环境的关系，将城市集体意象归结为公众的共同印象。[1]1974 年，段义孚从感知（perception）、态度（attitude）、价值观（value）和世界观（world view）四个层面阐述了人与地方之间情感纽带的生成；认为人与地方的不断互动，产生了对地方的情感依附，进而建构身份认同。[2]之后，爱德华·雷尔夫（Edward Relph）对地方感（sense of place）做出了界定，强调景观带给人的"高峰体验"（peak experience），这种经验将成为其日后记忆唤醒的触发点。[3]内涵维度层面，弗里茨·斯蒂尔（Fritz Steele）认为在人地互动实践中，人的自身活动创设了地方。[4]丹尼尔·威廉姆斯（Daniel Williams）等将地方感解构为地方依赖（place dependence）、地方认同（place identity）、地方依恋与娱乐行为（place attachment and recreation behavior）[5]，并进一步探究了其测度。[6]而地方依恋产生于地方认同之前，是人与使其感觉舒适、安全的特定装置之间的有效连接[7]，强调认知及价值观等情感来源。[8]作为综合性

---

[1] 参见［美］凯文·林奇《城市意象（最新校订版）》，方益萍、何晓军译，华夏出版社 2017 年版。
[2] 参见［美］段义孚：《恋地情结》，志丞、刘苏译，商务印书馆 2018 年版。
[3] 参见［加］爱德华·雷尔夫《地方与无地方》，刘苏、相欣奕译，商务印书馆 2021 年版。
[4] Fritz Steele, The Sense of Place, CBI Publishing, 1981, p.9.
[5] Daniel R. Williams, Michael E. Patterson, Joseph W. Roggenbuck & Alan E. Watson, "Beyond the Commodity Metaphor: Examining Emotional and Symbolic Attachment to Place", *Leisure Sciences*, 1992, No.14, pp.29-46.
[6] Daniel R. Williams, Jerry J. Vaske, "The Measurement of Place Attachment: Validity and Generalizability of a Psychometric Approach", *Forest Science*, 2003, Vol. 49, No. 6, pp.830-840.
[7] Hidalgo Carmen, Hernandez Bernardo, "Place Attachment: Conceptual and Empirical Questions", *Journal of Environmental Psychology*, 2001, Vol. 21, No. 3, pp.273-281; Bernardo Hernandez, M. Carmen Hidalgo, M. Esther Salazar-Laplace, et al., "Place Attachment and Place Identity in Natives and Non-Natives", *Journal of Environment Psychology*, 2007, Vol. 27, No. 4, pp. 310-319.
[8] 参见黄向、保继刚、Wall Geoffrey《场所依赖：一种游憩行为现象的研究框架》，《旅游学刊》2006 年第 9 期。

概念,学者对地方感内涵维度划分主要采用二分或三分法[①],但受研究内容、物理空间尺度和研究对象等影响,目前学界对各子维度的界分及其关系尚未有定论。

生成机制层面,段义孚认为流动中的停顿生成地方,成为感受价值的中心,人和物体的介入持续凝结空间价值,使得空间转化为地方。[②]哈罗德·M.普罗夏斯基(Harold M. Proshansky)从环境心理学的角度将性别、年龄、情感感知等引入地方认同研究,强调物理环境对地方认同形成的重要性[③],并从观点、偏好、行为倾向等方面对自我(self)界定的多重维度进行分析。[④]西方学者将地方感生成因素主要归为个人因素、物理环境因素和社会环境因素。[⑤]朱竑认为地方与认同互构循环,并持续再生产[⑥];外部因素与个人因素相互叠加,加深了对地方的深层情感。[⑦]综上,地方感核心要素包括:环境空间要素(如地域、景观等,侧重功能性表达)、行为主体要素(如群众、组织及其交往等,侧重人的流动和参与)和精神文化要素(如习俗、制度等,侧重主体情感注入所形成的认同)。

---

① William E. Hammitt, Erik A. Backlund & Robert D. Bixler, "Experience Use History, Place Bonding and Resource Substitution of Trout Anglers During Recreation Engagements", *Journal of Leisure Research*, 2004, Vol. 3; 参见黄向、杨文彩《基于验证性因素分析的旅游地方依恋结构解析——以广州白云山为例》,《人文地理》2014年第2期;Irwin Altman, Setha M. Low, *Place Attachment: A Conceptual Inquiry*, Plenum Press, 1992.
② 参见段义孚《空间与地方:经验的视角》,王志标译,中国人民大学出版社2017年版。
③ Harold M. Proshansky, Abbe K. Fabian, Robert Kaminoff, "Place-Identity: Physical World Socialization of the Self", *Journal of Environmental Psychology*, 1983, Vol. 3, No. 1, pp.57-83。
④ Harold M. Proshansky, "The City and Self Identity", *Environment and Behavior*, 1978, Vol. 10, No. 2, pp.147-169.
⑤ 参见盛婷婷、杨钊《国外地方感研究进展与启示》,《人文地理》2015年第4期。
⑥ 参见朱竑、钱俊希、陈晓亮《地方与地方认同:欧美人文主义地理学对地方的再认识》,《人文地理》2010年第6期。
⑦ 参见戴旭俊、刘爱利《地方认同的内涵维度及影响因素研究进展》,《地理科学进展》2019年第5期。

研究方法层面，目前多见定量或定性调查。地方感研究在国外已形成较为成熟的定量拟合模型及测量量表。[1] 定性研究方面，西方主要采用访谈、参与式观察、认知地图等展开研究。[2] 国内学者借鉴西方研究模型，不断创新研究方法（如比较分析、扎根理论、德尔菲法等），丰富了地方感研究层次。[3]

总体而言，国外研究开始较早，在概念建构、核心维度界定和研究框架搭建等方面做了大量探索，研究方向更为丰富。国内研究则更为集中，重视案例分析，多采用模型建构、统计分析等方式阐述地方依恋、地方感等相关概念，并对其影响因素、人地互动机制进行辨析。[4] 虽研究方法丰富，但研究范畴仍需扩大。

---

[1] Shamai Shmuel, Israel Qazrin, "Sense of Place: An Empirical Measurement", *Geoforum*, 1991, Vol.22, No. 3, pp.327-347; Christopher M. Raymond, Gregory Brown, Delene Weber, "The Measurement of Place Attachment: Personal, Community, and Environmental Connections", *Journal of Environmental Psychology*, 2010, Vol. 30, No. 4, pp.422-434.

[2] Ardoin Nicole, "Exploring Sense of Place and Environmental Behavior at an Ecoregional Scale in Three Sites", *Human Ecology*, 2014, No. 3, pp.425-441; Richard Stedman, Tom Beckley, Sara Wallace & Marke Ambard, "A Picture and 1000 Words: Using Resident-Employed Photography to Understand Attachment to High Amenity Places", *Journal of Leisure Research*, 2004, Vol. 36, No. 4, pp.580-606.

[3] 参见余文婷《"地方"理论在中国的演化与发展评述》，《地理与地理信息科学》2021年第2期；肖潇、张捷、卢俊宇等《基于ITCM的旅游者地方依恋价值评估——以九寨沟风景区为例》，《地理研究》2013年第3期；林锦屏、冯佳佳、张博文等《国内外情感地理研究热点、内涵及意义——基于文献计量与可视化》，《热带地理》2022年第6期；黄旭《地方感的研究路径探索：心象运动论的方法》，《人文地理》2021年第4期。

[4] 参见余文婷《"地方"理论在中国的演化与发展评述》，《地理与地理信息科学》2021年第2期；肖潇、张捷、卢俊宇等《基于ITCM的旅游者地方依恋价值评估——以九寨沟风景区为例》，《地理研究》2013年第3期；林锦屏、冯佳佳、张博文等《国内外情感地理研究热点、内涵及意义——基于文献计量与可视化》，《热带地理》2022年第6期；黄旭《地方感的研究路径探索：心象运动论的方法》，《人文地理》2021年第4期。

（二）场景及其感知

场景理论是在全球城市从生产型转向消费型的背景下提出的，特里·N. 克拉克（Terry N. Clark）团队聚焦文化参与、文化消费对城市经济社会发展的影响。[①] 吴军团队通过统计分析全球大城市发现文化舒适物（amenities）、多元主体（包括人群、组织等）及其交融互动聚合形成特定的场景（scenes）。[②] 这些不同的场景凝结了差异化的文化要素及价值取向，吸引不同人群进行丰富的社会活动，已发展成城市发展的新兴动力。由此，场景理论成为城市转型及发展的新理论视角和分析工具。

场景理论包含主客双重内涵。一方面，场景的客观内涵是可触及的物质化实体，包括公共文化设施（如博物馆、图书馆、剧院、公园广场等）、休闲消费设施（如咖啡馆、休闲街区、风景名胜等）和社会结构体（如组织、社区服务等）。另一方面，场景的主观内涵主要指人的主观认识体系，包括真实性、戏剧性和合法性三个一级维度，十五个次级维度。真实性用以说明"你到底是谁"，戏剧性即"你如何表现自我"，合法性则用来"判断孰是孰非"。[③] 该维度指标源于西方社会的调查研究，对中国社会的适应性还需进一步论证和调试。

场景理论在中国的应用主要集中于城市社区更新、乡村场景营造、虚拟文化场景三个方向。吴军团队关注场景作为城市发展新动力[④]，并基于舒

[①] 参见吴军、[美]特里·N. 克拉克《文化动力——一种城市发展新思维》，人民出版社2016年版；[美]特里·N. 克拉克《场景理论的概念与分析：多国研究对中国的启示》，李鹭译，《东岳论丛》2017年第1期。
[②] 参见吴军《场景理论：利用文化因素推动城市发展研究的新视角》，《湖南社会科学》2017年第2期。
[③] 参见[加]丹尼尔·亚伦西尔、[美]特里·尼科尔斯·克拉克《场景：空间品质如何塑造社会生活》，祁述裕、吴军等译，社会科学文献出版社2019年版，第46页。
[④] 参见吴军、叶裕民《消费场景：一种城市发展的新动能》，《城市发展研究》2020年第11期。

适物构建了国际城市综合比较研究范式。① 齐骥等以场景理论中的"蜂鸣理论"（the Buzz Theory）为切入点，认为"蜂鸣"作为一种象征性资源对城市发展、社区生活圈创生产生了助推作用。② 陈波团队进一步扩大了场景理论的研究范围。首先，基于城市创意社区，将场景理论应用于城市公共文化空间研究③，并创新完成我国主要城市场景模式划分④；其次，场景理论被应用于乡村公共文化空间、文化参与、文化及非遗旅游等领域⑤；最后，该团队在虚拟文化场景方面也进行了积极探索。⑥ 经多年积累，我国已形成场景理论多方向宏微观分析视角，并展开了丰富的本土化案例分析。⑦

---

① 参见吴军、王桐、郑昊《以舒适物为导向的城市发展理论模型——一种新的国际城市研究范式》，《国际城市规划》2022 年第 7 期。
② 参见齐骥、亓冉《蜂鸣理论视角下的城市文化创新》，《理论月刊》2020 年第 10 期；齐骥、亓冉、特里·N. 克拉克《场景的"蜂鸣生产力"》，《山东大学学报（哲学社会科学版）》2022 年第 4 期。
③ 参见陈波、吴云梦汝《场景理论视角下的城市创意社区发展研究》，《深圳大学学报（人文社会科学版）》2017 年第 6 期；陈波《基于场景理论的城市街区公共文化空间维度分析》，《江汉论坛》2019 年第 12 期。
④ 参见陈波、林馨雨《中国城市文化场景的模式与特征分析——基于 31 个城市文化舒适物的实证研究》，《中国软科学》2020 年第 11 期。
⑤ 参见陈波、丁程《中国农村居民文化参与分析与评价：基于场景理论的方法》，《江汉论坛》2018 年第 7 期；陈波、延书宁《场景理论下非遗旅游地文化价值提升研究——基于浙江省 27 个非遗旅游小镇数据分析》，《同济大学学报（社会科学版）》2022 年第 1 期；陈波、刘彤瑶《场景理论下乡村文旅融合的价值表达及其强化路径》，《南京社会科学》2022 年第 8 期。
⑥ 参见陈波、彭心睿《虚拟文化空间场景维度及评价研究——以"云游博物馆"为例》，《江汉论坛》2021 年第 4 期；陈波、巢雪薇《文化遗产虚拟场景维度设计与评价——以动态版〈清明上河图〉为例》，《中南民族大学学报（人文社会科学版）》2022 年第 7 期。
⑦ 参见尹西明、苏雅欣、陈劲、陈泰伦《场景驱动的创新：内涵特征、理论逻辑与实践进路》，《科技进步与对策》2022 年第 15 期；汪妍《基于场景理论的数字文化旅游融合发展研究》，《北京航空航天大学学报（社会科学版）》2022 年第 4 期；李和平、靳泓、Terry N. Clark、蒋文《场景理论及其在我国历史城镇保护与更新中的应用》，《城市规划学刊》2022 年第 3 期；曾进、鲁永刚、乐阳《基于 POI 数据的城市场景细粒度制图》，《计算机科学》2022 年第 4 期。

（三）国家文化公园及其感知

国家文化公园是我国首创的公共文化空间概念，也是文化强国战略的重要举措。国家文化公园旨在通过打造文化标识物，构建中华民族精神的重要载体，从而增强国家文化自信，强化文化认同。邹统钎等针对国家文化公园的概念及渊源进行理论攻关，提出整体性保护和融合性发展相结合的策略。[①] 在国家文化公园的运行与管理方面，祁述裕指出国家文化公园的"三个不确定"与"三个统筹"[②]；傅才武认为处理好中央"定盘子"与地方"摆盘子"的关系已成为国家文化公园建设的核心问题。[③]

个案研究方面，大运河国家公园研究重点关注滨水景观、跨省域协作及文化记忆等议题。[④] 长征国家文化公园研究以红色资源旅游与国家认同为研究热点。[⑤] 在长江国家文化公园研究方面，傅才武认为长江国家文化公园记录了中华民族历史，构筑了中国人的精神世界；作为"超级文化空间复合体"，长江国家文化公园对形成文化认同、传播中华民族国际形象意义重大[⑥]，同时也需厘清国家目标和区域特色的关系[⑦]。综上，学者主要关注国家

[①] 参见邹统钎、韩全、李颖《国家文化公园：理论溯源、现实问题与制度搜索》，《东南文化》2022年第1期；邹统钎《国家文化公园的整体性保护与融合性发展》，《探索与争鸣》2022年第6期；李飞、邹统钎《论国家文化公园：逻辑、源流、意蕴》，《旅游学刊》2021年第1期。

[②] 参见祁述裕《国家文化公园：效果如何符合初衷》，《探索与争鸣》2022年第6期。

[③] 参见傅才武《国家文化公园建设中的地方激励问题》，《探索与争鸣》2022年第6期。

[④] 参见王秀伟、白栋影《大运河国家文化公园建设的逻辑遵循与路径探索——文化记忆与空间生产的双重理论视角》，《浙江社会科学》2021年第10期；吴殿廷、刘锋、卢亚等《大运河国家文化公园旅游开发和文化传承研究》，《中国软科学》2021年第12期。

[⑤] 参见王庆生、明蕊《长征国家文化公园建设及其国家认同研究：基于文旅融合视角》，《中国软科学》2021年第S1期。

[⑥] 参见傅才武、程玉梅《论长江国家文化公园构建的历史逻辑》，《文化软实力研究》2022年第2期。

[⑦] 参见傅才武《长江国家文化公园建设中的国家目标、区域特色及规划建议》，《决策与信息》2022年第8期。

文化公园概念及内涵、建设困境及解决方案等，其场景划分及感知仍需探索创新。

二、场景介质下的空间感知

消费社会加速了空间的拆解和挤压，消费的象征性与文化性日益凸显。场景理论从消费角度对后工业时代社会经济发展进行解读，通过场景元素周期表，反映了行为主体对某地特有文化的感应，及其对人们择居、消费等行为的影响。① 区域场景已成为空间精神的孵化器，并将抽象文化符号和信息赋予空间内的人群，铸造成为特定区域形象。

（一）空间感知的主客观视角

列斐伏尔认为，社会生产已由空间中物的生产转向空间自身的生产，空间的实践（spatial practice）、空间的表征（representations of space）和表征的空间（spaces of representation），分别对应感知的（perceived）、构想的（conceived）和生活的（lived）三个层面，三者循环辅助，协同推动社会的持续发展。② 由此，对空间的感知既依托于物理实体，又依赖于感官和感觉的参与。

首先，空间感知具有客观性。空间内的文化设施（舒适物）是消费和参与的基础，具有凸显区域特色、提高区域生活品质和塑造区域认同的重要作

---

① 参见陈波、林馨雨《中国城市文化场景的模式与特征分析——基于 31 个城市文化舒适物的实证研究》，《中国软科学》2020 年第 11 期。
② 参见［法］亨利·列斐伏尔：《空间的生产》，刘怀玉等译，孟错校，商务印书馆 2021 年版。

用。物理空间以自然和物质环境为标志,是空间主体活动的主要承载物和作用客体,也是事件发生的特定场所。作为感知对象的舒适物一方面需要占据一定的空间实体,凝结多维符号信息,如可触可感的位置、色彩、形态、功能等;另一方面,舒适物也不能孤立存在,需要与周围的其他事物、环境、事件等产生关联,从而形成网络化的物理空间关系。

其次,空间感知具有主观性。感知是人们对外界刺激的反应,也是对特定现象在脑海中主动而明确的镌刻[1],人们对社会物质设施、文化深层结构等的感知存在较强的我向性,个体文化背景、对环境的态度和感官接受度的差别,导致人们对空间形成了不同的价值赋予,即差异化的空间感知。这种对空间内活动、道德和美学的个性化感悟,使得不论是较为固定的表征性文化景观,还是流动的非表征性文化现象,其感知均以人的自我间性为基准点。因此,人们对空间感知的建构(即特定地域地方感的形成),将与其实践经验、构想及生活的空间随机地产生勾连和组合。

最后,空间感知具有动态性。客观层面,空间感知的物理对象,如自然生态、建筑物、物理标识、道路等具体空间都存在恒定的历时性变化,必然会对生活于其中的个体产生动态化的影响;而现代科技的发展压缩了生活空间,信息密度的持续增加甚至带来了空间的消亡,加快了空间节奏感。[2] 主观层面,空间感知的动态性表现在:第一,人是空间的基本单元尺度,一个人在生命的不同阶段对空间的感知是不同的;第二,空间感和地方感是一组连续体结构,人的空间移动和迁徙带来了其空间感和地方感的转换,即文化

---

[1] 参见段义孚《恋地情结》,志丞、刘苏译,商务印书馆2018年版。
[2] 参见〔英〕大卫·哈维《地理学中的解释》,高泳源、刘立华、蔡运龙译,高泳源校,商务印书馆1996年版,第9页。

认同的生成；第三，人是动态关系中的人，其对空间的感知需要动态地与环境中的其他要素发生联系。

（二）作为媒介的场景

地方，一般包括场所、环境、区位三项基本要素，是意义与地点结合而成的意义单元（meaning unit）[1]其地方性的来源，"其一是当地不可移动的山水，其二是当地长期积累的实体要素组合，其三是发生在当地的历史事件"[2]。而场景理论自诞生以来就着重研究人群或组织在特定空间中集聚而成的社会景观。[3] 场景理论与空间感知理论均强调空间的物质性、文化性和各元素间的交互性。

段义孚在《空间与地方》中认为，空间（space）和地方（place）承载着共通经验，空间意味着自由，地方意味着安全。他将人类认知分为三类：感官经验是人类感知空间的初级阶段，确立了对事物气味、声音、形态的基础认知，完成个体对"自我"概念的建构；动觉经验是在个体移动的过程中形成的对时空边界的认知，是个体对"他者"与"自我"的区分；当直接经验进一步抽象成为对象征物的符号性认知时，则成为间接经验，形塑个体的价值观。

因此，以舒适物为媒介、文化参与为路径，形成了直接需求和实践体验螺旋交互的行为感知空间，这一复合认知过程使外在、开放和感觉的"空间"转化为内在、稳定和认同的"地方"。（图1）场景（文化舒适物）为参

---

[1] 参见唐晓峰《文化地理学释义——大学讲课录》，学苑出版社2012年版，第188—189页。
[2] 周尚意：《触景生情：文化地理学人笔记》，商务印书馆2019年版，第19页。
[3] 参见周详、成玉宁《基于场景理论的历史性城市景观消费空间感知研究》，《中国园林》2021年第3期。

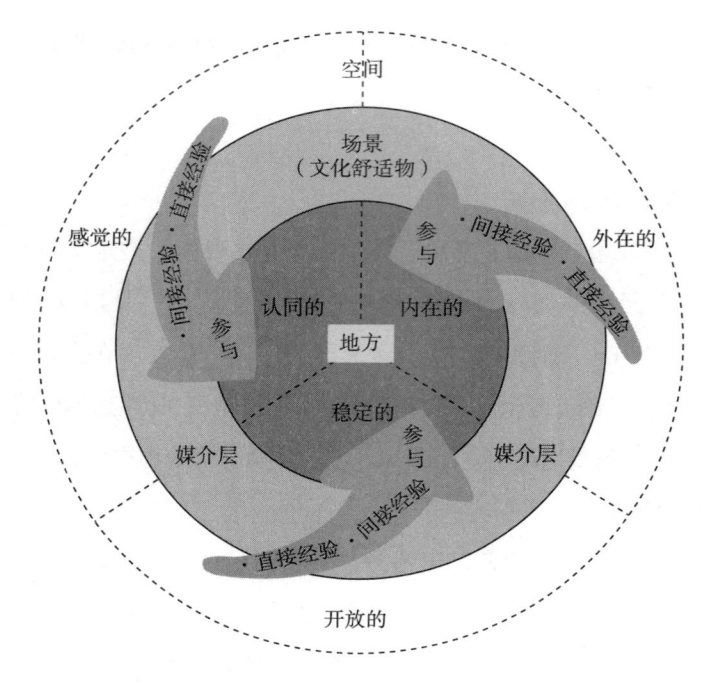

图 1　场景介质下的空间感知转化示意

与者提供了更为丰富和完整的文化消费体验，主体的直接与间接经验持续积累，强化了人们的地方感，有助形成区域文化认同。场景连接了感知的主客观环境，作为中间介质，实现了主体感知生成。

三、研究方法与数据来源

"江河互济"是中华文明的典型表征，长江串联了巴蜀文化、荆楚气韵和江南诗画，形成了与黄河流域交相辉映的文明系统。建设长江国家文化公园，系统梳理园区内各省市文化舒适物布局，洞悉公众文化感知，阐发长江文化元素内涵，有助于深入贯彻落实习近平总书记对国家文化公园建设的重要指示精神。长江国家文化公园综合了长江干流区域和长江经济带区域，包括 13 个省（直辖市、自治区），呈现出典型的"文化+经济"的结构特征。本文以长江国家文化公园整体空间为研究对象，从"自上而下"的场景判定和"自下而上"的感知分析两条路径对场景感知作实证研究。

（一）场景维度设定及一次数据采集

长江国家文化公园以空间内的山川河流为底色，生态特征明显；其覆盖区域经济发达，经济性突出；而其建设核心要义是增益文化认同，故具有文化性。以地方感形成要素和长江国家文化公园的结构特征为依据，设计生态性、文化性和经济性 3 个一级维度和 15 个次级维度。（表 1）

文化舒适物是场景识别的基础元素。以长江国家文化公园场景维度为依据，自然生态和文化性表征符号主要依托文化标识类和公共文化服务类舒适物外化呈现，经济性维度主要体现为休闲消费类文化舒适物。根据真实性和可操作性原则，确定三大类共计 65 种长江国家文化公园特色文化舒适物。其中，文化标识类舒适物包括自然风光、森林公园、自然保护区、江/湖滨沙滩、特色动植物、庙宇、历史建筑、遗迹、古村古镇、古道园林、纪念馆、陈列馆、名人故居、演出活动、赛事、文化公园、纪念公园、特色乡村、民俗文化村、文化村落、水利工程、地标建筑、仿古建筑、烈士陵园、革命旧址/根据地；公共文化服务类舒适物包括美术馆、博物馆、科技馆、天文馆、图书馆、非遗展示馆、老年活动中心、剧场/剧院、艺术中心/文化中心、音乐厅/礼堂、动物园、植物园、海洋馆、野生动物园、城市公园、广场；休闲消费类舒适物包括本地菜、茶馆、水上游乐、蹦极、蜡像馆、展览、新奇体验、电影院、演出场馆、轰趴馆、团建拓展、棋牌室、剧本杀、游乐场、温泉、滑雪场、采摘/农家乐、创意园区、步行街、现代小镇、夜市、旅行社、主题公园/影视基地、观光旅游。使用网络爬虫软件对各地各舒适物逐一抓取，结合百度 AK 进行二次确认，得到长江国家文化公园内 55 个城市（自治区/直辖市）的舒适物数量。（表 2—表 4）

表 1　长江国家文化公园场景维度

一级维度	一级维度定义	二级维度	二级维度定义
生态性	长江国家文化公园的生态环境保育程度	原生性	原有自然生态的保护程度
		保护度	自然及人居环境的涵育度
		奇特性	长江流域特色风貌
		系统性	生态系统整体的可持续程度
		完整性	物种及社会基础形态结构的完整度
文化性	长江国家文化公园标志性文化符号及兴味	标识度	文化符号对长江文化的标识程度
		原真度	文化符号受到外来因素影响的程度
		族群性	特色化的族群特征
		传承性	文化样态承续的连贯度
		正式性	空间内存在仪式化的引导和规范
经济性	长江国家文化公园的经济效益转化效能	便捷度	空间内人口、资源流动的便利程度
		关联度	跨行业资源的联合利用程度
		带动性	对周边经济发展、就业转化的贡献度
		创新性	资源的创新性开发和创造性转化
		开放度	资源的市场化及开放程度

表2　长江国家文化公园（上游段）文化舒适物统计

地域类别		文化标识类	公共文化服务类	休闲消费类	合计
西藏	昌都	127	12	218	357
青海	玉树	72	14	100	186
云南	水富	40	11	50	101
	迪庆	176	29	215	420
	丽江	161	65	12553	12779
	楚雄	221	55	667	943
	昆明	464	319	24782	25565
	昭通	150	29	1235	1414
	大理	296	93	19244	19633
贵州	贵阳	219	203	14830	15252
	遵义	345	125	5245	5715
	安顺	100	39	2609	2748
	毕节	102	38	2451	2591
重庆	重庆	1278	937	92914	95129
四川	泸州	115	62	3314	3491
	攀枝花	74	34	986	1094
	成都	785	1057	106224	108066
	宜宾	232	90	5537	5859
	甘孜	372	75	4489	4936
	凉山	185	81	4892	5158

表3　长江国家文化公园（中游段）文化舒适物统计

地域类别		文化标识类	公共文化服务类	休闲消费类	合计
湖南	长沙	525	425	54630	55580
	岳阳	202	95	3116	3413
	常德	218	101	3579	3898
	益阳	104	46	2078	2228
湖北	黄石	126	53	1778	1957
	鄂州	49	47	756	852
	武汉	503	640	51128	52271
	荆州	126	123	3002	3251
	宜昌	204	137	6064	6405
	黄冈	248	111	2186	2545
	咸宁	133	84	1594	1811
	恩施	85	48	4374	4507
江西	九江	322	154	4765	5241
	南昌	239	280	10529	11048

表4　长江国家文化公园（下游段）文化舒适物统计

地域类别		文化标识类	公共文化服务类	休闲消费类	合计
安徽	合肥	247	252	14527	15026
	马鞍山	73	60	1395	1528
	安庆	194	93	2433	2720
	铜陵	88	41	957	1086
	池州	197	39	2737	2973
	芜湖	93	103	3419	3615

续表

地域类别		文化标识类	公共文化服务类	休闲消费类	合计
浙江	杭州	1111	662	50899	52672
	嘉兴	286	195	9625	10106
	湖州	307	156	18282	18745
	宁波	956	427	14760	16143
	绍兴	555	206	5889	6650
	舟山	275	64	13797	14136
江苏	南京	745	679	24603	26027
	扬州	284	217	6308	6809
	镇江	178	154	3362	3694
	苏州	850	719	23302	24871
	无锡	527	601	11822	12950
	常州	295	289	6904	7488
	南通	264	230	5770	6264
	泰州	157	144	2509	2810
上海	上海	1625	1756	68976	72357

首先，采用德尔菲法对65种舒适物在15个维度进行两轮独立打分，计算平均分后得到各舒适物在场景二级维度的得分。A地某二级维度场景得分为：65种舒适物在该二级维度得分与A地该种舒适物数量的乘积之和，除以A地舒适物总数；计算得到55个地市在15个场景二级维度的得分矩阵，共975个数据点。其次，使用SIMCA 14.0通过Ward法对长江国家文化公园内的地市进行分层聚类，并据此进行有监督的偏最小二乘判别分析（PLS-DA）完成场景模式聚类。

（二）二次数据收集及语义分析

大众点评网是我国较大的本地生活消费平台，网站集合餐饮、休闲消费、公共生活服务等信息。作为独立的第三方点评网站，用户可对消费体验进行评价。此类文本具有多样性和延展性，而用户主动评论也提高了信息的真实度。①

以通过 PLS-DA 聚类形成的各场景模式的代表性城市为空间感知研究的对象，二次数据收集分别爬取大众点评网各代表性城市在文化标识类、公共文化服务类和休闲消费类评论总数排名前三的 POI 信息及评价内容，包括商家名称、位置信息、评论文本和点评时间。截止到 2022 年 7 月 17 日，共获得评价数 650102 条，通过数据清洗、人工剔除重复冗余、无实际文字内容、与点评对象关联度不高的评论，最终得到 443835 条有效评论，并对其中的表情、无效空格、网络用语进行矫正。

使用 ROST CM6 软件对上述评论文本按照城市、三大类舒适物进行分词。首先根据分词结果提取前 300 位高频词，按照地点、活动、情绪进行分类，比较各场景模式代表城市公众感知内容；其次使用社会网络语义分析（NetDraw），通过高频词之间共现网络关系分析公众空间感知侧重，并与场景识别结果进行对比；最后使用情感分析功能计算评论文本中积极、中性和消极情绪，得到公众对代表城市不同类型舒适物的情绪占比。

---

① 参见张希、蒋鑫、张诗阳等《大运河文化遗产利用的公众感知研究——基于网络数据的语义分析》，《中国园林》2022 年第 1 期。

四、长江国家文化公园场景判定及其感知

（一）长江国家文化公园场景特征

变异系数可反映数据内部的差异化程度。根据长江国家文化公园场景得分矩阵，对各场景维度得分进行计算（表5），长江国家文化公园经济性维度得分变异系数最小，均不大于0.072，且整体得分较高。其中"带动性"指标尤为突出，平均分为4.824，说明空间内各地市形成了较好的"资源—产业"联动模式，经济发展水平较高。文化性维度变异系数较大，说明长江国家文化公园虽为整体性空间概念，但充盈着多元文化样态，文化资源间的差异化程度较高。在"正式性"维度最高分为1.572，最低分为1.341，分值整体偏低，说明公园内仪式化的规范引导较为薄弱。

分层聚类的PLS-DA分析结果表明，长江国家文化公园内的55个地市（自治区、直辖市）分为六类：第一类，楚雄、昌都、迪庆、水富、玉树；第二类，丽江、大理、舟山、贵阳、恩施、昆明；第三类，武汉、成都、长沙、上海、重庆、杭州；第四类，安顺、岳阳、泸州、泰州、常德、黄石、安庆、鄂州、益阳、咸宁、黄冈、铜陵；第五类，宜昌、凉山、遵义、九江、荆州、甘孜、毕节、池州、宜宾、攀枝花、昭通；第六类，南京、苏州、常州、南昌、湖州、嘉兴、合肥、无锡、扬州、宁波、南通、芜湖、绍兴、马鞍山、镇江。由此可得，楚雄、丽江、武汉、安顺、宜昌、南京为长江国家文化公园场景代表城市。可明显看出，与黄河国家文化公园场景片状分布不同[①]，受经济性影响，长江国家文化公园城市组群呈碎片化分布，不

[①] 参见陈波、庞亚婷《黄河国家文化公园空间生产机理及其场景表达研究》，《武汉大学学报（哲学社会科学版）》2022年第5期。

表5　长江国家文化公园场景维度得分描述

文化场景维度		长江国家文化公园场景得分描述				
一级维度	二级维度	最大值	最小值	平均分	标准差	变异系数
生态性	原生性	3.407	2.138	2.550	0.300	0.117
	保护度	3.704	2.000	2.454	0.417	0.170
	奇特性	4.322	2.714	3.215	0.382	0.119
	系统性	3.643	2.119	2.641	0.375	0.142
	完整性	3.398	2.151	2.446	0.253	0.103
文化性	标识度	4.068	1.933	2.571	0.534	0.208
	原真度	2.805	1.295	1.622	0.361	0.223
	族群性	3.341	1.130	1.878	0.596	0.317
	传承性	3.640	1.154	1.863	0.641	0.344
	正式性	1.572	1.341	1.426	0.054	0.038
经济性	便捷度	4.869	4.072	4.427	0.201	0.045
	关联度	4.959	3.564	4.719	0.341	0.072
	带动性	4.979	4.070	4.824	0.218	0.045
	创新性	4.629	3.294	4.357	0.312	0.072
	开放度	4.790	3.920	4.782	0.255	0.053

同省份的城市分散于六类场景组团内部。进一步综合第一、第二主成分发现，第一类城市群形成第一场景模式（以楚雄为代表），位于PLS-DA聚类结果图的第一象限最右端；第四、第五类城市群与扬州、宁波、芜湖、绍兴、马鞍山、镇江形成第二场景模式（以安顺和宜昌为代表），位于聚类结果图原点中心区域；其余城市形成第三场景模式（以武汉、丽江和南京为代表），集中在聚类结果图的第三象限。

（二）长江国家文化公园场景感知

1. 场景感知重点内容分析

评论文本高频词反映公众对文化消费和文化参与的感知点，这可以从认知因素、情感因素和行为倾向因素三个方面进行分析。[①] 故本文从分词后的18个文本中分别提取地点类、活动类和情绪类三个层面的高频词，从表6可以看出，公众对六市三大类舒适物的感知重点均形成了较好的捕捉，其中情绪类高频词占比最高。

表6　长江国家文化公园代表舒适物评价高频词识别

高频词		楚雄	丽江	武汉	安顺	宜昌	南京
文化标识类	地点类	古镇、云南、广场、酒吧、酒店、小镇、公园、古城、步行街、哀牢山	古城、主道、蓉园城镇、酒吧、酒馆、主峰、茅屋	黄鹤楼、城郊、主楼、三国、烽火台、城墙	烽火台、城堡、城墙、卫所	孝感、三峡、库区、战场、城堡	茅山、城头、明孝陵、城池
	活动类	彝族特色、旅游、表扬、篝火、小吃、跳舞、火把节、晚会、夜景、散步、祭祀	旅游热、过节、表演、音乐、团会、艳遇、许愿	旅游节、越野赛、过江	流水席	旅游、表演、游江、酿酒	过节、过年

[①] 参见张希、蒋鑫、张诗阳等《大运河文化遗产利用的公众感知研究——基于网络数据的语义分析》，《中国园林》2022年第1期。

续表

高频词		楚雄	丽江	武汉	安顺	宜昌	南京
文化标识类	情绪类	热闹、文化气息、商业化、风情、热情、漂亮、开心、安静、干净、有意思、可惜、繁华、惬意、原始、清新、好客、放松	超爱听、精疲力竭、珍重、历经沧桑、义无反顾、主动、目不暇接、害羞	挑战性、历经沧桑、珍贵、筋疲力尽、害羞、人山人海、过瘾、害怕	珍贵、目不暇接、筋疲力尽、人山人海、痛痛快快、舒坦	精疲力竭、珍贵、过瘾、人山人海、目不暇接、圆满、舒爽、舒服、舒心、紧迫感	筋疲力尽、历经沧桑、义无反顾、目不暇接、人山人海、过瘾、害羞
公共文化服务类	地点类	楚雄、博物馆、公园、福塔、夜景、古镇、门楼、故乡	城楼、总督府、种植园、木府	孝感、博物馆、城堡	瀑布、黄果树、陡坡、平坝、公园、观景台、湖边、水库	博物馆、葛洲坝、三峡、公园、长江、展馆、停车场、古城	城门、博物馆
	活动类	参观、讲解、展览、散步、放烟花、敲钟、散心	遛弯儿、舞台剧、	旅游、开幕式、游览	拍照、观光、游玩、摆渡、游览、散步	体验、展览、游船、表演、散步、观赏	旅游
	情绪类	有趣、休闲、漂亮、开放、便利、美丽、热闹、气派、开心、吸引、回忆	筋疲力尽、珍奇、珍稀、最好、目不暇接、过瘾、世外桃源、络绎不绝、舒畅、臭味	精疲力竭、超爱听、财富、珍稀、历经沧桑、珍奇、义无反顾、超负荷、过瘾、痛痛快快	壮观、漂亮、好看、方便、特色、震撼、适合、堵车、休闲、浪漫、舒服、遗憾、气势磅礴、美好	免费、丰富、特色、自然、壮观、有意思、记忆、风情、遗憾、惊喜、开心、有意义、雄伟、用心、漂亮	心慌意乱、亲近感、超爱听、精疲力竭、珍贵、太累、押击

续表

高频词		楚雄	丽江	武汉	安顺	宜昌	南京
休闲消费类	地点类	酒吧、电影院	酒吧、民宿、院落	户部巷、昙华林	温泉、酒店、度假区	朝天吼、百里荒	陶家巷
	活动类	聚会、唱歌、聊天、喝酒、表演、旅游	表演、舞台剧	旅游、团聚、流水席、游船	游玩、野餐、露营、烧烤、度假、放风	漂流、夜游、露营、旅游、观光、游船、表演、骑马	相声表演
	情绪类	划算、满意、值得、开心、热情、热闹、棒棒的、好玩、舒服、安静、失望	亲近感、超爱听、历经沧桑、喋喋不休、珍藏、害羞、目不暇接、过瘾、随心所欲、狂放不羁、贵、舒坦	超爱听、精疲力竭、把酒言欢、珍爱、快乐、害羞、惊魂未定、过敏、过瘾、人山人海、随心所欲	划算、舒服、好玩、干净、漂亮、开心、放松、刺激、惬意、失望、遗憾	刺激、好玩、方便、开心、惊险、舒服、干净、凉快、划算、有意思、震撼	精疲力竭、得心应手、超爱、亲近感、超负荷、目不转睛、过瘾、目不暇接

第一，对文化标识类舒适物的感知，六市中楚雄的感知度最为丰富细致，公众较为精准地识别到"古镇、古城、小镇、酒吧、哀牢山"等具有本土文化标识性的地标内容，且通过"篝火、跳舞、火把节"等彝族特色化活动，让人感受到"热情、文化气息、原始、热闹"等氛围。

第二，对公共文化服务类舒适物的感知，安顺和宜昌的感知度最甚。从三类感知关键词共现来看，公众对两市的地点类感知均捕捉到了标志性地点（如葛洲坝、三峡、黄果树瀑布等）和公共文化设施（如公园、博物馆、展馆、观景台等），其活动主要集中于"游玩、游览、观赏、散步"等，并对

"壮观、漂亮、好看、震撼和气势磅礴"的自然景观留下了"休闲、舒服、惊喜、浪漫、开心、有意义"等记忆，但也出现了"遗憾、堵车"此类具有负面感受的词汇。

第三，对休闲消费类舒适物的感知，丽江与武汉更为突出。受评论POI样本影响，休闲消费地点主要体现为热门旅游地，且以旅游活动为主；情绪高频词方面，两市均出现较为强烈的感知类词汇，如"超爱听、过瘾、随心所欲、狂放不羁、精疲力竭、惊魂未定"等，说明公众对所参与的项目形成了较为深刻的印象。

2. 社会网络语义分析

在高频词分析的基础上，可使用社会网络语义分析（NetDraw）得出高频词之间的关系。根据高频词共现核心点，点与点之间的线条密度反映了核心词之间的密切程度，即线条密度越高，共现频率越高。

在可视化形态方面（图2），楚雄呈"双头百合"状，高频词形成两个核心组团；丽江、武汉、南京呈"蒲公英"状，以中心高频词为核心，向外形成较为均匀的放射状网络，且次级高频词分布相对密集；安顺和宜昌为"雏菊"状，虽与"蒲公英"状略相似，但其分散网络更为稀疏，说明感知点有所降低。

内容网络方面，"双头百合"状核心高频词除"楚雄"外，"古镇、环境、服务、特色、彝族、晚上"等构成了核心词集，而其中"环境"和"服务"两词的网络节点最多，其辐射出"便宜、值得、周到、开心"等关键词，结合地点类高频词，说明当地酒吧、古镇建筑和彝族特色活动构成了公众文化参与的主要吸引物，通过消费与体验获得了良好的个体记忆。故根据感知特征，将其归为"民族特色型"感知模式。"蒲公英"状语义网络以城市为一级核心，向外辐射该地文化底蕴类高频词，如"武汉—黄鹤楼、丽

楚雄　　　　　　　　　　丽江

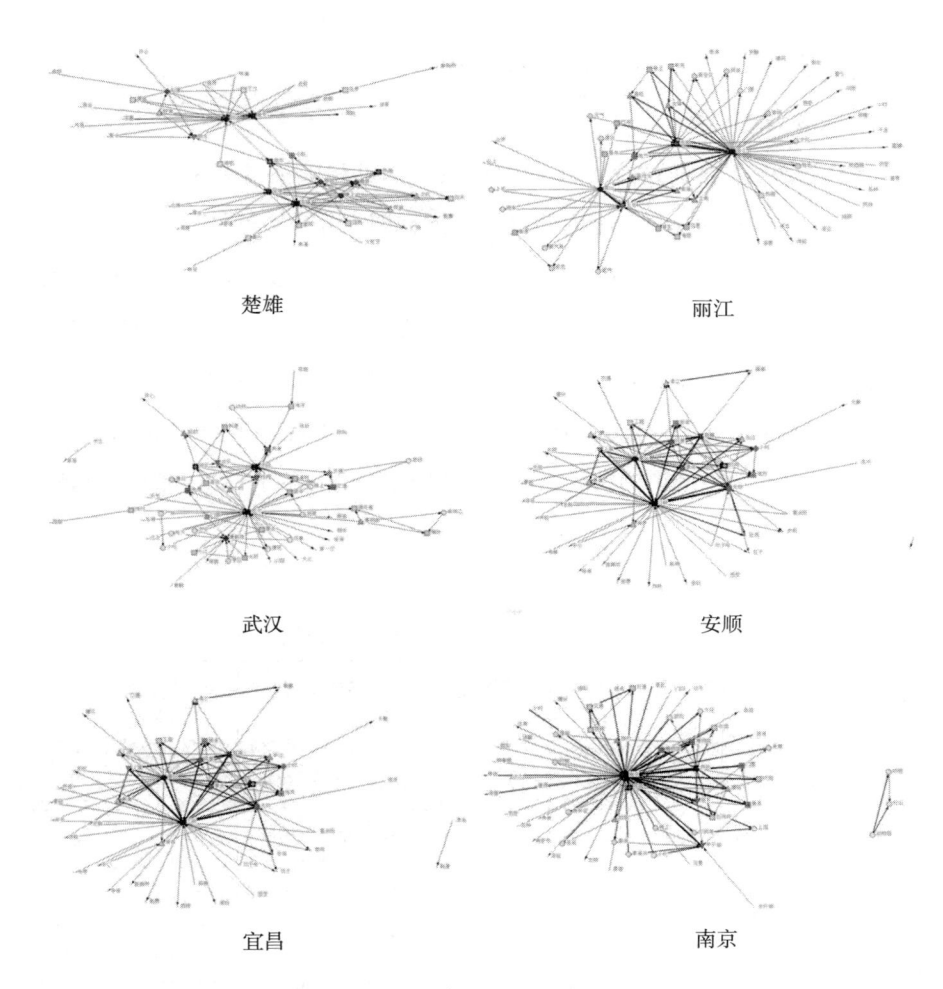

武汉　　　　　　　　　　安顺

宜昌　　　　　　　　　　南京

图2　长江国家文化公园代表城市公众感知社会网络语义分析

江—古城、南京—民国",且在网络中均出现了"历史、文化"等,说明当地标志性的文化元素对公众形成主要影响,故将此类模式归为"历史底蕴型"感知模式。而"雏菊"状语义网络则是以"黄果树瀑布、三峡"等具体"景点"为核心,向外辐射交通便捷性、感受类高频词,情绪类高频词共现度较低，故称为"自然景观型"感知模式。

3. 文本情感分析

情感分析主要通过点评文本中积极、消极和中性情绪来说明情感的倾向性。以5分为情绪态度词的权值节点，即5分为中性情绪（闭区间），5分到正无限为积极情绪，包括一般（5，15］、中度（15，25］和高度（25，+∞）；5分以下为消极情绪，包括一般［-15，5）、中度［-25，-15）和高度（-∞，-25）。情绪分值越接近于+∞，说明公众积极情绪越强烈，反之消极情绪越强烈。基于此，从文化标识类、公共文化服务类和休闲消费类三个层面测算六个城市的情绪占比，并根据总文本得到各城市整体情绪感知。（表7）

表7 长江国家文化公园代表城市网络评论情感分析

城市情绪类别	文化标识类 积极(%)	文化标识类 中性(%)	文化标识类 消极(%)	公共文化服务类 积极(%)	公共文化服务类 中性(%)	公共文化服务类 消极(%)	休闲消费类 积极(%)	休闲消费类 中性(%)	休闲消费类 消极(%)	整体感知 积极(%)	整体感知 中性(%)	整体感知 消极(%)
楚雄	79.00	0.63	20.37	78.99	5.04	15.97	79.10	0.19	20.71	79.11	0.27	20.62
宜昌	77.40	0.38	22.18	85.71	2.67	11.62	63.05	0.40	36.55	75.25	0.37	24.38
安顺	76.95	0.23	22.82	73.33	0.16	26.51	76.97	0.30	22.73	76.59	0.22	23.19
武汉	73.54	0.47	25.99	80.32	0.42	19.26	64.98	0.51	34.51	72.96	0.47	26.57
丽江	76.19	0.32	23.49	76.24	0.55	23.20	84.59	0.28	15.14	78.97	0.33	20.70
南京	75.48	0.51	24.01	81.53	0.35	18.12	75.88	0.40	23.72	78.22	0.41	21.37

文化标识类评论文本中，楚雄积极情绪占比最高（79.00%），公共文化服务类积极情绪占比最高为宜昌（85.71%），而休闲消费类积极情绪占比最高为丽江（84.59%），且三个城市分别归属于"民族特色型""自然景观型"和"历史底蕴型"感知模式。说明"民族特色型"感知模式主要关注与公众原生文化具有差异性的民族文化元素，且公众在这种特色化的消费活动中情绪感知良好；在"自然景观型"感知模式中，公众主要参与标志性景点的文化旅游活动，并重点关注交通便捷程度、游览服务等公共文化服务类内容；在"历史底蕴型"感知模式中，传统历史街区、地标性历史建筑则成为文化感知和休闲消费的重点，且公众对休闲消费类舒适物形成了最优感知。而从评论总体情绪占比看，六座代表城市公众情绪感知情况整体较好，积极情绪占比均达到72%以上，积极情绪极值分别为楚雄（79.11%）和武汉（72.96%）。

五、结语：长江国家文化公园场景与感知的融合共生

长江国家文化公园是中华民族重要的文化基因宝库和集体记忆载体，其空间构建需以满足公众感知探索、唤醒文化认同为基本前提。本文基于空间感知理论和场景理论，构建了场景介质下空间感知结构模型（图3），以长江国家文化公园为例，通过场景模式聚类和评论文本分析双向实证，论证公众空间感知与场景融合共生，使外在的文化表征内化为稳定的群体认同，实现从空间到地方的认知转化。

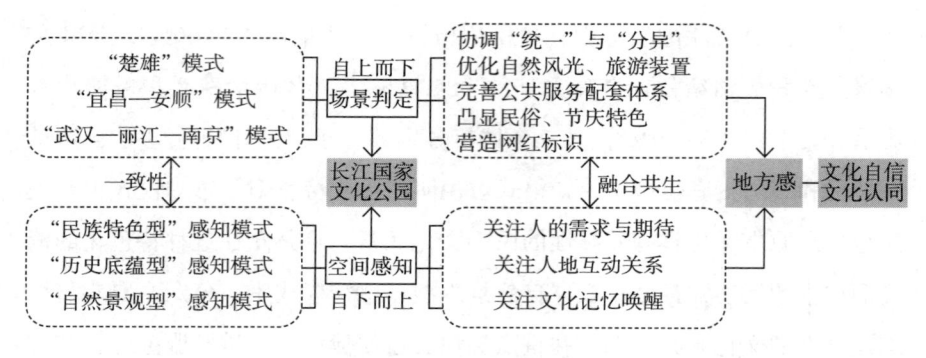

图 3　长江国家文化公园场景判定与空间感知

（一）场景与公众感知分组的一致性

场景强化了特定区域的文化特征，将德尔菲法与区域内舒适物数量综合计算可定量测定场景维度特征。专家打分属"自上而下"的计算方法，受专家主观性和参评专家数量的限制，虽进行两轮独立打分和分值校验，但这种测度方法在一定程度上仍无法完全呈现公众对舒适物的认知，故本文进一步叠加评论文本分析，通过公众"自下而上"的感知与专家打分所测度的场景模式进行对比研究。

长江国家文化公园场景可分为"楚雄"组团、"宜昌—安顺"组团和"武汉—丽江—南京"组团，其代表城市与基于公众感知社会语义网络形成的"民族特色型""自然景观型"和"历史底蕴型"三类感知模式中包含的城市相同。从场景得分主成分看，"宜昌—安顺"组团和"武汉—丽江—南京"组团更为接近，与公众感知"自然景观型"和"历史底蕴型"模式外观相似且吻合。此外，从得分的极值看，场景得分的第一、第二主成分极值分别为武汉和楚雄，与评论文本情绪分析的极值情况也是一致的。因此，场景理论作为一种研究方法，其所形成的城市聚类的代表性结果与公众评论文本分析形成的感知结果出现极高的匹配度，说明场景理论研究方法对特定区域进行模式识别和分组的科学性。

（二）场景营造赋能地方感生成

地方感是人对地方的特殊依恋与认同。人通过空间运动建立起对整体和局部的认知，这种动态化的记忆唤醒和知识叠加推动了个体精神对空间的持续注入。场景作为符号经济和空间消费的重要载体，集合了空间感知的三大要素：感知物、感知主体和文化因子。区域场景营造通过对物理环境的有机更新、文化资源的保护利用和创意阶层的深度吸引，使得区域拥有创造美好感受、提高生活品质的特质与功能。在存量更新背景下，场景可解构空间内的表征性文化符号，借助舒适物的优化组合进一步形塑具有区域特色、可触可感的空间实体。以场景为媒介，人地互动实现了有效的时空叠合，推动了地方感的生成和自我身份的识别。

对长江国家文化公园而言，其生命力之源在于能否打动人心。借助场景营造思维，空间内舒适物（包括自然风光、旅游装置、公共文化服务配套等）和事件（如旅游、民俗活动、节庆庆典等）的特征被刻画和凸显，公众在文化参与的过程中完成经验的积累，并与空间"他者"产生关联，实现空间感知尺度的转化。长江国家公园内场景模式分布"碎片化"特征明显，多极化的场景内涵为公众提供了从个体和国家两个层面进行自我确证的基础，具有强烈地域或民族特性的文化场景一方面给区域内的人打上深刻的气质烙印，另一方面吸引着区域外的"他者"，并随着地方感的形成，终将外化成为强烈的文化自信与认同。

（三）公众感知反作用于场景营造

地方感和文化认同是公众产生重游行为的关键因素。自然景观的奇特程度、文化内容的底蕴及丰富度、文化体验氛围和服务是空间感知的主要内容。一方面，地方感的形成有赖于场景对空间消费和美学的赋能；另一方面，公众对地方感知的核心关切也成为场景优化的重要方向。

首先，对感知主体的观照。从空间整体上看，长江国家文化公园属于集文化、经济和政治特性于一体的超级有机体，其多元场景建设需要关注以下三组关系：本地居民的"自我—地方"关系，即舒适物对已融入本地居民文化基因的文化记忆的唤醒；旅游者的"他者—地方"关系，即舒适物对拥有他文化背景的游客的个体和集体记忆构建；不同主体间的"自我—他者"关系，即二者在交往中形成的文化扩散和迁移。其次，对感知物和文化元素的保护与开发。根据长江国家文化公园关键城市空间感知模式和场景模式的布局特征，推动先行区建设，可鼓励有条件的省份根据省内城市文化历史渊源、舒适物分布打造先行区内的场景多极格局，突出长江经济带与文化共同体的叠加效应。此外，应加强场景特征及品牌定位的顶层设计，明确中央与地方权责，以高站位推动差异化场景布局的宏微观协同。

（原载《江汉论坛》2023 年第 4 期）

长城沿线备案博物馆建设与长城文化传播研究[*]

周小凤　焦青青　曾晓茵　毛若寒　周鼎凯　王楚涵　张朝枝

一、引言

2019 年，中共中央办公厅、国务院办公厅印发《长城、大运河、长征国家文化公园建设方案》，强调以长城沿线一系列主题明确、内涵清晰、影响突出的文物和文化资源为主干，生动呈现中华文化的独特创造、价值理念和鲜明特色，将长城国家文化公园打造为弘扬民族精神、传承中华文明的重要标志。同年，国家文物局等九部门联合发布《关于推进博物馆改革发展的指导意见》，明确要求统筹不同地域博物馆发展，配合长城国家文化公园建设。

鉴于此，本研究依据长城资源官方认定范围，对全国博物馆年度报告信息系统[①]公布的长城沿线 739 家备案博物馆的年度报告数据进行描述、统计、分析，并结合 2022 年 7 月—2023 年 7 月对甘肃、宁夏、陕西、山

---

[*] 本文系"腾博基金"资助项目"长城沿线博物馆、纪念馆、乡村博物馆建设与展览数字化传播"（项目编号：TCMA-2022-1.7）的研究成果之一。

[①] 全国博物馆年度报告信息系统网址：nb.ncha.gov.cn。

西、河北、北京、内蒙古长城沿线86家博物馆的实地调研,对长城沿线博物馆的基本情况及其响应长城国家文化公园建设的现状与问题进行全面分析。

根据研究目的,本次调查将分布于长城资源沿线县级行政区内,以教育、研究和欣赏为目的,收藏、保护并向公众展示人类活动和自然环境的见证物,经登记管理机关依法登记的非营利组织界定为长城沿线备案博物馆,分布范围涉及北京、天津、河北、山西、内蒙古、辽宁、吉林、黑龙江、山东、河南、陕西、甘肃、青海、宁夏、新疆15个省(自治区、直辖市)的404个县(市、区、旗)。

二、发展现状

(一)数量初具规模

截至2021年年末,全国备案博物馆6183家。① 长城沿线15省(自治区、直辖市)共有备案博物馆3003家,其中长城沿线(各县域内)有备案博物馆739家,占15省(自治区、直辖市)博物馆总量的24.61%,相当于全国博物馆总量的11.95%。(表1②)其中,685家免费开放,占长城沿线博物馆总数的92.69%。从增长态势来看,近十年来(2012—2021年)长城沿线备案博物馆数量显著提升,从444家增长至739家,增幅66.44%。(图1)

---

① 参见中国博物馆协会《2022年"5·18国际博物馆日"中国主会场活动在湖北武汉开幕》,2022年5月19日,https://www.chinamuseum.org.cn/cma/detail.html?id=12&contentld=12264。
② 表1至表5、图1、图2、图6、图7均根据2021年全国博物馆年度报告信息系统(nb.ncha.gov.cn)数据整理。表格中的数据因有四舍五入的情况,故合计百分比与实际数据有微小出入。

表1　2021年长城沿线各省（自治区、直辖市）备案博物馆空间分布比较表

排序	区域	数量（家）	占长城沿线省域博物馆总量比重	占全国博物馆总量比重
1	甘	130	4.33%	2.10%
2	蒙	125	4.16%	2.02%
3	鲁	101	3.36%	1.63%
4	冀	59	1.96%	0.95%
5	宁	56	1.86%	0.91%
6	晋	55	1.83%	0.89%
7	辽	45	1.50%	0.73%
8	陕	44	1.47%	0.71%
9	新	43	1.43%	0.70%
10	京	20	0.67%	0.32%
11	青	19	0.63%	0.31%
12	豫	15	0.50%	0.24%
13	吉	15	0.50%	0.24%
14	黑	7	0.23%	0.11%
15	津	5	0.17%	0.08%
合计		739	24.61%	11.95%

（二）质量稳步提升

从质量等级来看，长城沿线共有国家一、二、三级备案博物馆124家，占长城沿线15省（自治区、直辖市）定级博物馆总量（566家）的21.91%，占全国定级博物馆总量（1218家）的10.18%。其中，国家一级博物馆12家，主要分布于内蒙古、甘肃、山东等地；国家二级博物馆46家，以河北、山东、内蒙古、甘肃等地为主；国家三级博物馆66家，以内蒙古、山东、

单位：家

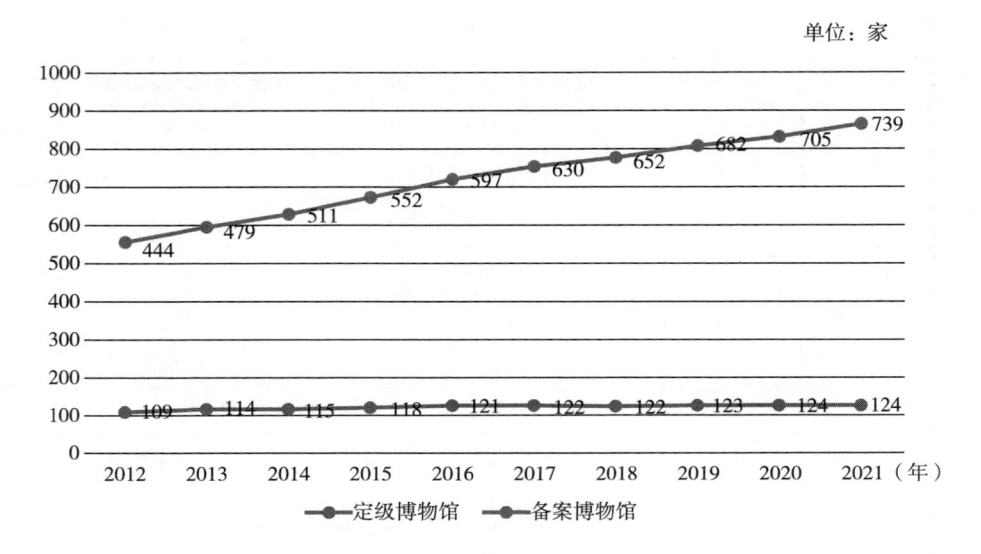

图中数据：
- 备案博物馆：2012年444，2013年479，2014年511，2015年552，2016年597，2017年630，2018年652，2019年682，2020年705，2021年739
- 定级博物馆：2012年109，2013年114，2014年115，2015年118，2016年121，2017年122，2018年122，2019年123，2020年124，2021年124

图 1　2012—2021 年长城沿线备案博物馆与定级博物馆数量

甘肃、河北等地居多。近十年来（2012—2021年）长城沿线备案博物馆的定级数量稳步增长，由109家增长至124家，增幅13.76%。（表2）

（三）主体日益多元

按所有权主体划分，2021年长城沿线国有博物馆514家，占长城沿线备案博物馆总量的69.55%；而非国有博物馆225家，占30.45%。国有博物馆中，文物系统国有博物馆397家，占备案博物馆总量的53.72%；其他行业国有博物馆117家，占15.83%。其中非国有博物馆主要分布于山东（66家，8.93%）、甘肃（34家，4.60%）、内蒙古（32家，4.33%），吉林（1家）、黑龙江（1家）、新疆（1家）则相对较少。（表3）与2019年相比，2021年长城沿线新增非国有备案博物馆116家，增长率为106.42%，

表2 2021年长城沿线各省（自治区、直辖市）定级备案博物馆比较表

区域	一级馆 数量（家）	占比	二级馆 数量（家）	占比	三级馆 数量（家）	占比	定级馆 数量（家）	占比
京	1	0.14%	1	0.14%	1	0.14%	3	0.41%
津	0	0.00%	0	0.00%	0	0.00%	0	0.00%
冀	1	0.14%	8	1.08%	7	0.95%	16	2.17%
晋	1	0.14%	1	0.14%	3	0.41%	5	0.68%
蒙	2	0.27%	7	0.95%	19	2.57%	28	3.79%
辽	0	0.00%	5	0.68%	3	0.41%	8	1.08%
吉	0	0.00%	2	0.27%	0	0.00%	2	0.27%
黑	0	0.00%	0	0.00%	0	0.00%	0	0.00%
鲁	2	0.27%	8	1.08%	12	1.62%	22	2.98%
豫	0	0.00%	1	0.14%	2	0.27%	3	0.41%
陕	0	0.00%	0	0.00%	1	0.14%	1	0.14%
甘	2	0.27%	7	0.95%	11	1.49%	20	2.71%
青	1	0.14%	2	0.27%	1	0.14%	4	0.54%
宁	1	0.14%	3	0.41%	4	0.54%	8	1.08%
新	1	0.14%	1	0.14%	2	0.27%	4	0.54%
合计	12	1.62%	46	6.22%	66	8.93%	124	16.78%

占备案博物馆总量的比重也增加了2.44个百分点。长城沿线已经初步形成以国有博物馆为主体，非国有博物馆为补充，博物馆主体日益多元的发展格局。

表3 长城沿线各省（自治区、直辖市）备案博物馆的所有权主体比较表

区域	文物系统国有博物馆 数量（家）	占比	其他行业国有博物馆 数量（家）	占比	非国有博物馆 数量（家）	占比
京	10	1.35%	5	0.68%	5	0.68%
津	1	0.14%	4	0.54%	0	0.00%
冀	29	3.92%	8	1.08%	22	2.98%
晋	38	5.14%	3	0.41%	14	1.89%
蒙	81	10.96%	12	1.62%	32	4.33%
辽	28	3.79%	5	0.68%	12	1.62%
吉	12	1.62%	2	0.27%	1	0.14%
黑	6	0.81%	0	0.00%	1	0.14%
鲁	20	2.71%	15	2.03%	66	8.93%
豫	11	1.49%	3	0.41%	1	0.14%
陕	25	3.38%	3	0.41%	16	2.17%
甘	61	8.25%	35	4.74%	34	4.60%
青	10	1.35%	3	0.41%	6	0.81%
宁	25	3.38%	17	2.30%	14	1.89%
新	40	5.41%	2	0.27%	1	0.14%
合计	397	53.72%	117	15.83%	225	30.45%

（四）题材丰富多样

根据博物馆所展陈的内容主题对长城沿线博物馆进行分类发现，长城沿线有历史文化类博物馆327家，占长城沿线备案博物馆总量的44.25%，以内蒙古（61家）、甘肃（61家）、山东（31家）居多；革命类博物馆纪念馆100家，占13.53%，以甘肃（32家）、山西（12家）、辽宁（9家）居多；综合地志类博物馆99家，占13.40%；自然科技类博物馆36家，占4.87%；艺术类博物馆34家，占4.60%；考古遗址类博物馆22家，占2.98%；其他类博物馆121家，占16.37%。（图2）可见，长城沿线备案博物馆已经基本形

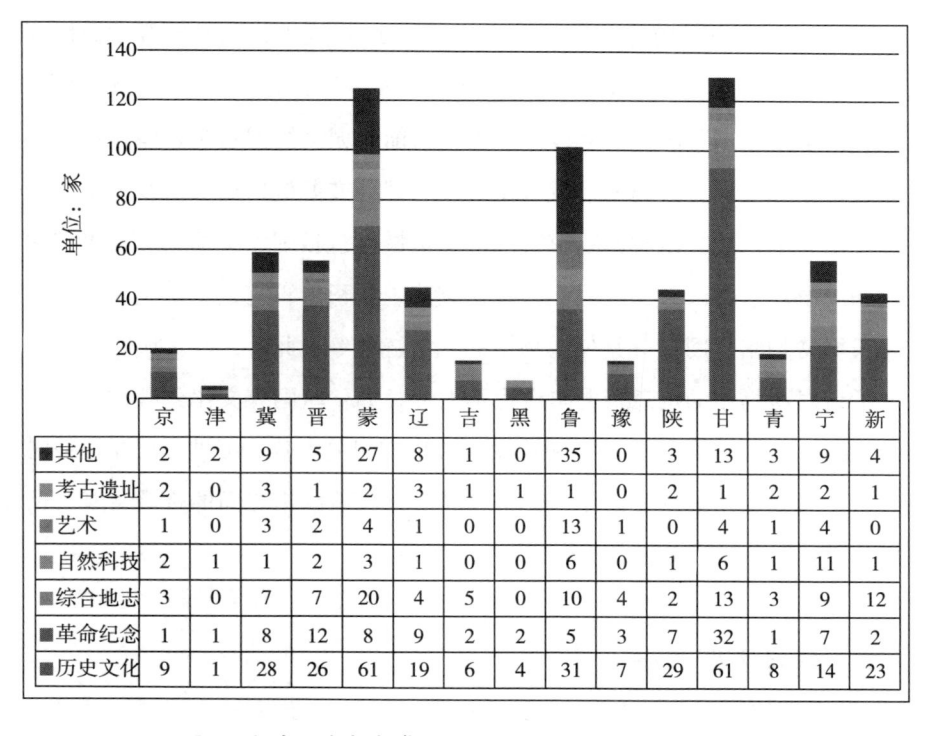

	京	津	冀	晋	蒙	辽	吉	黑	鲁	豫	陕	甘	青	宁	新
■其他	2	2	9	5	27	8	1	0	35	0	3	13	3	9	4
■考古遗址	2	0	3	1	2	3	1	1	1	0	2	1	2	2	1
■艺术	1	0	3	2	4	1	0	0	13	1	0	4	1	4	0
■自然科技	2	1	1	2	3	1	0	0	6	0	1	6	1	11	1
■综合地志	3	0	7	7	20	4	5	0	10	4	2	13	3	9	12
■革命纪念	1	1	8	12	8	9	2	2	5	3	7	32	1	7	2
■历史文化	9	1	28	26	61	19	6	4	31	7	29	61	8	14	23

图2　长城沿线备案博物馆题材类型的空间分布比较图

成了以地方历史文化与革命文化为核心题材，兼顾艺术与自然科技多元文化题材的博物馆类型体系。

三、存在问题

（一）缺少统筹协同

经过多年努力，长城沿线各类博物馆数量已经初具规模，但各馆之间缺乏总体统筹，既缺乏相应的交流合作平台，也缺乏跨区域常态化的交流合作、协同传播机制。在国家文化公园建设背景下，黄河流域博物馆联盟与大运河博物馆联盟已分别于2019年、2020年成立，同时签署联盟协同发展协议，成为传承、弘扬、展示黄河与大运河文化、讲好"黄河故事"与"大运河故事"的重要载体。然而，目前长城沿线博物馆联盟建设进展缓慢，馆际交流合作尚未形成气候。仅有部分文博机构进行了线上馆际资源有限共享，如甘肃省博物馆官网的友情链接包括国家文物局、甘肃省文化和旅游厅、甘肃省文物局、敦煌研究院、麦积山石窟艺术研究所，山海关长城博物馆官网设有其他博物馆的友情链接等。此外，与长城相关的线上平台对博物馆的信息资源整合也不充分，如长城国家文化公园数字云平台（图3）、中国长城遗产官网均没有博物馆相关内容。可见，需要加强对长城沿线博物馆的统筹规划，促进长城沿线各博物馆之间的资源共享、信息共用，提升长城文化遗产价值传播的效率。

（二）题材主题不全

长城拥有纵贯春秋战国、秦汉（秦、西汉、东汉）、南北朝（北魏、东魏、西魏、北齐、北周）、隋、唐、五代、宋、辽、金、西夏、明和不

图3 长城国家文化公园数字云平台网站截图

明时代12个时期两千多年的建造历史与跨越中国15个省（自治区、直辖市）总长21196.18千米的大量历史遗存，既包括不同历史时期修筑的由连续性墙体及配套的关隘、城堡、烽燧等构成的物质文化遗产群，也包括沿线多民族聚落的无形民俗文化资源，还包括各类文化资源依托的自然生态环境，是集物质与非物质于一体的典型线性文化遗产。但目前长城沿线区域以收藏、保护、研究、展示长城历史、军事、建筑、经济、文化艺术及现状内容的长城主题备案博物馆仅18家（表4、图4、图5），分布于10省（自治区、直辖市）、12地级市、15县（区、市），占长城沿线备案博物馆总量的2.44%。其中，历史文化类有12家，革命纪念类4家，考古遗址类1家，其他类1家。总的来看，目前长城沿线备案博物馆对长城文化的展示以物质文化遗产为核心，且集中于展示明、汉时期的长城历史文化，缺少对不同区域长城关联的多元生态文化与非物质文化遗产的价值挖掘及其他历史时期长城资源的活化利用传承。

表4　长城主题备案博物馆概况一览表

名称	省	县（区、市）	性质	长城历史	题材类型	等级	设立时间
中国长城博物馆	京	延庆区	文物系统	综合	历史文化	三级	1994年
居庸关长城博物馆	京	昌平区	文物系统	明	历史文化	未定级	2004年
玉门关遗址陈列展览馆	甘	敦煌市	文物系统	汉	历史文化	未定级	2013年
嘉峪关长城博物馆	甘	嘉峪关市	文物系统	明	历史文化	三级	1987年
阳关博物馆	甘	敦煌市	非国有	汉	历史文化	未定级	2001年
山海关古城历史博物馆	冀	山海关区	非国有	明	历史文化	未定级	2017年
山海关长城博物馆	冀	山海关区	文物系统	综合	历史文化	二级	1989年
喜峰口长城抗战博物馆	冀	迁西县	非国有	明	革命纪念	未定级	2017年
金代长城博物馆	黑	甘南县	文物系统	金	历史文化	未定级	1999年
宁夏长城博物馆	宁	盐池县	文物系统	明、隋	历史文化	未定级	2017年
西吉县将台堡红军长征会师纪念园	宁	西吉县	文物系统	战国秦	革命纪念	未定级	1996年
孟姜女文化民俗博物馆	鲁	莱芜区	非国有	战国齐	其他	未定级	2015年
余子俊纪念馆	陕	榆阳区	文物系统	明	历史文化	未定级	2017年
镇北台长城博物馆	陕	榆阳区	文物系统	明	考古遗址	未定级	2012年

续表

名称	省	县（区、市）	性质	长城历史	题材类型	等级	设立时间
平型关大捷纪念馆	晋	灵丘县	文物系统	明	革命纪念	未定级	1969 年
百团大战纪念馆	晋	阳泉市	其他行业	明	革命纪念	未定级	1995 年
天津黄崖关长城博物馆	津	蓟州区	其他行业	明	历史文化	未定级	1986 年
虎山长城历史博物馆	辽	宽甸满族自治县	非国有	明	历史文化	未定级	2005 年

图 4　嘉峪关长城博物馆（周小凤拍摄）

图5 余子俊纪念馆（张文鼎拍摄）

（三）体量总体偏小

依据《博物馆建筑设计规范》（JGJ66—2015）对博物馆体量的分类标准，建筑面积5000平方米以下为小型博物馆，5001—10000平方米为中型博物馆，10001—20000平方米为大中型博物馆，20001—50000平方米为大型博物馆，50000平方米以上为特大型博物馆。目前，长城沿线小型博物馆有508家，占长城沿线博物馆总量的68.74%；中型博物馆126家，占17.05%；大中型博物馆76家，占10.28%；大型博物馆26家，占3.52%；特大型博物馆仅3家，占0.41%。（图6）总的来看，长城沿线博物馆以中、小型博物馆为主，共计634家，占85.79%，主要分布在内蒙古、山东、甘肃三大区域；天津与黑龙江只有中小型博物馆，没有大中型以上的博物馆。并且，在长城沿线未定级博物馆达615家，即83.22%的博物馆未进行定级。其中，未定级的中小型博物馆有547家，占长城沿线未定级备案博物馆总量

单位：家

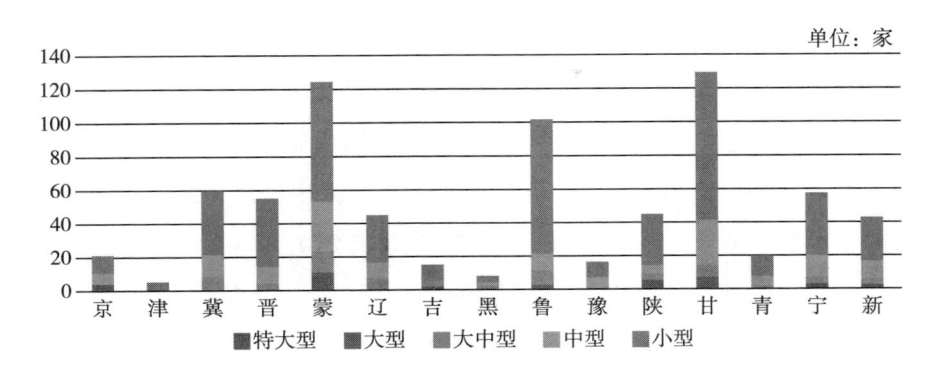

图6 长城沿线各省（自治区、直辖市）备案博物馆体量规模比较图

的88.94%。而且，目前尚未有中小型馆被评定为国家一级博物馆。18家长城专题备案博物馆中仅有1家二级博物馆，为山海关长城博物馆；2家三级博物馆，为嘉峪关长城博物馆与中国长城博物馆；剩余15家均未定级。显然，长城沿线博物馆体量总体偏小，且大多未定级，与长城国家文化公园建设的高质量发展要求仍有差距。（表5）

表5 长城沿线不同体量博物馆定级情况比较表

类型	一级	二级	三级	其他	合计
小型	0	12	35	460	507
中型	0	18	21	87	126
大中型	3	12	8	53	76
大型	7	4	2	14	27
特大型	2	0	0	1	3
合计	12	46	66	615	739

（四）传播影响不足

博物馆通过吸引访客现场参观或线上访问两种方式来扩大文化遗产价值传播影响。过去几年长城沿线博物馆实际到访游客总体较少，2021年有12.45%的博物馆访客为零。年访客量超过50万人次的博物馆仅占3.38%，以甘肃居多（10家），以革命类纪念博物馆（14家）为主。年访客量在10万人次以内的博物馆达67.52%，共499家，以内蒙古（78家）、甘肃（74家）、山东（81家）居多。年访客量在10万—20万人次的博物馆75家，占10.15%；年访客量在20万—30万人次的博物馆32家，占4.33%，以甘肃（8家）、山西（5家）、内蒙古（4家）、河北（4家）居多；年访客量在30万—40万人次的博物馆12家，占1.62%；年访客量在40万—50万人次的博物馆4家，占0.54%。（图7）

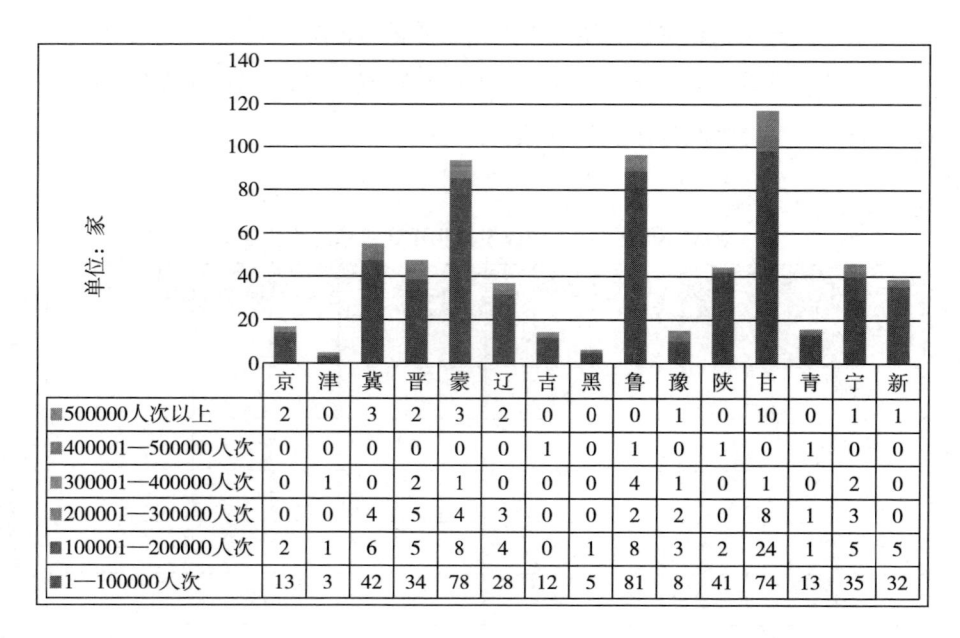

单位：家	京	津	冀	晋	蒙	辽	吉	黑	鲁	豫	陕	甘	青	宁	新
■500000人次以上	2	0	3	2	3	2	0	0	0	1	0	10	0	1	1
■400001—500000人次	0	0	0	0	0	0	1	0	1	0	1	0	1	0	0
■300001—400000人次	0	1	0	2	1	0	0	0	4	1	0	1	0	2	0
■200001—300000人次	0	0	4	5	4	3	0	0	2	2	0	8	1	3	0
■100001—200000人次	2	1	6	5	8	4	0	1	3	3	2	24	1	5	5
■1—100000人次	13	3	42	34	78	28	12	5	81	8	41	74	13	35	32

图7 2021年长城沿线各省（自治区、直辖市）备案博物馆的访客数量比较图

从线上访问量来看，长城沿线 739 家备案博物馆中，已开通网站的博物馆共 280 家，开通率为 37.89%；开通微博、微信公众号、今日头条、小红书、抖音和快手等新媒体账号的博物馆共 463 家，开通率为 62.65%；长城专题备案博物馆有 4 家开通网站，13 家开通微信公众号。截至 2023 年 7 月 12 日，长城沿线 141 家开设抖音平台账号的备案博物馆点赞量累计近 300 万次（298.7686 万次）。其中，抖音视频点赞量累计超过 5 万次的博物馆 9 家；点赞量 4 万—5 万次的博物馆 1 家，为甘肃高台中国工农红军西路军纪念馆；点赞量 3 万—4 万次的博物馆 3 家；点赞量 2 万—3 万次的博物馆 4 家；点赞量 1 万—2 万次的博物馆 6 家；点赞量 5000—1 万次的博物馆 14 家；点赞量 5000 次以下的博物馆 104 家。（图 8）整体来看，甘肃省长城沿线备案博物馆抖音视频线上传播社会好评度高于其他区域，累计点赞量超过 1 万次的博物馆有 10 家。而居庸关长城博物馆（京）、山海关古城历史博物馆（冀）、山海关长城博物馆（冀）、喜峰口长城抗战博物馆（冀）、平型关大捷纪念馆（晋）、阳关博物馆（甘）6 家拥有独立抖音账号的长城主题备案博物馆视频点赞量累计 28309 次。这 6 家博物馆 2021 年访客量累计 1343327 人次，是其抖音视频点赞量总数的近 47 倍。与线下传播访客量相比，长城沿线备案博物馆线上传播效果并不突出。目前，长城沿线备案博物馆与长城主题备案博物馆的线下与线上传播受众面均有限且差距悬殊。

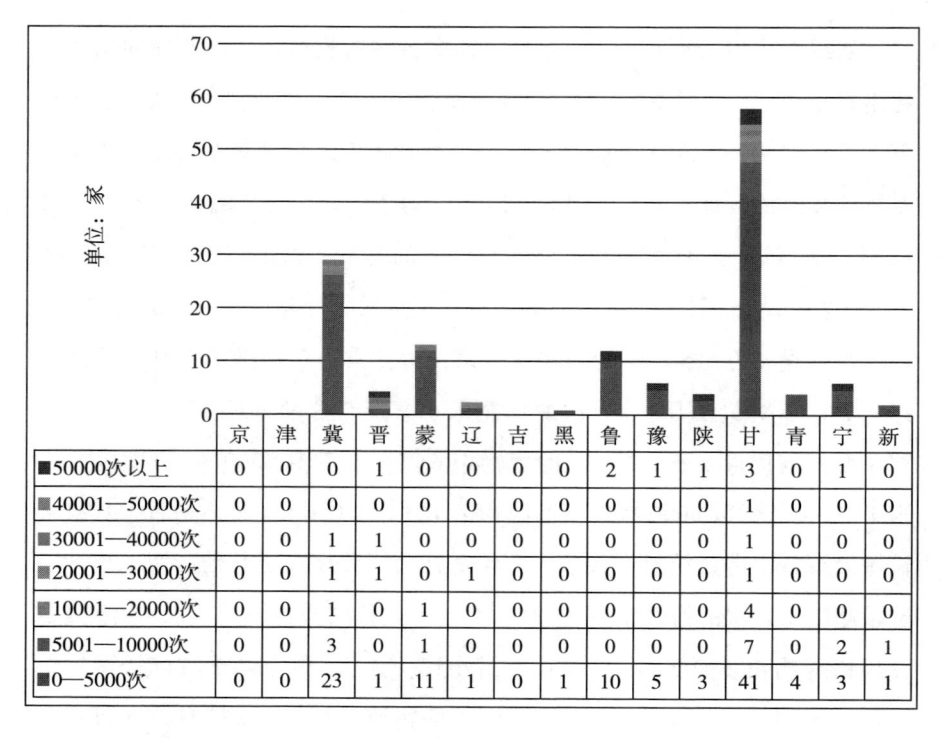

单位：家	京	津	冀	晋	蒙	辽	吉	黑	鲁	豫	陕	甘	青	宁	新
■ 50000次以上	0	0	0	1	0	0	0	0	2	1	1	3	0	1	0
■ 40001—50000次	0	0	0	0	0	0	0	0	0	0	0	1	0	0	0
■ 30001—40000次	0	0	1	1	0	0	0	0	0	0	0	1	0	0	0
■ 20001—30000次	0	0	1	1	0	1	0	0	0	0	0	1	0	0	0
■ 10001—20000次	0	0	1	0	1	0	0	0	0	0	0	4	0	0	0
■ 5001—10000次	0	0	3	0	1	0	0	0	0	0	0	7	0	2	1
■ 0—5000次	0	0	23	1	11	1	0	1	10	5	3	41	4	3	1

图 8　长城沿线各省（自治区、直辖市）备案博物馆的抖音新媒体累计点赞量
（数据来源：根据抖音平台用户数据整理）

四、优化对策

（一）完善交流平台

加强统筹规划，充分发挥长城沿线北京、天津、河北、山西、内蒙古、辽宁、吉林、黑龙江、山东、河南、陕西、甘肃、青海、宁夏、新疆15省（自治区、直辖市）地方政府文博机构的统筹指导作用，联合各省域博物馆协会、学会、联盟等社会团体，参照黄河流域博物馆联盟、大运河博物馆联盟模式，搭建长城沿线博物馆跨区域、跨馆交流合作组织，对长城沿线博物馆

建设与价值传播工作进行统筹协调。同时，参照广东省流动博物馆平台的数字化传播模式，以长城沿线博物馆的长城相关展览及藏品文物为依托，为长城沿线中小型、未定级博物馆及周边区域加强实物展、图片展、视频展的流动性推送，搭建长城沿线博物馆共同配合长城国家文化公园建设、共享长城保护利用传承发展成果、共传长城文化故事的协同传播数字平台。

（二）加强挖掘整理

长城沿线综合地志博物馆是公众了解地方文化与长城文化的首要窗口，但大多县级博物馆对长城文物停留在简单收藏、图文展示阶段。在新时代，长城文物工作以遗产保护为保障，以价值挖掘为基础，以活化利用为路径，以文化传承为根本目的。长城沿线政府文博机构需加强对地方长城文物和文化资源的价值挖掘、活化传承工作的重视与经费支持。长城沿线省属与地市级综合地志博物馆需充分发挥自身在经费支持、专业人才、藏品文物等方面的充足优势，联合拥有长城资源分布的县级综合地志博物馆、长城专题博物馆开展长城资源考古挖掘、长城文物征集、价值研究工作。基于地方长城文物的价值挖掘研究，统筹长城沿线不同层级综合地志博物馆策划长城不同专题的线下流动展览与线上云展览，构建长城文化与地方历史文化、红色文化、生态文化多主题融合的展示体系，全面、立体地展示长城沿线地方文化的多样性。

（三）提升质量等级

长城沿线博物馆以中小型博物馆为主，是长城沿线区域博物馆事业高质量发展的主要生力军，但目前普遍面临"质量等级低、展陈空间小、活动经费不足、展陈内容陈旧"等难题。提升长城沿线中小型博物馆的质量等级水平，是落实好《关于推进博物馆改革发展的指导意见》中"实施中小博物馆提升计划，加强机制创新，有效盘活基层博物馆资源"，以"整合不同层级博物馆发展"①配合长城国家文化公园建设国家重大文化工程等要求的重要举措。需要增强长城沿线大型、高等级博物馆对中小型博物馆在藏品管理、陈列展览、社会服务等方面的针对性帮扶，按照《博物馆运行评估办法》《博物馆运行评估标准》要求，指导长城沿线中小型博物馆开展质量等级申报评定工作，建立不同层级博物馆的借展、联展、巡展合作机制。例如，甘肃省博物馆"国宝省亲"系列展览（图9），即通过馆藏文物精品展反哺市县基层博

图9 "国宝省亲"之"国宝在武威——甘肃省博物馆馆藏武威出土文物精品展"
（周小凤拍摄）

---

① 中央宣传部等：《关于推进博物馆改革发展的指导意见》，2021年5月24日，http://www.ncha.gov.cn/art/2021/5/24/art_722_168090.html。

物馆来进一步提升长城沿线中小型博物馆的展陈水平与文化吸引力；大同市博物馆的"1总馆+9分馆"新模式，即以总馆的藏品文物为依托，设立不同展陈主题的博物馆，既能够让深藏在库房里的文物"活"起来，也能够助力多元博物馆协同传播与协调发展。

（四）加快数字传播

"搭建官方网站和数字云平台，对长城文物和文化资源进行数字化展示"是长城国家文化公园建设数字再现工程的重点内容。2023年，国家文物局指导，腾讯集团、中国文物报社联合发起全国中小博物馆数字助力"繁星计划"，以"构建博物馆专属数字化阵地""开展专项数字化能力培训课程""中小博物馆打造视频号""开发博物馆文创IP"为要点，推动博物馆与数字技术深度融合，解决中小博物馆数字化建设不足的问题。[①] 长城沿线中小博物馆可依托"繁星计划""长城国家文化公园建设数字再现工程""腾博基金"等申请数字化建设专项支持经费，重点加强微信、抖音、微博等社交媒介线上数字传播平台的建设，同时加强博物馆工作人员的社交媒介运营与传播专业能力的培训与提升，以及借助数字技术整合其他博物馆数字资源，增强长城价值内涵的线上传播影响力，吸引更多社会力量关注长城文化并参与长城文化传播。

五、结语

长城沿线不同地域不同类型博物馆是地方博物馆事业高质量发展与长城

[①] 参见《"中小博物馆数字助力繁星计划"正式发布》，2023年5月18日，http://ent.people.com.cn/n1/2023/0518/c1012-32689493.html。

文化展示传播的重要载体。本文通过长城沿线 739 家备案博物馆的调研数据，从数量、空间分布、建筑规模、质量等级、所有权主体、题材类型、传播效果等多方面分析长城沿线博物馆建设与长城文化传播的现状与问题，并针对长城沿线博物馆的统筹协调不够、展陈主题不全、价值挖掘不深、社会影响力不足等关键瓶颈问题提出了相应的优化对策。本文聚焦于探讨不同区域、不同层级、不同类型的长城沿线备案博物馆如何配合长城国家文化公园建设、传播长城文化，下一步将聚焦于备案与未备案的长城专题博物馆进行微观分析，了解以长城专题博物馆为核心的长城文化展示体系如何响应长城国家文化公园"展示长城整体形象、传播长城整体价值"的建设目标。

（原载《中国博物馆》2023 年第 5 期）

论长征国家文化公园立法[*]

周刚志　徐　华

　　当前我国正在积极推进"长征国家文化公园"建设，这不仅是保护革命文物、弘扬红色文化的重要举措，也是我国促进红色旅游的重大工程。

　　我国《宪法》序言及第22条等相关条款，为长征国家文化公园建设提供了坚实的宪法基础。序言指出："中国是世界上历史最悠久的国家之一，中国各族人民共同创造了光辉灿烂的文化，具有光荣的革命传统。"这既阐明了中华人民共和国建立的深厚文化背景，也深刻阐释了我国文化的重要构成。依据宪法完善相关立法以提供法治保障，是长征国家文化公园建设的当务之急。

---

[*] 本文系湖南省社科规划课题（智库）"湖南省文化产业发展政策体系研究"（项目编号：19ZWB49）成果。

一、长征国家文化公园的内涵与特质

（一）"国家文化公园"之概念辨析

相对于"国家公园"而言，"国家文化公园"概念提出的时间更为晚近，其理念与内容也更加富有中国特色。从某种意义上说，"国家文化公园"借鉴了美国"国家公园"的理念，形成别有特色的理念。

众所周知，1872年建立的美国黄石公园是世界上第一个"国家公园"。"美国国家公园的核心理念，包括国家确定的永久保护区、公有性土地公众享用，以及杰出的荒野美景塑造的自然鉴赏观等。"① 但是，"国家公园"理念在世界各国传播与实践的过程中，却并未保持其原初的特质，而是历经多次嬗变呈现出更为复杂多元的国别特征。

我国自20世纪后半叶开始引入"国家公园"概念。自2013年党的十八届三中全会正式提出要"建立国家公园体制"以后，国家发改委等十多个部门于2015年联合颁发《建立国家公园体制试点方案》。2016年国家发改委同意实施"北京长城国家公园体制试点区试点实施方案"。2017年，党的十九大报告明确提出要建立"以国家公园为主体的自然保护地体系"。2021年，我国正式设立"三江源国家公园""大熊猫国家公园""东北虎豹国家公园""海南热带雨林国家公园""武夷山国家公园"等第一批"国家公园"，涉及青海、西藏、四川等10个省（区），保护面积达20多万平方千米。中共中央办公厅、国务院办公厅于2019年印发的《关于建立以国家公园为主体的自然保护地体系的指导意见》指出：国家公园以保护具有国家代表性的

---

① ［澳］沃里克·弗罗斯特、［新西兰］C.迈克尔·霍尔编：《旅游与国家公园发展、历史与演进的国际视野》，王连勇等译，商务印书馆2014年版，第iii页。

自然生态系统为主要目的，同时具有全球价值、国家象征，国民认同度高。由此可见，尽管我国国家公园的理念与功能都借鉴了域外的国家公园概念，但是其设置的主要目的是保护自然生态环境与生物多样性，兼顾"国家象征""旅游价值"等政治与经济价值。

正是在国家公园建设的过程之中，"长城"等国家文化公园脱颖而出，与作为"自然保护地体系"的"国家公园"逐步分离，成为别具一格的公园。2017 年是"国家文化公园"理念得以明晰化并与"国家公园"相区别的关键时点。中共中央办公厅、国务院办公厅印发的《关于实施中华优秀传统文化传承发展工程的意见》明确提出，要"规划建设一批国家文化公园，使之成为中华文化重要标识"。"长城国家文化公园""长征国家文化公园"与"大运河国家文化公园"成为我国最初确立的三大国家文化公园（后来又增加了"黄河""长江"两大国家文化公园）。2019 年，中共中央办公厅、国务院办公厅印发《长城、大运河、长征国家文化公园建设方案》（以下简称《方案》），明确规定了"国家文化公园"的性质即"重大文化工程"与"公共文化载体"，凸显其"中华民族文化标识"的重要价值。此外，《方案》还明确规定国家文化公园建设的指导思想、基本原则，以及建设范围、内容、目标与主要任务、保障措施等。相对而言，"国家公园"多为自然生态保护区，采用大面积、隔离式等保护方式；"国家文化公园"则是以文物和文化资源为依托，重点建设"管控保护""主题展示""文旅融合""传统利用"四类主体功能区，协调促进文物和文化资源保护传承利用，系统推进"保护传承""研究发掘""环境配套""文旅融合""数字再现"等重点基础工程的建设；等等。因此，尽管长征国家文化公园建设也直接关涉长征沿线地区的"生态保护红线""永久基本农田""城镇开发边界"等"控制线"，但是其保护重点与保护方式均不能照搬国家公园模式。

（二）长征国家文化公园的特质

如美国学者布鲁斯通所言："历史保护通过场所中的显著特征与历史本身产生契合，其目的是维护和诠释那些与特定的建筑及景观有深刻关联的历史。""历史保护从场所的实体特征中唤起更大的共鸣。那些与历史事件相连的实体特征通常增加了历史记载的可信性，帮助体验者获得全方位的感知，促进了当代及未来的人们对关于过去的历史叙述的理解和感悟，加强了历史保护工作在社会、政治与文化生活中的作用。"[①] 我国五大国家文化公园的基本特质均在于"国家文化标识"的属性。长征国家文化公园不仅以军事文化标识为重要特质，更是革命文化标识的重要载体。进而言之，长征国家文化公园是展示革命历史地理风貌与新中国建设成就的国家公共文化服务设施，也是革命文化与旅游融合发展的重大文化工程。

第一，长征国家文化公园是以长征路线为内容的国家文化公园。1935年5月，《中国工农红军布告》首次使用"长征"指代1934年以来中国工农红军的这场战略转移与军事远征，同年11月13日中国共产党中央委员会在《为日本帝国主义并吞华北及蒋介石出卖华北出卖中国宣言》中亦提及这一概念。[②]"长征"发生于中国革命遭遇挫折的时期，红军的行进路线亦多选择敌军力量比较薄弱的偏远地区。根据《长征国家文化公园建设保护规划》等相关文件，长征国家文化公园的范围主要是1934年10月至1936年10月红一方面军（中央红军）、红二方面军（红二、红六军团）、红四方面军和红二十五军长征途经的地区，涉及福建、江西、河南、湖北、湖南、广东、广

[①] 布鲁斯通认为：法国人拉斐德1824年至1825年的"美国凯旋之旅"导致了美国"（独立战争）历史保护运动"的兴起，很久以后成为美国旅游经济的奠基石。[美]丹尼尔·布鲁斯通：《建筑、景观与记忆——历史保护案例研究》，汪丽君等译，中国建筑工业出版社2015年版，第6、27页。

[②] 参见韩子勇《黄河、长城、大运河、长征论纲》，文化艺术出版社2021年版，第132页。

西、重庆、四川、贵州、云南、陕西、甘肃、青海、宁夏等 15 个省（区、市），72 个市（州），381 个县（区、市）。可见，长征国家文化公园与长城国家文化公园都与军事主题相关，但是前者并非体现为某一相对固定的军事建筑，而是体现为数百场战斗遗址与重要会议遗址及贯穿其间的行军路线。

自 1994 年马德里文化线路世界遗产专家会议讨论"文化线路"概念等问题以来，世界各国对于"线性文化遗产"的认识不断深入。2005 年，国际古迹遗址理事会修订《实施〈保护世界文化与自然遗产公约〉操作指南》，将"文化线路"列为一类重要的文化遗产。2008 年，《关于文化线路的国际古迹遗址理事会宪章》认为"文化线路"具有如下三个特征：一是源自并能体现人类的互动，能体现民族、国家、地区或大陆间的多维度、持续、互惠的物品、思想、知识和价值观的交流；二是时空上能够促进全部相关文化间的交流互惠，并能够在其物质遗产和非物质遗产中得到体现；三是能够将相关联的历史关系与文化遗产有机融合，形成一个动态系统。① 欧美学者所谓"文化线路"，多指古商道等"贸易路线"或者与宗教相关的"朝圣路线"，我国的"丝绸之路""茶马古道"等与此相近。② 长征国家文化公园并非仅指红军长征时期众多革命文物的"点状分布"路线，也指以红军长征路线的众多革命遗址、纪念馆为依托，围绕红军征战路线而形成的一个革命文化遗产线路。因此，长征国家文化公园建设，首先应当体现为"红军长征风景道、步行道"等相关道路规划的制定与实施。③

---

① 参见丁援《国际古迹遗址理事会（ICOMOS）文化线路宪章》，《中国名城》2009 年第 5 期。
② 参见丁援、马志亮、许颖《文化线路在中国》，东方出版中心 2020 年版，前言。
③ 一般认为，"风景道"是指兼具交通运输、景观欣赏的公路。美国是"风景道"的研发地与实践地，其于 1995 年颁布所谓"国家风景道计划"，迄今已经资助了一百多条"国家风景道"的建设。参见余青等编著《美国主题型风景道规划设计》，中国建筑工业出版社 2018 年版，第 2 页。

第二，长征国家文化公园是以革命文化为主题的国家文化公园。在我国已经明确的五大国家文化公园建设之中，长征国家文化公园是唯一以革命文化为主题的，尤以"长征精神"为其重要文化标识。2016年10月21日，习近平总书记在纪念红军长征胜利80周年大会上指出："伟大长征精神，是中国共产党人及其领导的人民军队革命风范的生动反映，是中华民族自强不息的民族品格的集中展示，是以爱国主义为核心的民族精神的最高体现。""伟大长征精神，作为中国共产党人红色基因和精神族谱的重要组成部分，已经深深融入中华民族的血脉和灵魂，成为社会主义核心价值观的丰富滋养，成为鼓舞和激励中国人民不断攻坚克难、从胜利走向胜利的强大精神动力。"[1] 因此，长征精神不仅是中国共产党领导的革命文化之重要内容，也是中华民族自强不息的民族品格之集中展示，是革命文化与中华优秀传统文化融汇的重要历史成果，更是当代中国特色社会主义先进文化的丰富精神滋养。依据国家发改委等部门颁发的《文化保护传承利用工程实施方案》等相关文件规定，长征国家文化公园的建设内容主要包括"革命博物馆、纪念馆""长征沿线重要遗址遗迹"与"特色公园""非物质文化遗产"等，长征沿线的"历史文化名城名镇名村和街区""文化旅游复合走廊"等亦应被纳入其中，以真实体现红军长征时期的历史风貌。

第三，长征国家文化公园是以生态脆弱为特征的国家文化公园。如前文所述，基于红军长征时期"敌强我弱"的军事斗争形势，红军的行进路线多选择敌军力量比较薄弱的偏远地区。红军在长征途中攀越的40余座高山险峰，海拔4000米以上的雪山就有20余座，被称为"死亡陷阱"的茫茫草

---

[1] 习近平：《在纪念红军长征胜利80周年大会上的讲话》，人民出版社2016年版，第9页。

地在当时是著名的沼泽地。红军长征行经的这些地区,很多是生态脆弱区域。因此,为最大限度地呈现红军时期沿线的历史地理风貌,长征国家文化公园建设必须加强沿线地区的自然生态环境保护。具体而言,长征国家文化公园建设需要依据长征沿线革命文物和革命文化资源的整体布局、禀赋特征及周边人居环境、自然条件、配套设施等情况,结合国土空间规划,区分并重点建设管控保护、主题展示、文旅融合与传统利用四类主体功能区,同时推进保护传承、研究发掘、环境配套、文旅融合、数字再现、教育培训六大工程。

二、长征国家文化公园建设中的革命文物立法

《长城、大运河、长征国家文化公园建设方案》指出,要"深化对长城、大运河、长征沿线文物和文化遗产保护法律问题研究和立法建议论证,推动保护传承利用协调推进理念入法入规"。长征国家文化公园建设主要涉及相关文化遗产的保护及文化标识的构造等问题,首先需要以我国现行《中华人民共和国文物保护法》等相关立法为基础,尤其需要以革命文物的相关立法为依托。

(一)《中华人民共和国文物保护法》等国家立法

我国《中华人民共和国文物保护法》第 2 条规定,"与重大历史事件、革命运动或者著名人物有关的以及具有重要纪念意义、教育意义或者史料价值的近代现代重要史迹、实物、代表性建筑"受国家保护。长征文物是一个呈线性分布的巨型遗产体系,包括革命文物、遗址遗迹、纪念地等物质文化遗产。相对于一般历史文物之艺术与历史价值,以及欣赏、研究与

收藏等功能而言，长征文物属于革命文物，其主要具有纪念价值及教育功能。因此，相对于一般历史文物，长征文物等革命文物更容易流失或者受到破坏，更需要加强抢救性保护。从 1950 年中央人民政府政务院文化部颁布的《征集革命文物令》到 1961 年国务院的《文物保护管理暂行条例》，再到 1982 年《中华人民共和国文物保护法》通过，革命文物始终是我国文物保护的主要对象之一。为了积极推进革命文物保护，中共中央党史研究室制定了《2007—2011 年工作规划》，确定了革命遗址普查任务，并于 2007 年制定《全国革命遗址普查实施方案》，明确规定革命遗址普查的时间范围为民主革命时期（1919—1949 年）。2018 年，国家文物局发布《关于报送革命文物名录的通知》，将"革命文物"拓展至"见证中国共产党领导中国人民进行新民主主义革命与社会主义革命的光荣历史，并经认定登记的实物遗存"，同时规定"社会主义建设和改革时期彰显革命精神、继承革命文化的实物遗存，纳入革命文物范畴"。中共中央办公厅、国务院办公厅《关于实施革命文物保护利用工程（2018—2022 年）的意见》明确要求，"以中央红军长征路线为基础，统一规划、统一标识、统一保护标准、统一配套设施建设"，"实施长征文化线路保护总体规划，建设长征文化线路保护利用示范段"等。为了因应革命文物保护的需要，有学者提出制定"革命文物保护条例"、构建"革命文物学"等观点。① 实际上，传统文物保护模式不仅难以适应线性文化遗产保护的需要，更难兼顾国家文化公园建设之需要。域外关于线性空间的规划，有所谓"公园道""绿道""风景道""游道"等类型。② 长征国家文化公园建设需要兼顾文化遗产保护与自然生态保护、传承与传播革命文化

---

① 参见李晓东《革命文物保护法规创建发展述略》，《中国文物报》2019 年 12 月 10 日。
② 参见龚道德《美国运河国家遗产廊道研究》，中国建筑工业出版社 2018 年版，第 27 页。

等多重目的。因此，长征国家文化公园建设不仅需要加强革命博物馆、纪念馆建设与革命遗址遗迹保护，还需最大限度地复原红军长征行军路线的革命历史风貌，打造长征国家文化公园的统一标识，修建"红军长征风景道""红军长征步行道"，并使之相互连接、统一管理，以方便民众游览、休憩等。可见，长征国家文化公园建设涉及诸多事项，建立健全相关立法体系势在必行。

（二）有关革命文物保护的地方立法

2012年《文化部"十二五"时期文化改革发展规划》提出，要推动文物保护地方性法规体系建设。2016年，《国务院关于进一步加强文物工作的指导意见》更明确要求，省级人民政府和具有立法权的市级人民政府要推动文物保护地方性法规规章制度修订工作，健全法治保障体系。2018年，中共中央办公厅、国务院办公厅印发《关于加强文物保护利用改革的若干意见》明确规定："鼓励各省、自治区、直辖市及设区的市制定文物保护地方性法规。"《长城、大运河、长征国家文化公园建设方案》也明确要求"相关省份结合实际修订制定配套法规规章"。据统计，当前我国各地共制定有关革命文物保护的地方性法规16部（其中，省级人大常委会制定的地方性法规3部），地方政府规章1部。

由表1可知，如果计入市级地方性法规，长征沿线15个省（区、市）大多数已经制定了革命文物保护的相关法规与规章。长征国家文化公园建设不仅涉及众多长征时期的革命文物，还涉及诸多革命历史文献、革命先烈事迹、红军故事、红色歌曲等非物质文化遗产，可以依据《非物质文化遗产法》加以保护和传承。

表1 我国有关革命文物保护的地方性法规规章

效力位阶	发布时间	文件名称
省级地方性法规	2022-01-16	广东省革命遗址保护条例
	2021-11-19	江西省革命文物保护条例
	2020-03-25	陕西省延安革命旧址保护条例（2020年修订）
市级地方性法规	2021-10-14	铜川市陕甘边根据地照金革命旧址保护条例
	2021-08-05	丽水市革命遗址保护条例
	2021-01-01	荆州市湘鄂西苏区革命遗存保护条例
	2020-12-21	河源市革命旧址保护条例
	2020-12-07	广元市红色革命遗址遗迹保护条例
	2020-11-25	玉溪市革命遗址保护条例
	2020-09-01	延安市实施《陕西省延安革命旧址保护条例》办法
	2020-08-19	汕尾市革命老区红色资源保护条例（2020年修正）
	2019-12-03	南平市革命旧址保护利用条例
	2019-04-22	赣州市革命遗址保护条例
	2018-09-21	盐城市革命遗址和纪念设施保护条例
	2017-12-01	滨州市渤海老区革命遗址遗迹保护条例
	2017-11-20	黄冈市革命遗址遗迹保护条例
地方政府规章	2021-01-16	重庆市红岩革命旧址保护区管理办法

三、推进长征国家文化公园建设需要专门立法

（一）长征文物保护立法与红色资源保护立法不能完全满足长征国家文化公园建设的现实需要

近年来，我国为积极推进国家公园建设，借鉴域外"一园一法"模式，加紧推进相关立法。[①] 国家文化公园建设是否也需要适用这一立法模式？2019 年的《长城、大运河、长征国家文化公园建设方案》仅简单提及相关立法，而我国理论界对于这一问题尚未形成共识。相对于我国已有的 5 个国家公园而言，国家文化公园所跨省（区、市）都在 8 个以上，所跨行政区域数量更多，其立法难度可想而知。[②] 近年来，为了加强革命文物等红色资源的保护，我国各地正在积极推进相关立法体系建设，其中与长征国家文化公园建设紧密相关的主要有两种类型，即红色资源保护利用综合立法与长征国家文化公园专门立法。

《长城、大运河、长征国家文化公园建设方案》指出，要制定"长征文物保护条例"。但是，长征国家文化公园建设牵涉面甚广，远不止"长征文物保护"，至少必须扩展至"红色资源"的保护与利用。具体而言，"红色资源"包括"红色物质资源"和"红色非物质资源"，而长征沿线地区的革命文物是我国最为重要但非唯一的红色资源。2008 年，中宣部、国家发改委

[①] 譬如，青海省制定《三江源国家公园条例（试行）》(2017 年)，福建省制定《武夷山国家公园条例（试行）》(2017 年)、海南省制定《海南热带雨林国家公园管理条例（试行）》(2020 年)。《四川省大熊猫国家公园管理条例》与《东北虎豹国家公园管理办法》亦在立法过程之中。

[②] 当前，除了武夷山国家公园、海南热带雨林国家公园归属于某一省区之外，三江源国家公园主要涉及青海、西藏 2 个省（区），东北虎豹国家公园涉及吉林、黑龙江 2 个省，大熊猫国家公园涉及四川、陕西、甘肃 3 个省。而大运河国家文化公园涉及 8 个省（市）、黄河国家文化公园涉及 9 个省（区），长城国家文化公园与长征国家文化公园都涉及 15 个省（区、市），长江国家文化公园涉及 13 个省（区、市）。

等部门颁布《关于进一步促进红色旅游健康持续发展的意见的通知》，提出要"逐步把反映社会主义时期党的重要活动及建设创业史、体现时代精神的红色资源保护起来，不断丰富完善红色旅游内容和保护体系"。

据不完全统计，当前我国关于红色资源保护和利用的地方性法规有27部（其中省级地方性法规为7部），这些地方性法规大致构成了红色资源保护和利用的立法体系。但是，我国各地的红色资源法规名称各不相同。譬如，山东省临沂市的为《临沂市红色文化保护与传承条例》，山西省、陕西省，以及宁德市、牡丹江市、长治市、固原市、吴忠市、龙岩市、赣州市、黄冈市、南平市、盐城市、滨州市的法规使用"红色文化遗址""红色文化遗存""革命旧址""革命遗址"或"红色革命遗址遗迹"等概念。在地方立法中，《梅州市红色资源保护条例》和《上海市红色资源传承弘扬和保护利用条例》则明确采用"红色资源"概念。法规名称的不同导致法规调整范围的差异。从概念内涵来看，"红色文化遗址""红色文化遗存""革命旧址""革命遗址"或"红色革命遗址遗迹"偏重于物质形态的历史建筑、烈士陵园、纪念场馆以及重大革命事件发生地遗址、遗迹等的保护。"红色文化"包括"物质文化"和"非物质文化"两种形态，在保护对象上则以物质形态的革命遗址为主。山西省、龙岩市、牡丹江市、梅州市、汕尾市、宁德市、固原市等地均将红色资源范围确定为"中国共产党领导的新民主主义革命时期"的革命遗址遗存，而山东省临沂市则将红色资源范围拓展到社会主义革命与社会主义建设、改革开放时期。《湖南省红色资源保护和利用条例》对于"红色资源"的界定更为完整且全面，其第3条规定："本条例所称红色资源，是指新民主主义革命以来，包括新民主主义革命时期、社会主义革命和建设时期、改革开放和社会主义现代化建设时期、新时代中国特色社会主义时期，中国共产党团结带领各族人民所形成的具有历史价值、教育意义、纪念意义的下列物质资源和非物质资源,以及蕴含其中的重要精神。"红色资源立法突破了革命文物立法的诸多局限,但其缺乏长征国家文化公园建设所必要的管理机制等内容,因而依然难以为长征国家文化公园建设提供充分的法治保障。

(二)国家和地方专门立法是推进长征国家文化公园建设的重要法治保障

当前,在长征国家文化公园建设所涉及的福建、江西、河南等15个省(区、市)中,仅贵州省制定了《贵州省长征国家文化公园条例》。从国家文化公园建设的目的与功能来看,长征国家文化公园立法的内容并不限于对长征文物的零散保护,而是需要将长征沿线的相关文物资源与自然资源都纳入保护和合理利用的范围。我国国家公园"一园一法"的立法模式兼顾了国家公园的差异性,但是其"形式意义立法"备受诟病,有学者主张尽快代之以国家层面的综合立法。[①] 国家文化公园立法不可重复原有的国家公园立法思路,应由全国人大常委会适时制定"长征国家文化公园法",或者由国务院先行制定"长征国家文化公园条例",对长征国家文化公园建设予以整体规划与全面规制,并解决长征国家文化公园建设中各级政府的事权、财权划分等问题。此外,长征沿线的地方政府则可以根据需要制定地方性的保护法规或者规章。具体而言,"长征国家文化公园法"或"长征国家文化公园条例"可以打破"分散保护""单体保护"的文化遗产保护管理格局,统筹"长征文物""红色非物质文化遗产"及相关自然景观和人文景观等的保护、规划、

[①] 参见秦天宝、刘彤彤《国家公园立法中"一园一法"立法模式之谜思与化解》,《中国地质大学学报(社会科学版)》2019年第6期。

建设、利用等工作，以传承长征精神，增强民族文化认同。其内容至少应当包括如下几个方面。

第一，确立保护与传承并重的立法理念。澳大利亚学者弗罗斯特等提出："国家公园长期被描述成民族特征与民族文化的象征。它们一直被用作民族自豪感得以表达的有形焦点。它们在向世人展示，国家具有现代性和国际重要性，而有些国家更是因为拥有国家公园而显得与众不同。通过这种形式的国际对比，国家公园确认了民族国家的地位，并塑造了它的形象。"[1] 相对于国家公园而言，国家文化公园是国家的文化标识所在，具有更为鲜明的政治属性与文化属性。长征国家文化公园不仅需要加强长征沿线的自然生态环境与革命文物等遗产的保护，尤其是对具有政治、文化、历史价值的长征文化遗产实施整体性保护，更需要通过红色旅游等路径，深入挖掘长征文化的丰富内涵，充分展现与弘扬长征文化遗产承载的革命文化，使得长征精神融入社会主义先进文化，进而得到广泛传播与传承。

第二，建立中央与地方共管的管理体制。美国的国家公园主要建在联邦政府所有的土地之上，并由在1916年设立的国家公园管理局实施管理。在我国的五大国家公园中，唯有东北虎豹国家公园采用了类似管理模式，东北虎豹国家公园管理局由此成为我国第一个国家公园管理机构。长征国家文化公园涉及长征沿线15个省（区、市），不宜照搬美国国家公园的国家直接管理模式。而日本通过制定《自然公园法》，区分"国立公园""国定公园"与"都道府县立公园"，分别采用不同的管理机制，值得我国借鉴。[2] 譬如，长

---

[1] ［澳］沃里克·弗罗斯特、［新西兰］C.迈克尔·霍尔编：《旅游与国家公园发展、历史与演进的国际视野》，王连勇等译，商务印书馆2014年版，第89页。
[2] 参见杜群等《中国国家公园立法研究》，中国环境科学出版社2018年版，第81页。

征国家文化公园建设事关长征沿线革命文物与生态环境的保护，尤其是"长征精神"的诠释与传播，属于国家事权而非地方事权。因此，我们建议设立"长征国家文化公园管理局"或者"国家文化公园管理局"，直接管理重要的革命博物馆、纪念馆与"长征步行道"，对长征国家文化公园"文化标识"的构建实施全面管理。与此同时，各省、市、县在宣传部门或者文旅部门设置相应管理机构，对本行政区域内的国家文化公园加强管理。国家文化公园管理机构应当积极推进立法，以合理配置相关部门的职权，建立宣传、文化和旅游、发展改革、财政、自然资源、生态环境、住房和城乡建设部等部门的综合协调机制，统一指导、统筹协调长征国家文化公园的规划与管理、保护与利用等相关工作，审议重大政策、重大规划，统筹重大资金使用，协调跨地区跨部门重大事项，等等。

第三，构建立法与政策互补的保障模式。域外国家公园立法往往有一个复杂的体系。例如，美国实行联邦政府直接管理的国家公园体制，亦形成《古迹法案》《国家公园组织法》《荒野法》《国家历史保护法》《考古资源保护法》等数十部法律构成的庞大立法体系，并非简单的"一园一法"模式。[①]因而，长征国家公园建设的法治保障，并非一部"长征国家文化公园法"或"长征国家文化公园条例"可以完成。长征国家文化公园立法不仅要给地方立法留下必要的空间，也要给国家文化公园相关政策的制定与实施预留必要的空间，譬如：面向长征文物的保护、引导长征文化传承和利用的财政支持政策；支持长征国家文化公园建设与长征文化传播的金融支持政策、文创开发和文化旅游融合发展政策；鼓励社会公众捐赠长征文物的税收

---

① 参见刘佳奇《国家公园建设中的核心法律问题研究》，辽宁大学出版社2020年版，第5—7页。

支持政策；等等。

第四，形成政府与社会共建的发展模式。2021年《文化保护传承利用工程实施方案》规定，"国家文化公园建设区分重点项目和其他项目，主要建设内容包括博物馆、纪念馆、重要遗址遗迹、特色公园、非物质文化遗产、历史文化名城名镇名村和街区、文化旅游复合廊道"，等等。中央投资最高支持额度为重点项目8000万元，一般项目2000万元。"地方人民政府是地方项目的责任主体，负责履行项目有关审批程序，会同项目单位多渠道筹措资金。国家发展改革委统筹考虑国家财力状况、中央和地方事权划分原则、区域发展支持政策和各地差异安排中央预算内投资予以支持。"从长期规划来看，国家文化公园的相关项目建成以后，不仅需要根据实际需要追加投资，还需要巨额维护和运营经费，绝非单纯的政府财政资金所能承受，尤其需要避免陷入自然保护地的困境。

有学者在调查自然保护地的实际情形之后发现，"许多保护地内的土地价值差异非常巨大，导致部分因空间管制而土地价值受损的原住民对遗产资源保护的热情不高，甚至出现许多冲突。那些土地被管制而失去发展机会且没有获得任何补偿的原住民也倾向于从遗产资源上获利，遗产资源开发的激烈竞争导致保护地的环境恶化，这样的案例屡见不鲜"[1]。国家公园等自然保护地所遭遇的困境，实质上是国家发展规划对于当地居民财产权的限制而引发的矛盾及争端，这在国家文化公园建设过程中也难以避免。这些因国家规制而引发的利益矛盾与融资困境，难以通过行政征收或者征用等单一途径解决，而是需要引入社会力量参与，如采用"政府与社会共建的发展模式"予

---

[1] 吴佳雨：《中国自然保护地融资机制》，科学出版社2022年版，第173页。

以积极回应。譬如,《湖南省红色资源保护和利用条例》第 20 条即明确规定:"县级以上人民政府可以根据红色资源保护和利用需要,在自愿、平等协商的基础上通过购买、产权置换、接受捐赠等方式取得红色资源所有权,或者在产权不变的条件下通过合理补偿、租赁等方式保护和利用红色资源。"红军长征沿线的"革命遗址""革命旧址"或"红色革命遗址遗迹",有不少属于农村集体经济组织并由其成员享有使用权,如果全部采用征收或者征用模式,势必需要支付巨额补偿资金。《湖南省红色资源保护和利用条例》为解决这一问题提供了多种灵活备选的方案,可资长征国家文化公园立法借鉴。

第五,创建由总则与分则构成的立法体例。《贵州省长征国家文化公园条例》共有七章:第一章"总则",第二章"保护",第三章"建设",第四章"利用",第五章"管理",第六章"法律责任",第七章"附则"。该条例的文本结构,主要是依循保护优先原则,本着先"建设"后"利用"及"管理"再"追责"的逻辑顺序,具有相当的合理性。鉴于规划与管理的重要意义,我国"长征国家文化公园法"或"长征国家文化公园条例"可参考《贵州省长征国家文化公园条例》的立法体例,根据长征沿线文物保护与自然生态环境保护的需要构造法律文本,具体如下。第一章"总则",主要规定长征国家文化公园立法的目的、指导思想、基本概念、基本原则、功能定位、管理体制、基本制度等。第二章"规划与管理",主要规定长征国家文化公园协调机制的组成及其职权,总体规划与城乡规划、专项规划的衔接,协同保护与协同开发等,明确政府主导、社会参与的规划与管理机制等。第三章"保护与传承",主要规定长征国家文化公园的文物保护、文化传承等职权划分和基本举措。其中,"革命文物保护"应当以政府为主导,积极引导社会力量参与,注重"预防性保护""常规性保护"和"抢救性保护"等的有机结合,规划设立"红军长征步行道"并规定"生态系统保护""环境污染治理"等具体举措。"文化传承"的主要载体是各类革命博物馆、纪念馆及革命遗址遗迹遗存等，需要在党委、政府引领之下，充分发挥革命馆址等相关机构的作用，引导它们建立行业联盟与长征文化数字资源共享平台等。第四章"建设与利用"，明确促进长征文化遗产与旅游融合的行政、财政、税收、金融等措施，破除长征沿线地区城乡区域协调发展的制度障碍，构建协同管理运营的体制机制。第五章"法律责任"，主要是对违反"长征国家文化公园法"或"长征国家文化公园条例"等相关法律法规而需承担的民事责任、行政责任和刑事责任进行规定。第六章"附则"，主要规定该法的生效时间，以及对"长征国家文化公园"等相关概念的解释。

四、结论

我国国家文化公园有效借鉴但又超越了国内外国家公园的理念及模式，承载着构建中华民族文化标识的崇高使命与重要价值。在我国确立的五大国家文化公园中，长征国家文化公园以"革命文化""军事文化"及脆弱的生态环境、横跨15个省（区、市）而独具特色。正因为如此，长征国家文化公园立法既不可照搬域外国家公园立法模式，亦不可简单沿用我国国家公园的立法方案。长征国家文化公园立法需要在已有的文物保护立法基础之上，总结革命文物立法和红色资源立法的经验，根据需要适时制定"长征国家文化公园法"或者由国务院先行制定"长征国家文化公园条例"，为长征国家文化公园建设提供坚实的法治保障。

［原载《中南大学学报（社会科学版）》2023年第2期］

文化强国战略下中国国家文化公园
研究述评与展望*

唐承财　黄梓若　王逸菲　燕科凝　银淑华

　　2011年10月,党的十七届六中全会明确提出建设社会主义文化强国的目标。2017年党的十九大报告提出新时代文化建设的目标是坚持中国特色社会主义文化发展道路,建设社会主义文化强国。在文化强国战略背景下,将国家文化公园建设成为党中央加强中华优秀传统文化传承与发展的重大决策部署。2017年1月,中共中央办公厅、国务院办公厅印发《关于实施中华优秀传统文化传承发展工程的意见》,首次提出要"规划建设一批国家文化公园";随后陆续确定了长城、大运河、长征、黄河、长江五大国家文化公园建设格局,国家文化公园逐渐由构想转变为现实,迎来发展热潮。

　　自国家文化公园相关概念提出以来,学术界针对国家文化公园展开了广

---

* 本文系国家社科基金艺术学重大项目（项目编号：20ZD02）成果。

泛的探讨，主要聚焦于国家文化公园的内涵[①]、特征[②]、类型[③]与价值[④]，以及对国家文化公园具体建设实践[⑤]与面临困境的建议[⑥]与思考[⑦]，相关研究成果颇丰。但是，纵观国家文化公园的建设发展，依然存在文化保护活化不到位、管理体制机制尚不健全、文旅融合有待深化、生态环境保护不力等现实问题亟待解决。基于此，文中借助 CiteSpace 软件进行可视化处理，系统梳理并总结 2006 年 9 月 15 日—2023 年 1 月 4 日国家文化公园的研究进展、研究主题等方面内容。基于研究现状及国家文化公园发展态势，提出理论和实践层面的展望，以期为未来国家文化公园相关研究与实践提供参考与借鉴。

一、国家文化公园缘起与内涵

在文化强国战略背景下，国家文化公园是我国在文化遗产领域的创新建设，深刻理解与把握其缘起演进与概念内涵，能够为国家文化公园研究提供更全面的视角、为其实践提供更科学的理论支撑，是传承中华优秀传统文

[①] 参见张祝平《黄河国家文化公园建设：时代价值、基本原则与实现路径》，《南京社会科学》2022 年第 3 期；苗长虹《文化遗产保护能够从自然保护中学到什么——以黄河国家文化公园建设为例》，《探索与争鸣》2022 年第 6 期。
[②] 参见龚道德《国家文化公园概念的缘起与特质解读》，《中国园林》2021 年第 6 期。
[③] 参见孙华《国家文化公园初论——概念、类型、特征与建设》，《中国文化遗产》2021 年第 5 期。
[④] 参见梅耀林、姚秀利、刘小钊《文化价值视角下的国家文化公园认知探析——基于大运河国家文化公园实践的思考》，《现代城市研究》2021 年第 7 期；赵云、赵荣《中国国家文化公园价值研究：实现过程与评估框架》，《东南文化》2020 年第 4 期。
[⑤] 参见王庆生、明蕊《长征国家文化公园建设及其国家认同研究：基于文旅融合视角》，《中国软科学》2021 年第 S1 期；张义《国家文化公园数字化水平的多维评价及提升策略》，《探索与争鸣》2022 年第 6 期。
[⑥] 参见钟晟《文化共同体、文化认同与国家文化公园建设》，《江汉论坛》2022 年第 3 期。
[⑦] 参见王克岭《国家文化公园的理论探索与实践思考》，《企业经济》2021 年第 4 期。

化、拓展文化发展新空间的重要路径。

（一）国家文化公园缘起与演进

在分析国内外学术期刊与政策理念的基础上，可以明确"国家文化公园"这一概念属于我国首创，2006 年首次出现[①]，2017 年正式提出并推行。但国家文化公园并非空穴来风、一蹴而就，而是经过长期经验积累，在学习国外相关国家公园体系与遗产廊道理论[②]的基础上，依托中国国家公园建设经验与中国线性文化遗产研究，并结合国家战略与具体国情，创新性地提出与建设。（图 1）

国家文化公园的缘起最早可追溯到国外相关国家公园体系与遗产线路

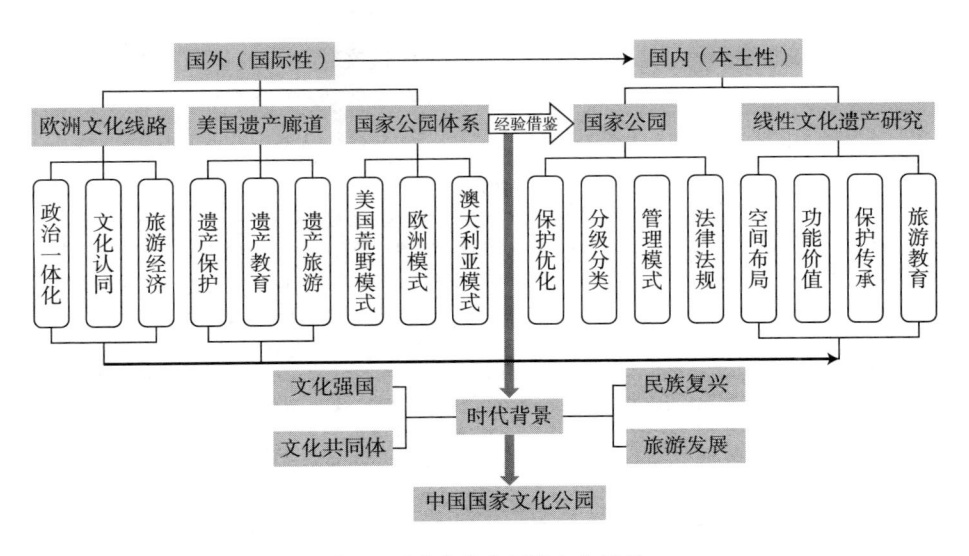

图 1　国家文化公园缘起与演进

---

① 参见王强《"吐鲁番国家文化公园"建设计划实施》，《吐鲁番报（汉）》2006 年 9 月 15 日。
② 参见李飞、邹统钎《论国家文化公园：逻辑、源流、意蕴》，《旅游学刊》2021 年第 1 期。

廊道建设研究。首先就国家公园而言,美国黄石国家公园的诞生标志着国家公园模式的形成,在此后100多年的发展历程中逐渐形成了成熟的国家公园体系,在世界范围内掀起了国家公园建设热潮[1],目前美国、德国、澳大利亚[2]等国家都已建立了独具特色的国家公园体系,其成功的管理模式[3]为中国国家公园及国家文化公园的建设提供了理论和实践参考[4]。此外,欧洲文化线路和美国遗产廊道研究也为中国国家文化公园提供了重要的理论借鉴。

在对国外国家公园体系和遗产廊道理论学习的基础上,我国结合自身特色创新性地打造出中国国家公园。与国外国家公园相比,中国国家公园融入了显著的中国特色,但国家公园和国家文化公园在属性和功能上有很大区别[5],国家公园强调"自然",而国家文化公园则凸显"文化"。二者虽存在巨大差异,但仍同属中国特色公园体系[6],国家公园对于国家文化公园形成具有重要作用。此外,我国文化遗产资源尤其是线性文化遗产的研究也为国家文

---

[1] 参见龚道德《国家文化公园概念的缘起与特质解读》,《中国园林》2021年第6期。
[2] 参见张玉钧、薛冰洁《国家公园开展生态旅游和游憩活动的适宜性探讨》,《旅游学刊》2018年第8期;肖练练、钟林生、周睿等《近30年来国外国家公园研究进展与启示》,《地理科学进展》2017年第2期;Barker A., Stockdale A., "Out of The Wilderness? Achieving Sustainable Development within Scottish National Parks", *Journal of Environmental Management*, 2008, Vol. 88, No. 1, pp. 181-193。
[3] 参见张玉钧《国家公园理念中国化的探索》,《人民论坛·学术前沿》2022年第4期;Blackstock K. L., White V., McCrum G., et al., "Measuring Responsibility: an Appraisal of a Scottish National Park's Sustainable Tourism Indicators", *Journal of Sustainable Tourism*, 2008, Vol.16, No. 3, pp. 276-297。
[4] Blackstock K. L., White V., McCrum G., et al., "Measuring Responsibility: an Appraisal of a Scottish National Park's Sustainable Tourism Indicators", *Journal of Sustainable Tourism*, 2008, Vol. 16, No. 3, pp. 276-297. Wang L .Y., Chen A. Z., Gao Z. F., "An Exploration into a Diversified World of National Park Systems: China's Prospects Within a Global Context", *Journal of Geographical Sciences*, 2011, Vol. 21, No. 5, pp. 882-896。
[5] 参见刘鲁、郭秋琪、吴巧红《立足新时代,探索新路径——"国家文化公园建设与遗产活化"专题研讨会综述》,《旅游学刊》2022年第8期。
[6] 参见刘鲁、郭秋琪、吴巧红《立足新时代,探索新路径——"国家文化公园建设与遗产活化"专题研讨会综述》,《旅游学刊》2022年第8期。

化公园建设打下了坚实基础。

文化强国战略的目标是要推动文化保护传承更"强",文化软实力更"硬",国际文化影响更"广"[①]。国家文化公园是实现文化强国战略的关键举措与必然途径;文化强国战略也为国家文化公园的建设发展提供了科学指引。

(二)国家文化公园概念内涵

(1)国家认同。国家文化公园建设以"国家性"为重要基石,"国家性"从目标定位、建设标准、实践路径等方面贯彻始终。[②]以国家高标准建设国家文化公园,创新探索国家文化公园管理机制,以大型文化公园为载体统筹建构国家文化象征、中华文化重要标志,最终达到传承弘扬中华优秀传统文化与中华民族伟大精神、进一步强化中华民族共同体意识与国家认同感的重大目标。

(2)文化传承。国家文化公园与国家公园在概念上的本质区别在于"文化",文化也是国家文化公园的根本底色。国家文化公园依托极具中国代表性的文化基因与文化遗产资源,通过对文物文化资源的内涵挖掘、科学保护和合理利用构建中华文化重要标志,以此彰显源远流长的中华文明、深厚磅礴的文化象征与鲜明独特的民族精神,讲好新时代中国故事,保护传承中华民族历史文化。[③]

[①] 参见程遂营、张野《国家文化公园高质量发展的关键》,《旅游学刊》2022年第2期。
[②] 参见冷志明《国家文化公园的"国家性"建构研究》,《吉首大学学报(社会科学版)》2022年第5期。
[③] 参见傅才武、程玉梅《"文化长江"超级IP的文化旅游建构逻辑——基于长江国家文化公园的视角》,《福建论坛(人文社会科学版)》2022年第8期;李树信《国家文化公园的功能、价值及实现途径》,《中国经贸导刊(理论版)》2021年第3期。

（3）公园建设。以半封闭半开放的公园形式建设管理我国重大文化生态系统，其政治、社会、经济意义等价值重大。国家意志的体现、文化遗产的传承与保护必须走进公众、落实到居民生活中，才能真正实现文化共享[①]与遗产活化，因此，除了文化传承、生态保护等功能外，国家文化公园还具备科普教育、文旅融合等功能，"还原于民"[②]是国家文化公园建设的重要理念。

二、数据来源与研究方法

（一）数据来源

文中以中国知网学术期刊库（CNKI）、Web of Science（WoS）核心合集数据库为文献来源数据库。利用高级检索方式，在CNKI数据库以"国家文化公园""文化公园""国家公园"为主题并含关键词"文化"和"遗址"进行检索；在WoS核心合集数据库以"national cultural park"和"national park""culture"为主题进行检索，文献时域均设为2006年9月15日—2023年1月4日，检索时间为2023年1月4日。为提高样本数据的准确性，人工剔除与研究主题相关性较小的文章，最终确定中文文献443篇和英文文献12篇，共得到455篇有效文献，生成中国国家文化公园的关键词图谱。

[①] 参见王克岭《国家文化公园的理论探索与实践思考》，《企业经济》2021年第4期。
[②] 王健、王明德、孙煜：《大运河国家文化公园建设的理论与实践》，《江南大学学报（人文社会科学版）》2019年第5期。

（二）研究方法

CiteSpace 软件可用于分析、挖掘科研文献数据。[①] 文中借助 CiteSpace 6.1. R6 对文献进行可视化分析，以关键词为指标获取关键词共现图谱和聚类图谱；同时，运用文献分析法系统整理和归纳期刊文献，可为后续研究及中国国家文化公园的可持续发展提供参考借鉴。

三、国家文化公园研究进展

（一）文献发表时间分布

"国家文化公园"这一概念首次出现于 2006 年，直至 2017 年由官方正式提出。因此以 2017 年这一关键时间节点作为划分依据，将国家文化公园研究划分为两大阶段：2006—2016 年为起步探索期，相关文献研究数量较少；2017 年以后为快速推进期，从 2017 年开始为 3 篇，直至 2022 年达到 221 篇，5 年年均增长率为 84.95%，总体呈现飞速增长的态势。

结合图 2 和图 3 分析可知，国家文化公园文献发布数量与国家政策导向紧密相连。2011 年文化强国战略的提出与 2016 年加快推进社会主义文化强国建设为相关研究奠定了政策基础；随着 2017 年国家文化公园官方构想的正式提出，相关研究发展势头强劲；2019 年《长城、大运河、长征国家文化公园建设方案》出台，相关学术研究聚焦于长城、大运河和长征文化建设上；2020 年黄河国家文化公园加入，黄河文化研究快速增多，且随着党的十九届五中全会明确提出文化强国建设时间，相关研

[①] Chen C. M., Hu Z. G., Liu S. B., et al., "Emerging Trends in Regenerative Medicine: a Scientometric Analysis in Citespace", *Expert Opinion on Biological Therapy*, 2012, Vol. 12, No. 5, pp.593 -608.

究不断增速；2021年国家文化公园保护规划出台，学术研究呈现急速上升态势；在前几年研究积累的基础上，2022年国家文化公园学术研究达到新峰值；按照发展趋势推断，未来几年国家文化公园发文量将进入爆发式增长阶段。

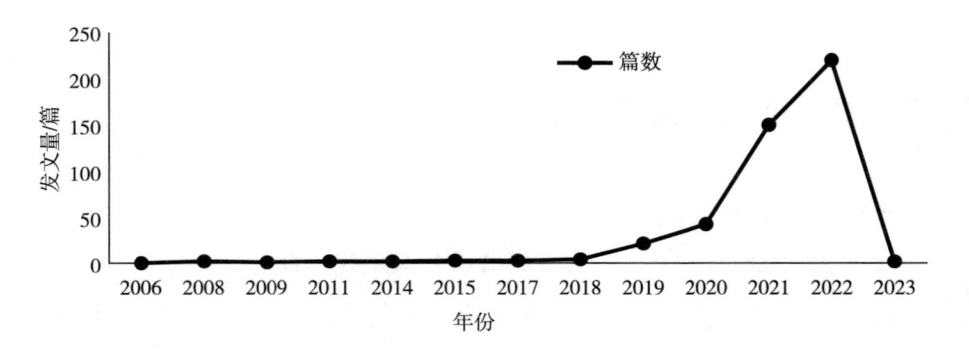

图2 国家文化公园相关文献年度发文量（2006—2023年）

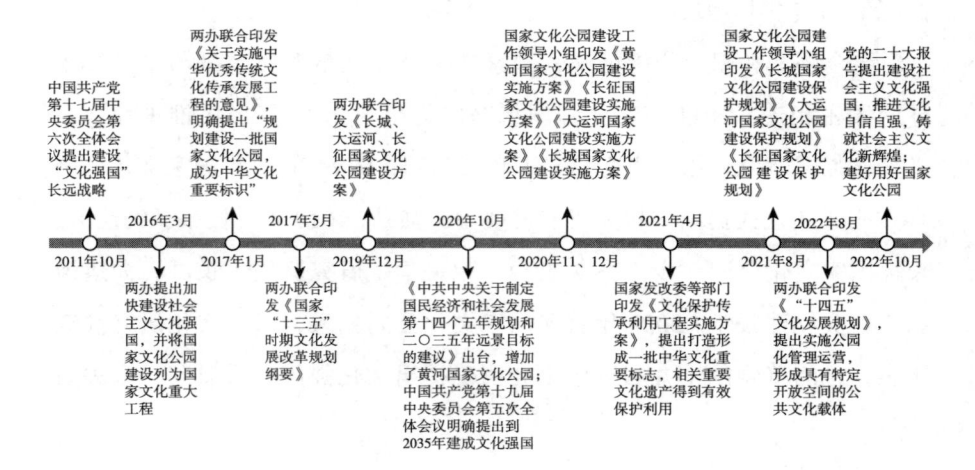

图3 中国国家文化公园建设中的重要政策演进

（二）热点分析

关键词是对文献核心内容的高度凝练和概括，关键词共现图谱能更加准确地反映出各个领域的研究问题。① 运用CiteSpace绘制国家文化公园关键词共现图谱（图4），并统计前10位高频关键词（表1）。国家文化公园关键词共现图谱共形成了212个节点，314条连线。节点越大则关键词频次越高，连线越多表明关键词共现次数越多，连线越粗表明联系程度越强。因此，综合来看"文化公园、大运河、公园建设、文旅融合、国家公园"等关键词出现频次最多，各节点连接较为密切，形成紧密的共现网络，关键词之间具有较强的关联性。

图4　国家文化公园关键词共现图谱

---

① 参见徐虹、张行发《国内社区参与旅游研究回顾与展望——基于CiteSpace和Vosviewer的知识图谱分析》，《西南民族大学学报（人文社会科学版）》2021年第8期。

表1　国家文化公园研究高频关键词

序号	频次	中心度	关键词	年份	序号	频次	中心度	关键词	年份
1	59	0.61	文化公园	2018	6	16	0.51	文化遗产	2011
2	51	0.24	大运河	2019	7	15	0.1	长城	2020
3	29	0.3	公园建设	2019	8	14	0.05	黄河文化	2021
4	28	0.3	文旅融合	2020	9	11	0.07	红色旅游	2021
5	22	0.27	国家公园	2008	10	8	0.05	长征精神	2020

由表1分析可知，"文化公园"出现的频次最高，中心度为0.61，凸显"文化公园"是国家文化公园研究领域的核心节点，与"大运河、公园建设、文旅融合、国家公园"一起位列前五，这与国家文化公园关键词共现图谱高度吻合。"文化公园、大运河、公园建设、文旅融合"等是国家文化公园领域研究的热点，当前对长城、长征、黄河、长江国家文化公园的研究较为缺乏。

对国家文化公园研究文献的关键词进行聚类分析后，人工剔除掉8和11两组相关度较低的聚类号，共得到11组聚类，形成关键词聚类图谱。（图5）通过分析得到网络模块化Q（Modularity）为0.8056，平均轮廓值S（Weighted Mean Silhouette）为0.9275，可知该图谱网络聚类效果较好，同质性较高，关键词聚类结果合理。

基于国家文化公园关键词聚类图谱得到关键词聚类表（表2）。各聚类组S值均在0.7以上，7个组S值在0.9以上，可知聚类效果较显著，质量较高。7号聚类"文化遗产"出现年份为2015年，1号聚类"国家公园"出现年份为2016年，"公园建设""文旅融合""黄河文化"等其他聚类都出现在2019年及以后，体现近年来国家文化公园研究多元化、纵深化的发展趋势。

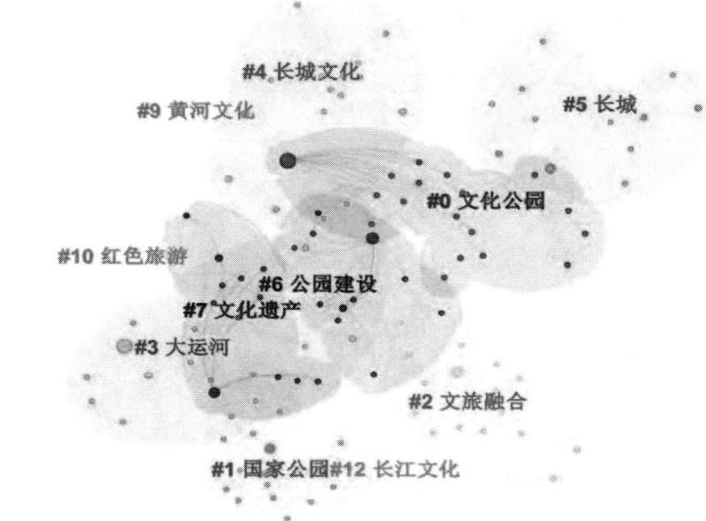

图 5 国家文化公园关键词聚类图谱

表 2 国家文化公园关键词聚类及标签名

聚类号	节点数	轮廓值	年份	LSI 对数似然率标签名	关键词
#0	21	1	2020	文化公园	文化资源；公园建设；文化遗址；黄河文化旅游
#1	18	0.986	2016	国家公园	经济发展；比较；整体规划；美国国家公园
#2	17	0.837	2020	文旅融合	保护规划；文化传播；北京市；国家文化公园
#3	16	0.831	2020	大运河	保护传承；功能区；公益性；大运河文化
#4	14	0.948	2020	长城文化	革命文物
#5	13	0.998	2021	长城	齐长城；山东段；展示规划；标识系统
#6	13	0.993	2019	公园建设	长城保护；长城文化带；文物局
#7	12	0.862	2015	文化遗产	传承；文化空间；产业化；价值

续表

聚类号	节点数	轮廓值	年份	LSI 对数似然率标签名	关键词
#9	9	0.764	2021	黄河文化	价值传播；文化标识；创意传播；生态保护红线
#10	9	0.917	2021	红色旅游	红色基因；长征国家文化公园；红色资源；南梁精神
#12	7	0.945	2021	长江文化	文化符号；文化记忆；乡村振兴；文化 IP

根据关键词共现图谱、关键词聚类图谱，结合相关文献进行梳理归纳，将 2006—2023 年中国国家文化公园研究主要归为 4 个主题，分别是文化挖掘与保护传承（长城文化、黄河文化、长江文化）、文旅融合与活化利用（文旅融合、文化遗产、红色旅游）、建设方向与发展路径（文化公园、长城、公园建设）、管理体制机制建设（国家公园、大运河）。

四、国家文化公园研究主题分析

（一）文化挖掘与保护传承

在文化强国战略背景下，国家文化公园以文化资源为依托，大力开展文化保护与传承工作，在此基础上推动国家文化公园建设发展。相关研究涵盖了"长城文化""黄河文化"和"长江文化"等关键词。

在保护传承方面，首先对国家文化公园的文化资源进行全面的认知与评估，学者们针对现有五个国家文化公园的文化资源分别开展研究，并得出长征文化的核心在于其革命精神[①]、红色基因[②]和教育价值[③]；长城文化是集物质与非物质、自然与人文于一体[④]的大型线性军事防御体系[⑤]；长江文化是由古代稻作文明[⑥]、近代中西交流[⑦]和现代生活场景[⑧]共同构成的文化体系；黄河文化是集水利文化[⑨]、民族精神[⑩]、国家文脉[⑪]于一体的复合型文化符号；大运河文化则彰显了千百年来中华先民科技文明[⑫]和劳动人民伟大智慧[⑬]等各公园文化内涵。在此基础上，学者们将研究视角聚焦于文化资源的保护原则、保护空间、保护内容和保护模式四个层面。保护原则上，国家文化公园打破了以往单点保护困

---

① 参见杜凡丁、杨戈、刘占清《讲好长征故事传承长征精神：长征国家文化公园建设保护体系的构建》，《中国文化遗产》2021年第5期。
② 参见王庆生、明蕊《长征国家文化公园建设及其国家认同研究：基于文旅融合视角》，《中国软科学》2021年第S1期。
③ 参见刘涛《长征国家文化公园的思想政治教育价值》，《北京教育（德育）》2022年第2期。
④ 参见李西香、高爱颖《国家文化公园视域下齐长城的文化内涵与时代价值》，《济南大学学报（社会科学版）》2021年第6期。
⑤ 参见韩子勇、任慧《国家文化公园步道建设的意义、原则与策略——以长城国家文化公园为例》，《西北师大学报（社会科学版）》2022年第5期。
⑥ 参见傅才武、程玉梅《论长江国家文化公园构建的历史逻辑》，《文化软实力研究》2022年第2期。
⑦ 参见傅才武、程玉梅《"文化长江"超级IP的文化旅游建构逻辑——基于长江国家文化公园的视角》，《福建论坛（人文社会科学版）》2022年第8期。
⑧ 参见傅才武、程玉梅《"文化长江"超级IP的文化旅游建构逻辑——基于长江国家文化公园的视角》，《福建论坛（人文社会科学版）》2022年第8期。
⑨ 参见李云鹏《对黄河水利文化及黄河国家文化公园建设的思考》，《中国文化遗产》2021年第5期。
⑩ 参见张祝平《黄河国家文化公园建设：时代价值、基本原则与实现路径》，《南京社会科学》2022年第3期。
⑪ 参见陈波、庞亚婷《黄河国家文化公园空间生产机理及其场景表达研究》，《武汉大学学报（哲学社会科学版）》2022年第5期。
⑫ 参见周泓洋、王粟、周扬《大运河文化的多维价值与国家文化公园建设》，《中国名城》2022年第7期。
⑬ 参见吴殿廷、刘锋、卢亚等《大运河国家文化公园旅游开发和文化传承研究》，《中国软科学》2021年第12期。

境[1]和保护形式单一[2]等困境,采用整体性[3]和系统性保护原则,创新了大型文化遗产的保护理念;保护空间上,国家文化公园由点及线,推动文化资源从点状保护向聚落组团和带状发展[4]转变,形成了线性保护空间;保护内容上,国家文化公园注重要素整合,将文化遗产和自然遗产[5]、物质文化与非物质文化[6]统一纳入保护体系当中,克服了遗产分散保护的问题;保护模式上,在本体保护[7]、沿线名城名镇修复[8]、重点区段遗址遗迹修缮[9]的基础上,建设一批遗址保护的标志性项目[10],并通过立法、指南、监管等形式推动文化保护传承工作的落实。此外,部分学者认为国家文化公园在文化保护传承层面仍存在单体小而散[11]、产权复杂[12]、边界模糊[13]等现实问题亟待解决。通过

---

[1] 参见汪愉栋《国家文化公园协同保护路径构建——以非物质文化遗产保护为视角》,《河北科技大学学报(社会科学版)》2022年第1期。
[2] 参见樊潇飞、Kim Kyung Yee《新时代文化旅游发展中建设国家文化公园的价值、问题与优化》,《社会科学家》2022年第12期。
[3] 参见邹统钎《国家文化公园的整体性保护与融合性发展》,《探索与争鸣》2022年第6期。
[4] 参见刘敏、张晓莉《国家文化公园:从文化保护传承利用到区域协调发展》,《开发研究》2022年第3期。
[5] 参见邹统钎《国家文化公园的整体性保护与融合性发展》,《探索与争鸣》2022年第6期。
[6] 参见汪愉栋《国家文化公园协同保护路径构建——以非物质文化遗产保护为视角》,《河北科技大学学报(社会科学版)》2022年第1期。
[7] 参见田林、吴炎亮、张克贵《长城国家文化公园建设应当保护优先》,《中国文物报》2021年10月22日。
[8] 参见刘敏、张晓莉《国家文化公园:从文化保护传承利用到区域协调发展》,《开发研究》2022年第3期。
[9] 参见刘素杰、吴星《建设国家文化公园,促进长城沿线区域绿色发展——以京津冀长城保护与传承利用研究为例》,《河北地质大学学报》2020年第5期。
[10] 参见刘敏、张晓莉《国家文化公园:从文化保护传承利用到区域协调发展》,《开发研究》2022年第3期。
[11] 参见杜凡丁、杨戈、刘占清《讲好长征故事传承长征精神:长征国家文化公园建设保护体系的构建》,《中国文化遗产》2021年第5期。
[12] 参见杜凡丁、杨戈、刘占清《讲好长征故事传承长征精神:长征国家文化公园建设保护体系的构建》,《中国文化遗产》2021年第5期。
[13] 参见安倬霖、周尚意《基于地理学尺度转换的国家文化公园文化遗产保护机制》,《开发研究》2022年第1期;祁述裕、邹统钎、傅才武等《国家文化公园建设热中的冷思考:现状、问题及对策》,《探索与争鸣》2022年第6期。

相关研究可知，国家文化公园是保护传承大型文化遗产和文化资源的新型模式，是解决跨区域、跨部门线性文化遗产保护问题的有效途径，合理保护和有效传承文化资源是国家文化公园发展建设的先决条件。

（二）文旅融合与活化利用

国家文化公园的保护与活化就是守正与创新的关系，在盘活文化资源的基础上创新性地与多元业态相融合，打造出文化强国战略下的新型公共文化空间是其建设发展的最终目标。相关研究涵盖了"文旅融合""文化遗产""红色旅游"等关键词。

大多数学者将研究视角聚焦于文旅融合这一领域。作为新型公共文化空间[1]，国家文化公园因其丰富的跨区域资源具备开发文化旅游的天然优势。当前，国家文化公园在文旅融合发展中深入挖掘其文化内核[2]和遗产价值，对文化资源进行创意活化[3]，其中文旅融合区作为主体功能区域被重点建设。在宏观层面上，通过构建旅游线路[4]将线性文化遗产通过旅游串联起来；在微观上更加注重分段、分区活化利用，采用"段长制"[5]，依据不同区域的文化主题特性针对性地设计旅游产品。不少学者也关注文旅融合的发展困境，

---

[1] 参见刘敏、张晓莉《国家文化公园：从文化保护传承利用到区域协调发展》，《开发研究》2022年第3期。
[2] 参见邹统钎《国家文化公园的整体性保护与融合性发展》，《探索与争鸣》2022年第6期。
[3] 参见程遂营、张野《国家文化公园高质量发展的关键》，《旅游学刊》2022年第2期；Zhao X. N., "New Ideas for the Development of Red Cultural and Creative Products in the Long March National Cultural Park", *International Science and Culture for Academic Contacts*, *Proceedings of the 7th International Conference on Economy, Management, Law and Education*, Moscow: Atlantis Press, 2021, pp.101-106.
[4] 参见吴殿廷、刘锋、卢亚等《大运河国家文化公园旅游开发和文化传承研究》，《中国软科学》2021年第12期。
[5] 参见吴殿廷、刘宏红、王彬《国家文化公园建设中的现实误区及改进途径》，《开发研究》2021年第3期。

提出公益性和经济性的不适配[①]、文化旅游资源趋同性[②]、开发资金不足和发展战略不明确[③]等问题。在此基础上，学者们提出应科学借鉴国内外公园的发展经验，采用建设特色精品项目[④]、打造文旅产业链[⑤]、健全相关体系和机制[⑥]等方式推动文旅融合持续发展。此外，相关研究也聚焦乡村振兴、数字化应用、生态路径建设[⑦]等领域，如在活化利用过程中将其与乡村振兴和脱贫攻坚相融合[⑧]；在产业耦合中运用互联网新兴技术[⑨]，加大数字化应用规模；在建设发展中将文化产业与生态建设相融合，形成共生机制[⑩]。通过相关研究可知，国家文化公园在文化内涵挖掘与保护传承的基础上，主要采用文旅融合方式对文化资源进行活化利用，形成保护传承与活化利用之间的良性循环，不断推动文化强国战略落实。

（三）建设方向与发展路径

国家文化公园自 2017 年正式由官方提出后就进入了快速建设与发展阶

[①] 参见范周、祁吟墨《国家文化公园建设导向下的黄河文化旅游发展研究》，《理论月刊》2022 年第 8 期。
[②] 参见付瑞红《国家文化公园建设的"文化+"产业融合政策创新研究》，《经济问题》2021 年第 4 期。
[③] 参见徐惠、袁柳、胡平《长征国家文化公园四川段川西片区红色旅游产品开发模式研究》，《中国西部》2021 年第 2 期。
[④] 参见周庆富《国家文化公园建设应处理好五对关系》，《人文天下》2022 年第 4 期。
[⑤] 参见李宏宇《河北长城国家文化公园建设与乡村振兴融合路径研究》，《农村经济与科技》2021 年第 20 期。
[⑥] 参见刘敏、张晓莉《国家文化公园：从文化保护传承利用到区域协调发展》，《开发研究》2022 年第 3 期。
[⑦] 参见陈喜波、王亚男、郗志群《北京大运河国家文化公园建设的生态路径研究》，《城市发展研究》2022 年第 8 期。
[⑧] 参见李宏宇《河北长城国家文化公园建设与乡村振兴融合路径研究》，《农村经济与科技》2021 年第 20 期。
[⑨] 参见刘敏、张晓莉《国家文化公园：从文化保护传承利用到区域协调发展》，《开发研究》2022 年第 3 期。
[⑩] 参见柏贵喜《系统论视域下国家文化公园建设：结构、功能、机制》，《中国非物质文化遗产》2022 年第 1 期。

段，分析结果显示，近年来大部分学者较为关注国家文化公园建设现存问题与未来建设方向及路径，相关研究涵盖了"公园建设""文化公园""长城"等关键词。

有学者梳理了国家文化公园建设中的五大误区，即国家建设、贪大求洋、缺乏开放共享、大开发大建设和独立封闭的错误见解。[1]也有研究聚焦建设过程中国家文化公园出现的区域不平衡现状，认为目前存在地方建设进程差异明显、区域发展基础不均衡与发展竞争力不平衡等突出问题。[2]因此，针对当前的困境，学者们认为应坚持突出国家代表性、突出全民公益性、突出完整性三大原则[3]，打造具有中国特色的发展模式，从宏观、中观、微观三个维度入手，把握好国家性、协同性与在地化三个维度，形成国家文化公园建设发展的逻辑遵循[4]。同时，有研究关注到国家文化公园的数字化建设内容，基于国家文化数字化战略[5]和数字再现工程[6]，从形成文化融合新思维、创新产业新业态[7]和构建国家文化公园数字文化空间、创新文化体验形式[8]等方面推进国家文化公园数字化建设。也有学者结合具体案例探讨国家

---

[1] 参见吴殿廷、刘宏红、王彬《国家文化公园建设中的现实误区及改进途径》，《开发研究》2021年第3期。
[2] 参见吴承忠《国家文化公园建设中的区域不平衡及发展路径问题》，《探索与争鸣》2022年第6期。
[3] 参见吴丽云、蔡晟《国家文化公园建设应坚持三大原则》，《环境经济》2020年第16期。
[4] 参见白栎影、王秀伟《国家文化公园建设的三个维度》，《人文天下》2021年第7期。
[5] 参见范周《文化数字化战略背景下国家文化公园的发展向度和建设思考》，《人民论坛·学术前沿》2022年第23期。
[6] 参见邹统钎《长城国家文化公园精神价值的锚定与具化机制探索》，《河南大学学报（社会科学版）》2022年第6期。
[7] 参见范周《文化数字化战略背景下国家文化公园的发展向度和建设思考》，《人民论坛·学术前沿》2022年第23期。
[8] 参见邹统钎《长城国家文化公园精神价值的锚定与具化机制探索》，《河南大学学报（社会科学版）》2022年第6期。

文化公园的建设路径。①刘益等探讨了大运河国家文化公园（天津段）的未来发展方向，如注重保护性开发、加快建设主体功能区等。②也有研究以黄河国家文化公园为例，提出了健全体制机制、构建文化体系、注重文旅融合和强化科技助力的路径选择。③通过相关研究可知，学者们基于国家文化公园建设的现存问题，从理论与实践两方面探讨未来发展方向。

（四）管理体制机制建设

随着国家文化公园建设的开展，其管理体制机制也受到了众多学者关注。④国家文化公园管理机制研究从2016年开始，主要包括管理模式、法律保障、存在问题、发展建议等内容，相关研究涵盖了"国家公园"和"大运河"等关键词。

首先是国家文化公园体制机制建设现状的研究。有学者提出目前国家文化公园建设逐渐形成了"中央—省—市（县）"的管理架构。⑤中央层面，国家文化公园管理机制的总体格局为"中央统筹、省负总责、分级管理、分段负责"，并成立了国家文化公园建设工作领导小组⑥；省一级层面，借鉴中

---

① 参见韩子勇、任慧《国家文化公园步道建设的意义、原则与策略——以长城国家文化公园为例》，《西北师大学报（社会科学版）》2022年第5期；郝建斌、欧新菊《河北长城国家文化公园建设中对红色资源开发利用路径探索》，《河北地质大学学报》2022年第3期。
② 参见刘益、柏孝楠、牛晧伟《大运河（天津段）国家文化公园建设分析》，《北京印刷学院学报》2022年第2期。
③ 参见孙华《国家文化公园初论——概念、类型、特征与建设》，《中国文化遗产》2021年第5期。
④ Zou T. Q., Qiu Z. Y., Hung X., "The Origin and Vision of National Cultural Park Management Policy in China", *Journal of Resources and Ecology*, 2022, Vol.13, No.4, pp.720-733.
⑤ 参见张津《济宁武术资源融入大运河国家文化公园建设的研究》，硕士学位论文，山东师范大学，2022年。
⑥ 参见刘敏、张晓莉《国家文化公园：从文化保护传承利用到区域协调发展》，《开发研究》2022年第3期。

央的管理体制,成立了相应的领导小组和办公室[1],统筹协调本省的建设工作;市、县级层面负责落实国家文化公园建设的具体工作[2]。其次是法律保障体系建设的研究。国家公园及其文化遗产的保护立法与法治实践可为国家文化公园的法律建设提供参考,不少学者分析并总结了英国、美国等发达国家的法律保障与管理经验。[3]我国不少国家公园试点地区通过立法对文化遗产资源进行保护[4],《神农架国家公园保护条例》等相关规定中均明确了自然保护地内文化遗产的管理与保护。最后是对管理体制机制建设现存问题与未来发展的研究。有研究分析了当前管理存在缺少长期稳定的国家文化公园管理机构[5]、区域协调建设水平有待提升[6]等问题。基于此,学者从协同学的视角切入探讨京津冀与大运河国家文化公园一体化建设的路径。[7]也有学者从中央、省级、市(县)三个维度分析如何打造稳定统一的管理机构。[8]通过相关研究可知,学者们主要分析探讨了国家文化公园管理体制机制建设中的体系结构、法律保障建设与发展方向三方面,构建良好的管理体系与机制是国家文化公园发展的重要保障。

---

[1] 参见刘敏、张晓莉《国家文化公园:从文化保护传承利用到区域协调发展》,《开发研究》2022年第3期。
[2] 参见吴丽云、邹统钎、王欣等《国家文化公园管理体制机制建设成效分析》,《开发研究》2022年第1期。
[3] 参见王雨阳、李伟红、陈真亮《生态环境与文化遗产协同保护与并重发展原则的逻辑展开及规范表达——基于国家公园和国家文化公园的双重观察》,《江西理工大学学报》2022年第3期。
[4] 参见苗长虹《文化遗产保护能够从自然保护中学到什么——以黄河国家文化公园建设为例》,《探索与争鸣》2022年第6期。
[5] 参见吴丽云、邹统钎、王欣等《国家文化公园管理体制机制建设成效分析》,《开发研究》2022年第1期。
[6] 参见吴承忠《国家文化公园建设中的区域不平衡及发展路径问题》,《探索与争鸣》2022年第6期。
[7] 参见刘晓峰、孙静《协同学视角下大运河国家文化公园与京津冀协同发展的战略互嵌》,《东岳论丛》2022年第9期。
[8] 参见徐缘、侯丽艳《长城国家文化公园管理体制探究》,《河北地质大学学报》2021年第4期。

五、研究结论与展望

（一）研究结论

文中采用定量和定性相结合的方法对中国知网数据库和 Web of Science 核心合集数据库中 2006 年 9 月 15 日—2023 年 1 月 4 日有关"国家文化公园"（National Cultural Park）等主题的 455 篇文献进行缘起内涵、研究进展和研究主题分析，研究结果表明：

（1）在借鉴国外相关国家公园体系与遗产廊道理论、中国国家公园建设与中国线性文化遗产保护经验的基础上，基于文化强国的战略背景，我国提出建设"国家文化公园"的发展构想与宏伟目标。从概念内涵来看，国家文化公园涵盖了国家认同、文化传承和公园建设三方面。

（2）目前国内外有关国家文化公园的研究文献数量随着建设发展的推进不断增加，国外相关研究较少，仅有 12 篇。国家文化公园研究可划分为两大阶段：2006—2016 年为起步探索期，2017 年以后为快速推进期。在梳理国家文化公园相关政策的基础上可以发现研究时间节点与相关政策规划颁布时间高度吻合。

（3）国家文化公园研究的热点关键词有"文化公园""国家公园""文旅融合""大运河""长城文化""公园建设""文化遗产"等，文中结合热点关键词和 CiteSpace 软件聚类所得的 11 个聚类组将国家文化公园分为"文化挖掘与保护传承""文旅融合与活化利用""建设方向与发展路径"和"管理体制机制建设"四大研究主题。

（4）在文化挖掘与保护传承中，学者们分析 5 个国家文化公园的文化资源，并探讨文化资源的保护原则、保护空间、保护内容和保护模式；在文旅融合与活化利用中，大多数学者聚焦于文旅融合的研究，文旅融合是文化资源活化利用的主要方式；在建设方向与发展路径中，学者们依据建设过程中的误区与困境，针对性地提出相关对策；在管理体制机制建设中，学者们分析探讨了国家文化公园的体系结构、法律保障建设与发展方向。

（二）研究展望

1. 深化跨学科的理论研究体系

国家文化公园是跨区域、跨时空的大型文化建设工程，当前学者们从自身学科的视角进行国家文化公园的理论研究，跨学科研究的理论体系尚未形成，研究的深度和广度还有待提升。因此，一方面学界应加强文化学、管理学、旅游学等主流学科在国家文化公园的理论探索与体系构建的深度挖掘，从文化景观、协同学等视角加强理论研究的深度，做好本学科的国家文化公园理论研究。另一方面，在研究中应关注国家文化公园源流、逻辑、内涵、保护、建设、管理、制度、利用等全方位的理论研究，从跨学科的视角，深化理论研究体系，发挥地理学、环境科学、生态学、资源科学等其他学科在国家文化公园学科交叉理论研究中的优势，拓展理论研究的广度，丰富研究内容。

2. 建立问题导向的研究方法体系

当前国家文化公园相关研究大部分以定性研究为主，研究方法较为单一，而国家文化公园建设相当庞大复杂，需要以问题为导向，引入多元的研究方法，建立定性与定量相结合的混合研究方法体系。①丰富定性研究方法的多样性。目前，国家文化公园的研究多采用系统综述法、文献分析法等方法对国家文化公园理论缘起、遗产保护、政策体制等宏观层面进行概念性分析，在此基础上可运用比较研究法分析国内外典型案例、运用结构访谈法分析不同主体的权责关系等。②加强定量研究方法的运用。国家文化公园研究仍处于起步阶段，在定量研究上仍显不足，因此在后续研究中应针对不同问题根据研究方向的特征采用适合的定量方法。例如，针对空间边界模糊和资源整体性保护问题，可采用 GIS 空间分析技术，运用核密度估计法、叠置分析法、聚类分析法等方法进行研究；针对各自为政、多头管理等管理问题，可采用问卷调查法、量表法、SEM 模型法等方法研究不同主体的行为特征并提出合理的管理策略。③国家文化公园是新时代的产物，大数据分析方法是当前颇受认可的方法，目前有关大数据分析方法的使用较为少见，因此在后续研究中应充分利用大数据分析方法开展相关研究，例如利用网络评价方法对国家文化公园文旅融合、文化传承等领域进行研究。

3. 强化内容深度研究

当前国家文化公园研究内容较为丰富，但以国家文化公园建设发展中的重大问题为导向的研究处于起步发展阶段，仍有相当广阔的扩展空间与深化价值。党的二十大报告提出"坚持以文塑旅、以旅彰文，推进文化和旅游深度融合发展"，文旅融合发展成为国家文化公园建设的重要抓手。①在以科学完备的顶层规划下持续挖掘五大国家文化公园的意蕴内涵、优化文化和旅游资源配置，从打造文旅融合公共空间①、丰富文旅产品、创新文化表达等方面深化文旅融合发展的相关研究。②积极推动创新国家文化公园文旅产业融合发展示范区的相关研究，探究如何结合现有文化景观点、文旅特色线、文旅融合集聚区，通过"以点串线、以线串面"发挥文旅资源集聚效应，打造文旅消费新场景。③依据市场需求创新多元融合模式，加强国家文化公园文旅融合发展中"数字+文化""生态+文化""体育+文化""康养+文

---

① 参见王健《高质量建设国家文化公园》，《唯实》2022 年第 8 期。

化""公路+文旅""列车+文旅"等新业态的发展研究，同时强化对产业升级和产业创新途径的研究。

4. 引领实践问题研究

结合当前国家文化公园的研究现状和实际问题，从统筹文化保护传承与生态文明建设的关系、统筹公园建设发展与社区居民共同富裕的关系、统筹城乡融合发展与公园文旅融合的关系三个方面来探讨国家文化公园研究的未来发展方向。①加强文化保护传承与生态文明建设关系的研究。国家文化公园虽以文化作为建设方向与主体，但综观当前已有的五大国家文化公园，无一不是文化和生态融合而形成的产物，因此在后续研究中还应加强生态建设与环境保护的研究，实现文化保护传承与生态文明建设的和谐共生。②加强公园建设发展与社区居民共同富裕关系的研究。当前针对社区居民的相关研究仍较为缺乏，因此应在科学分析与评估当地居民与社区利益需求的基础上，推动国家文化公园建设与当地民众的社会生活发展相融合，并促进当地社区与居民参与到公园建设、经营与发展中，在保障其基本权益的基础上实现共同富裕的目标。③加强城乡融合发展与公园文旅融合关系的研究。国家文化公园的大部分范围位于远离城市中心的偏远区域，这为乡村振兴与城乡融合发展提供了得天独厚的优势，因此在后续研究中应加强乡村振兴与文旅融合的研究，不断推动"公园+文旅+农业""公园+文旅+乡村"等产业发展模式，着力推动乡村振兴与城乡融合发展的相关研究。

（原载《干旱区资源与环境》2023年第6期）

中华文化传承视野下国家文化公园的价值定位及政策意义*

傅才武 魏冀

2017年开始实施的国家文化公园建设是当前支持文化传承创新和中华民族现代文明建设的一项重大文化工程，业已提出建设长城、大运河、长征、黄河和长江五大国家文化公园。作为新时代国家战略目标在空间规划上的实践，其超越行政层级和既有项目管理方式的超级工程特征和"规划建设一批国家文化公园成为中华文化重要标识"[①]的目标要求，从理论上提出了价值定位和配套政策设计的导向。基于此，学界对于国家文化公园与中华文化传承创新的关系以及国家文化公园建设在中华民族现代文明建设中的价值定位高度关注。部分学者则通过与国家公园和西方文化线路的比较[②]，深

---

* 本文系国家社科基金艺术学重大项目"文化和旅游融合视野下长江文化保护传承弘扬研究"（项目编号：21ZD04）成果。
① 中共中央办公厅、国务院办公厅：《关于实施中华优秀传统文化传承发展工程的意见》（中办发〔2017〕5号）。
② 参见王光艳、樊志宏《从概念到理念：文化线路理论的逻辑演化与哲学思考》，《文化软实力研究》2023年第2期。

入讨论了"国家文化公园"的概念内涵、形态结构与价值意义。[1]李飞等从"国家""文化""公园"三个关键词对国家文化公园的概念解构，梳理了国家文化公园的理论源流，提出了"政治、文化、组织管理"三重逻辑根源和三重意蕴。[2]

关于国家文化公园的价值，有学者提出，国家文化公园是"由国家主导生产的主客共享的国际化公共产品"[3]，也"是由国家批准设立并主导管理，以保护具有国家代表性的文物和文化资源，传承、弘扬中华民族文化精神、文化信仰和价值观为主要目的，实施公园化管理经营的特定区域"[4]。2021年《中国文化遗产》期刊社组织刘庆柱、张朝枝等学者，就国家文化公园的概念定位、价值挖掘、传承展示等问题进行了讨论，这次研讨还涉及大运河、长城等国家公园在规划中的问题与建议，但对何为"国家文化公园"[5]并无准确的定义。韩子勇从"国家""文化""公园"三个关键词着眼，串联成国家文化公园的"大结构"概念，涉及新时代深化文化体制改革的核心要义，这是其深刻之处。[6]

2023年6月，习近平总书记在文化传承发展座谈会上强调，中华文明具有突出的连续性、创新性、统一性、包容性和和平性，如果不从源远流长

---

[1] 参见蔚东英《国家公园管理体制的国别比较研究——以美国、加拿大、德国、英国、新西兰、南非、法国、俄罗斯、韩国、日本10个国家为例》，《南京林业大学学报（人文社会科学版）》2017年第3期；黄国勤《国家公园的内涵与基本特征》，《生态科学》2021年第3期；孙华《国家文化公园初论——概念、类型、特征与建设》，《中国文化遗产》2021年第5期。

[2] 参见李飞、邹统钎《论国家文化公园：逻辑、源流、意蕴》，《旅游学刊》2021年第1期。

[3] 王克岭：《国家文化公园的理论探索和实践思考》，《企业经济》2021年第4期。

[4] 李树信：《国家文化公园的功能、价值及实现途径》，《中国经贸导刊（理论版）》2021年第3期。

[5] 刘庆柱、汤羽扬、张朝枝等：《笔谈：国家文化公园的概念定位、价值挖掘、传承展示及实现途径》，《中国文化遗产》2021年第5期。

[6] 参见韩子勇《新时代国家文化公园建设的理路与价值》，《中国艺术报》2022年2月11日。

的历史连续性来认识中国，就不可能理解古代中国，也不可能理解现代中国，更不可能理解未来中国。①长城、大运河、长征、黄河和长江，既是承载中华文明不曾中辍的"突出连续性"的表征符号，又是民众和中外游客了解中国文化、体现中华民族独特性的"特有媒介"。但如何理解并把握好长城文化、大运河文化、长征精神、黄河文化、长江文化的内核，形成中华文明的表征体系，将国家文化目标贯彻于具体文化实践，仍然是一个理论与实践相联系的重大课题。本文拟就国家文化公园在中华文化传承中的地位与作用，以及政策含义作一讨论。

一、国家文化公园：彰显中华民族文化主体性的载体

全球化进程激发了民族国家普遍的身份认同需求。美国学者亨廷顿在《我们是谁？：美国国家特性面临的挑战》一书中提到美国人关于美国身份/特性问题的困境，美国自立国以来，盎格鲁—新教文化对于美国人的身份特性来说，一直居于中心地位，正是它使得美国人区别于他国人民。但进入20世纪后期，面对全球化和移民新浪潮，美国人怎么界定自己的身份特性和国家特性却成为一道"选择题"。不同的身份界定和国家特性定位，反过来又会影响到美国人在与世界其他国家和地区的关系中，是将自己的国家定位为"一个世界主义的国家，还是一个帝国性质的国家，抑或是一个民族性质的国家"②。

---

① 参见《习近平在文化传承发展座谈会上强调　担负起新的文化使命　努力建设中华民族现代文明》，http://www.news.cn/politics/leaders/2023-06/02/c_1129666321.htm。
② ［美］塞缪尔·亨廷顿：《我们是谁？：美国国家特性面临的挑战》，程克雄译，新华出版社2005年版，前言第2—3页。

在 20 世纪 60 年代以来的加速全球化进程中,世界各民族和国家无不面临全球化对民族性和族群身份认同的挑战,每个民族和国家都需要重新定位自己的民族身份和国家特性,进入 21 世纪,全球化引发了世界范围内"集体认同强烈表达的漫天烽火"[①]。这种文化主体性建构的要求,对于后发现代化国家来说,就是要重建自身民族文化和国家特性的独特内涵,而确定一个独特的解释框架是建构这些独特内涵的基础条件。

(一)国家文化公园的概念与内涵

1. 国家文化公园的概念

国家文化公园不同于以保护自然生态环境(地理符号)为主要目标的国家公园,它是指以人类理性和智慧的创造物为依托,向社会公众集中展示某一族群或社会共同体所创造的器物技艺、历史传统、行为模式、制度机制和价值观念等的公共空间以及管理运营该空间的公共机构,是国家为保护传承最重要的民族文化资源和民族文化记忆而设立的特定文化空间和专属领地。

国家文化公园从理论内涵上拓展了遗产保护理念和思想,为遗产保护,特别是大尺度、跨时空、综合性、动态性的线形遗产保护和利用提供了跨区域合作的新思路和新原则。文化遗产保护领域从文化线路概念形成到实践应用的过程,业已取得了明显的成效,赋予了现行遗产保护体制的独特价值。"因为它不仅体现了人们对文化线路的认识逐渐深入,还能够从中获得关于文化发展的哲学思考,也为文化线路的后续研究提供基础支撑,还可为国家

---

① [美]曼纽尔·卡斯特:《认同的力量》,曹荣湘译,社会科学文献出版社 2006 年版,第 2 页。

文化公园建设提供借鉴。"① 但这一理论的应用也面临困境："尽管文化线路的概念在不断深化，其内涵也在不断扩充，但是，对于文化线路所展现出的文化总体化，对未来发展的启思性研究并没有多大进展。"② 而国家文化公园概念是对文化线路概念的深化和拓展。

2. 与西方国家公园和文化线路不同的内涵

尽管中国"国家公园""国家文化公园"的提出受到美国"国家公园"和欧洲"文化线路"生成逻辑的影响，但国家文化公园作为国家文化战略概念的确立，却包含了中华民族以历史文化认同作为族群主体性精神建构方式的特殊性，体现为一种中国式表达。五大国家文化公园都是中华民族的代表性符号。如："长江造就了从巴山蜀水到江南水乡的千年文脉，是中华民族的代表性符号和中华文明的标志性象征，是涵养社会主义核心价值观的重要源泉。"③

中国国家文化公园与美国国家公园中的历史文化类公园和欧洲文化线路的相同之处，体现在三者都具有历史记忆、国家认同和审美体验的文化操演功能。作为国家象征符号的重大民族文化遗产（包括自然和历史遗产）几乎都是对国民和国际游客的吸引之地，既是本国国民的文化资本积淀之途，也具有跨国文化交流的国家符号和国家身份的标识性价值，具有现代国家图腾的表述和操演意义。

---

① 王光艳、樊志宏：《从概念到理念：文化线路理论的逻辑演化与哲学思考》，《文化软实力研究》2023年第2期。
② 王光艳、樊志宏：《从概念到理念：文化线路理论的逻辑演化与哲学思考》，《文化软实力研究》2023年第2期。
③《习近平主持召开全面推动长江经济带发展座谈会并发表重要讲话》，https://china.huanqiu.com/article/40igFtOQOjC。

李飞等学者发现了国家文化公园不同于美国国家公园之处："国家文化公园较之以荒野保护为原始动力、保护自然与历史遗存的美国国家公园体系更具文化内涵和宏伟愿景。"[1] 作为中华民族的"神圣空间",长城、大运河、长征、黄河和长江等国家文化公园在中国和世界历史发展的时空中交错和共生,深刻影响了中华民族的运输生命线、边疆防御与文化交往秩序的建立。所以,无论是长城、长征、大运河,抑或是黄河、长江,都是中华民族独一无二的、承载着深厚族群文化记忆的符号系统,能够为跨区域性的文化认同和中华民族共同体意识滋养提供一个统一而宏大的文化价值整合机制,能够代表中国独特的国家标识。

　　国家文化公园也不同于欧洲的文化线路。尽管欧洲的文化线路跳出了传统故事表述中的时间和空间框架,以历史故事线为基础,以故事本身的展开为线索,串联起相应节点,形成实体性的"编年体城市史"。如,西班牙的圣地亚哥·德孔波斯特拉朝圣之路,1993年被列入《世界遗产名录》,成为世界遗产中第一条"文化线路";德国莱比锡在2012年创建"音符之路"以后,又在2016年建设完成"音符骑行之路",以及还在建设中的"音符弧线之路";还有德国"汉诺威红线"——汉诺威市设计的一条连接36个重要文化景点和城市节点的红色油漆步行线。但国家文化公园与文化线路不同。作为中华民族最重要的文化空间,正在规划建设中的中国国家文化公园拥有五千年文明的底蕴,标识着中华文明起源、形成与发展的历史进程。它与世界其他国家公园的内涵既相通又有所不同,需要从"世界维度、历史尺度和国家高度"来阐释中国作为文化认同型国家的独特性:"文化认同是中华民

---

[1] 刘庆柱、汤羽扬、张朝枝等:《笔谈:国家文化公园的概念定位、价值挖掘、传承展示及实现途径》,《中国文化遗产》2021年第5期。

族凝聚力的源泉，是最深层次的认同，统摄并感召各民族的思想和行动。"[1]

国家文化公园的理念重在"国家（族群）文化"，即重在建设具有国家（族群）历史与国家象征意义的特定文化空间，体现为"国家（族群）文化"的"空间载体"和"物化形式"。国家文化公园既是一种具有文化意义和特定价值的物理空间、场所、地点，又是一种富含象征、意义、符号、价值、情感和记忆的意义结构，文化空间是边界相对明确的几何空间和以符号为载体的象征意义系统的有机融合体。"国家文化"必须借助于具体的几何空间，通过国家行为实现对民族历史文化遗产的保护、活化和利用，以更好地发挥其"延伸'历史轴线'、增强'历史信度'、丰富'历史内涵'、活化'历史场景'"[2]的独特作用，最终达到增强中国在国际上的影响力、话语权的目标。国家文化公园作为一种"大场域"和"大结构"，具有"通其变、合其数、成其势、鸿图华构，形成'中国相互作用圈'"的"大功能"，具有"形成精神文化上千变万化、牢不可破的榫卯结构，形成中华民族共同体意识"的独特价值[3]。

作为国家叙事的中国国家文化公园，其核心在于促进各民族对中华民族共同体内在的文化认同，构筑起中华民族共同体基于历史文化记忆之上的观念共享、价值互认与心灵皈依的精神家园。国家文化公园通过为族群成员提供共同体文化生命的体验来生成和增强中华民族共同体的家园感，形成作为中华民族成员的身份意识，在日益广泛和深入的全球化过程中找寻和定位自己的身份，进而形成中华民族作为"文化共同体"的文化聚合力、精神感召

---

[1] 梁兆桢：《论文化认同的理论内涵、价值意蕴及实践路向》，《文化软实力研究》2023年第3期。
[2] 刘庆柱、李飞、张朝枝等：《笔谈：国家文化公园的概念定位、价值挖掘、传承展示及实现途径》，《中国文化遗产》2021年第5期。
[3] 韩子勇：《新时代国家文化公园建设的理路与价值》，《中国艺术报》2022年2月11日。

力和社会实践力。

正是在这一背景下,国家文化公园源于世界上通行的"国家公园"概念,但又是一种基于中国文化"突出延续性"特征的独特设计,是长期以来中国关于文化遗产保护和创新的实践经验在理论层面的反映,体现了中华民族"共同体思想"的价值意蕴、"正义—平等—秩序"的伦理意蕴和"天下观"的空间意蕴。①

(二)体现了以"以中释中"替代"以西释中"的学术话语逻辑

自晚清到抗战,由于在西方工业文明挑战面前的屡次失败所导致的民族自信缺乏,以及西方现代化模式示范效应全球扩散的影响,中国作为后发国家寻求建立自身主体性的一个先决条件,就是要重新确立一种"以中释中"(而不是"以西释中")的新眼光和新思维方式,在与世界对话中确立自身的学术逻辑与话语体系,以形成中华民族现代化经验的主体性表达。爱德华在《东方学》中提出,东方并不是"真实"的东方,而是被西方建构的东方,即一个为了满足西方建构"他者"愿望和凸显西方优越性的东方形象,是按照西学逻辑的解释对象。②

中国规划建设国家文化公园的行动表明,当前世界范围内文化遗产保护理念和方式正在悄然发生变化,由原来以"物"为中心,转向逐渐以"人"为中心,在遗产管理体制中嵌入"人"的价值需求;从对物质遗产本体特征的研究转向对物质遗产承载精神的探索。中国国家文化公园建设正是中国努

---

① 参见李飞、邹统钎《论国家文化公园:逻辑、源流、意蕴》,《旅游学刊》2021 年第 1 期。
② 参见[美]爱德华·W. 萨义德《东方学》,王宇根译,生活·读书·新知三联书店 2019 年版,第 63—97 页。

力推动文化遗产东方话语体系建构的一次尝试和跨越。

19世纪80年代，美国为了与旧欧洲区别开来，并以此凝聚新大陆文化和身份的独立性，巧妙地利用新大陆广袤无边的"荒野"建立起黄石等国家公园。美国的文化精英通过把自我意识投射在荒野上，以一种直觉性的体验方式赋予荒野以宗教色彩，引导人们在荒野中去感受上帝。如美国作家梭罗在《瓦尔登湖》中，将荒野描写成摆脱社会束缚的理想王国，为美国人建立起一个心灵的家园。经过库柏、霍桑、马克·吐温和福克纳等一大批有广泛影响力的作家的创作和传播，荒野已不再是空间和地理意义上的荒野，而是个人可以自由自在不受社会约束的化外之地，荒野凸显了田园牧歌式的避难所（自由之地）形象，逐渐成为一种美国的象征符号。

中国则借助五千年文明积累，建立以历史文化为底蕴的五大国家文化公园。与美国人将精神家园寄寓于"荒野"不同，中国人将族群的精神家园，根植于中华文化历史传统中，寄寓于"人化"的自然之中，并形成以自然与人文相协调的审美范式，"天下郡国，非有山水环异者不为胜，山水非有楼观登览者不为显"[①]。不论是美国的"荒野"，还是中国的长城、大运河、长征、黄河、长江等，都既是一种客观的存在物（人文地理空间），又是一种作为族群集体行动策略的人为建构系统。两者的区别在于，美国走上了宗教文化的建构道路，中国则走上了历史文化建构的道路。

美国文化精英对"荒野"的观念阐述，孕育了将壮美的荒野景观保留为"公园或游乐场"的国家公园思想，最终促成了国家公园在美国的诞生。而中国对于五千年历史文化的认同，孕育了将族群历史文化富集地辟为国家文

[①] 黄仁生、罗建伦校点：《唐宋人寓湘诗文集·卷二十一·滕宗谅·与范经略求记书》，岳麓书社2013年版，第968页。

化公园的思想，最终促成了中国国家文化公园的诞生。

国家文化公园建设的实践，本身体现了我国关于文化传承创新思想的一贯性。新中国成立后，毛泽东提出了"古为今用""洋为中用"的中西文化交流原则，中国社会从清末开始确立的"以西释中"的话语逻辑转为"以中释中"的现代阐释逻辑，即在马克思主义中国化理论指导下阐述中国传统社会和历史材料，在中国特色社会主义的范式下建立起新的知识谱系，80余年来呈现出一派繁荣的学术图景。

二、国家文化公园：中华优秀传统文化传承创新的新平台

中国人以历史为本的精神世界的独特建构方式，一直面临着如何以有限性去理解无限性的形而上学的问题，即必须以历史性为限度的有限思想格局，去回应思维可能提出的在历史性之外的形而上的问题。相较于一些西方民族最终屈服于宗教的解决之道，中华民族创造性地建立了以永恒山水的超越性弥补历史有限性的独特解决之道，"以历史为本的中国精神世界使精神从上天落实为大地上的问题，同时也使大地成为社会化的俗世而失去原本作为自然的超越性，因此需要在大地上重新定义一个超越之地以满足精神的超越维度，于是，在社会之外的山水就被识别为超越之地"[1]。国家文化公园作为中华民族生产生活的空间，是族群历史记忆的载体；作为中华民族的神圣地点，又是族群的"超越之地"。

---

[1] 赵汀阳：《历史、山水及渔樵》，《哲学研究》2018年第1期。

（一）国家文化公园承载了中华民族的"根基历史叙事"

中华民族共同体的建构，离不开特定空间在"时间"中的延续与变迁，族群历史记忆的深处，是与特定空间及其在族群演进中的时间轨迹联系在一起的。王明珂认为，人类社会中凝聚在血缘、地缘与其延续关系下的人群，透过"历史记忆"来维系与延续社会组织结构，追溯群体起源的"历史根基"由三个基本因素——血缘、空间领域资源以及二者在"时间"中的延续变迁组成。① 这便是中华民族"根基历史叙事"的主线。

作为中华民族"根基历史叙事"的载体，五大国家文化公园既是族群集体记忆的"容器"，也是现代国家建构的历史资源，国家文化公园以族群神圣地点所承载的历史记忆，建构起国家关于领土版图的合法性，其独特功能在于以"过去"说明"现在"——我们（或他们）为何是同一族群或民族的人，为何我们（或他们）共同拥有（或宣称拥有）这些空间领域及其资源，以及为何我们比他们更有权利拥有与使用这些资源，沉淀在这些文化地理空间中的历史记忆，支撑着中华民族特有的"历史心性"——人们由社会中得到的一种有关历史与时间的文化概念，在此文化概念下，人们遵循一个固定模式去回忆与建构"历史"。② 族群的文化传承呈现出一种"文化重演律"③。五大国家文化公园所承载的"根基历史叙事"包括以下几点。

第一，传统农耕文明形态。长江国家文化公园所包含的众多文化遗址，构成了独特的农耕文化空间。不同的空间组合方式构成了一幅关于中华民族农耕文明发展史的连续性画卷，为国民的国家认同体验提供了一个客观实在

---

① 参见王明珂《历史事实、历史记忆与历史心性》，《历史研究》2001年第5期。
② 参见王明珂《历史事实、历史记忆与历史心性》，《历史研究》2001年第5期。
③ 参见冯天瑜《中华元典精神》，上海人民出版社2014年版。

的完整连续的"索引":从距今7000年至6000年浙江余姚河姆渡遗址出土的骨耜,到距今5800年至5300年巢湖流域凌家滩遗址出土的八角星纹长方形玉版和玉龟,再到距今5300年至4300年环太湖流域良渚文化遗址出土的神人兽面纹玉琮,共同构成长江下游地区史前华夏先民农业发展与精神信仰之缩影。[①]2006年5月,我国公布了第一批国家级非物质文化遗产保护名录,共十大类518项,一些农耕文化遗产如苏绣、蜀锦、古琴、昆曲、南京云锦、安徽宣纸、都江堰水利工程技术、中国蚕桑丝织技艺等进入名录。

我国现在最重要的文化遗产大都与长城、大运河、长征、黄河和长江相关涉。五大国家文化公园代表了中华民族最丰厚的历史记忆和族群记忆,包含了中华农耕时代最重要的文化遗产。截至2021年12月,我国现有世界遗产56项、世界非物质文化遗产42项、国家级非物质文化遗产1557项,全国重点文物保护单位5054处,国家历史文化名城135个、历史文化名镇312个、历史文化名村487个、中国传统村落6819个,国家级风景名胜区244个,国家考古遗址公园36处,国家级文化生态保护实验区24个,这些文化遗产代表了中华民族在农耕时代的科学、技术和艺术成就,成为全人类共同的精神财富。基于农耕之上中华传统文化,提供近代以来中国人进行文化创新的底板,正如清人赵翼所说:"无所因而特创者难为功,有所本而求精者易为力。"

第二,革命文化形态。长征国家文化公园,不仅仅承载了中国工农红军二万五千里长征的革命叙事,代表了人类战争史上的一次伟大壮举,更为重要的是,它是马克思主义理论与中国社会相结合的产物,代表了20世纪中

---

① 参见马林《当代中国文物展览的文化使命与中国叙事——以"何以中国"展为例》,《艺术评论》2022年第4期。

国革命文化的新形态。长征国家文化公园的建设，包含了长征的历史叙述、长征精神的提炼，以及长征精神的社会化建构三个层次的内容。长征的历史叙事，是以中国工农红军一方面军（中央红军）、红二方面军、红四方面军和红二十五军1934年10月至1936年10月跋涉福建、江西、河南、宁夏等15个省（自治区、直辖市）长征线路上战斗和转移所依托的地形地貌、沿途发生的重大事件的遗址，以及真实发生的历史故事为基本，构成了讲述长征故事、传播长征精神最生动、真切、独特的媒介。从民族和国家叙事的层面上说，长征不仅以历史的方式记录了作为社会革命主体的中国人民艰苦奋斗以求复兴的历史过程，记录了马克思主义与中华优秀传统文化相结合的中国道路的独特性，而且以"艺术—哲学"方式，阐述了中华优秀传统文化如何由此演进为中华民族的英雄史诗。

将长征线路规划为国家文化公园，既能揭示中华民族坚韧和不屈不挠的性格和革命文化传统的形态，又能清晰地展示在马克思列宁主义理论的指导下共和国诞生的具体过程。而借助于长征的"艺术—哲学"化建构，长征国家文化公园将形成一个具有"二万五千里长征"整体辨识度的符号系统，使之成为中国重要的国家记忆。

第三，工业和科技文明形态。近代以来，长江、黄河和长征等空间结构在承载中华民族近代转型中，催发了中西方文化汇聚碰撞，如洋务运动、维新变法，以及早期马克思主义传播、中国共产党建立和工业化进程等。

以长江为例。中国的近代化过程几乎就是沿着长江，从东向西逐步深入中国腹地，逐次推进的进程。1843年11月，上海正式开埠，两年之后，美、法相继在上海设立租界，上海成为我国对外贸易最集中的城市。1860年第二次鸦片战争之后，长江流域的重要港口城市如汉口、九江、南京、镇江也逐步开放成为开埠城市。在近代中国相继开辟的80多个通商口岸中，长江沿岸就有 20 余个。这些通商口岸城市往往成为传播西方工业文明的窗口，如 1879 年，发电技术传入中国，在上海虹口第一次出现了电灯照明。

1880 年，李鸿章在天津设立电报总局；1881 年 11 月，津沪电报线架设竣工；1884 年，上海至广州"通报"，电报总局由天津迁至上海。10 余年间，电报线已布满各省，近代信息传输系统出现。1881 年，上海自来水公司成立。1882 年，电话传入中国，上海成立"德律风"（telephone 音译）公司；20 世纪初，武汉出现商办电话公司。

1861 年，曾国藩在长江下游的安庆设立了安庆军械所，为长江流域军事科技工业的兴起揭开了序幕。1863 年，李鸿章在上海奏设江南制造局，成为全国第二个军工企业。1889 年，张之洞调任湖广总督，武汉拉开了近代工业化建设的序幕。张之洞在武汉相继成立了汉阳铁厂、湖北枪炮厂（后改为汉阳兵工厂），以及纱、布、丝、麻四局，形成了较为完整的近代冶铁、军工和纺织工业体系。除此之外，张之洞还在湖北开设新式学堂等，让武汉成为继上海、天津之后的又一洋务运动基地与近代大都会。此外，长江上游地区如四川、云南等地也兴办了火柴厂、造纸厂、煤矿、铜矿等近代工矿企业，近代工商业深入包括长江上游在内的中国内陆地区。

国家文化公园所承载的工业和科技文明形态，与中国近代化进程的总体特征相关。总体上，中国近代化的发生发展大体是由东南向西北渐次推进的。第一次鸦片战争后的五口通商都位于东南沿海和长江入海口，第二次鸦片战争后增开的十大通商口岸中，长江流域就有 4 个（汉口、九江、南京、镇江）。此后数十年，上海、南通、芜湖、安庆、沙市、宜昌、重庆、成都等沿江城市逐渐开放通商，成为长江城市带，逐渐形成了中国工业化的先发地区。

1911年，辛亥革命在武昌爆发，上海、南京等沿江城市奋起响应，以巨大的震撼力和影响力推动了中国社会变革。从晚清的洋务运动到百日维新，从辛亥革命到中华人民共和国成立，"当时的长江成为新旧、中外文化竞演的舞台，引领着中国的近代化进程。时至今日长江仍为中国最广阔、繁盛之流域经济区，在保持经济强劲增长的同时，也纾解着生态的巨压，维系着中华文明的持久生命力"①。

建设国家文化公园的价值在于，为历史故事提供一个总体性框架，以在一个具象空间内重建时间的组织方式，赋予故事以族群记忆的意义，"如果故事不被安置在某种意义框架或问题线索内，本身并无超出事实本身的意义，也将随着事实的退场而消失。历史的意义在于建构一种文明的延续性而不是信息登记簿"②。国家文化公园通过为其所承载的"根基历史叙事"提供历史哲学的解释框架，回应了人们所关注的在历史叙事之外的形而上问题，即亨廷顿所说的民族特性和国家身份问题。

（二）特定地理空间上建构"物理空间—精神空间—机制空间"相融合的平台机制

根据亨利·列斐伏尔所提出的空间生产"三元论"，陈波和庞亚婷探索了黄河国家文化公园的"空间叠合"形态。他们认为，从内部结构看，"物理空间"对应"自然生态"，关切大尺度的黄河流域生态环境涵育和基础设施优化；"精神空间"对应"文化存续"维度，探究黄河文化象征符号的具象表征和活态存续；"机制空间"对应"空间感知"，着重"人—地—事"互

---

① 冯天瑜、马志亮、丁援：《长江文明》，中信出版集团2021年版，导言第Ⅳ页。
② 赵汀阳：《历史·山水·渔樵》，生活·读书·新知三联书店2019年版，第13页。

动进程中的多元关系和自我身份建构。黄河流域"物理空间—精神空间—机制空间"三者相互嵌合，形成了黄河国家文化公园运行的内生动力，共同推动了空间的运转和空间效能的形成。① 正是在这种空间生产机制的作用下，中华优秀传统文化、革命文化和科技文化得以融合，汇成当代中国特色社会主义先进文化形态。

一般而言，国家文化公园的深层结构，包含了历史叙述、精神内核的提炼和独特的社会化建构三个层面的内容。王国平以策划良渚遗址国家文化公园为例，较为清晰地阐述了关于国家文化公园的平台功能。他提出要将良渚遗址打造为国家文化公园，并将良渚遗址的保护与开发工程分为三个圈层——以管控保护区的保护为核心的第一圈层，以主题展示区的开发为重点的第二圈层，以及以文旅融合区的融合为要点的第三圈层，"三圈层"体现的是国家文化公园的历时性建构模式。②

在大运河国家文化公园的规划建设中，以"河为线，城为珠，线串珠，珠带面"的规划思路，构建了一条主轴带动整体发展、五大片区重塑大运河联动发展的空间格局框架，以大运河现有和历史上最近使用的主河道为基础，统筹考虑遗产资源分布，合理划分大运河文化带的核心区、拓展区和辐射区，清晰地构建大运河文化保护传承利用的区域平台机制。

长城国家文化公园的结构，包含了从先秦以来的长城建造历史，成为中华民族"天才杰作"的象征，其文化遗产又参与长城文化的社会化建设，具有在长城防御功能外的依城而居、围城而寨/堡、依长城而组织经济活动等

---

① 参见陈波、庞亚婷《黄河国家文化公园空间生产机理及其场景表达研究》，《武汉大学学报（哲学社会科学版）》2022年第5期。
② 参见王国平《从"国家遗址公园"到"国家文化公园"——关于良渚国家文化公园申报导则的思考》，《城乡规划》2020年第4期。

百姓日常生活相关的功能；既具有对中华民族历史进程的塑造能力，又展现出对当代经济社会和文化结构的渗透影响功能——长城作为民族团结统一、众志成城的爱国主义精神，坚韧不屈、自强不息的民族精神，守望和平、开放创新的时代精神的载体，已深深融入中华民族的血脉之中，成为中华民族族群性格的持续性塑造机制。对于全世界来说，长城虽丧失了其原本的军事防御工程价值，但它仍然是一座荟萃了人类智慧和汗水的宏伟建筑遗产，是世界人民了解古老中华民族的政治、经济、建筑等多方面的发展历程和成就的历史叙事载体。历史叙述、精神内核提炼和独特的社会化建构统一于长城国家文化公园的空间。

三、国家文化公园：建设中华民族现代文明的实现路径

中华民族现代文明的基础是中华民族文化共同体，这个文化共同体既不是国民个体所表现出来的文明素养，也不是某个社会组织所表现的企业文化或者单位文化，而是一个以国家共同体为基础的国家文化结构，即由主权版图系统、生态环境系统、政治经济系统、文化行业系统所共同构成的共同体的外在支撑系统（外显结构），由文化认同、宗教认同和民族认同之间不同的组合方式所构成中华民族文化共同体的内在规定性（内隐结构），内外结构共同构成国家的文化结构。[①] 当代正在建设的中华民族现代文明，正是以国家文化结构作为基础，以中华优秀传统文化、革命文化和科技文化三种文化融合创新所形成的人类文明新形态。

---

① 参见傅才武、余冬林《国家文化与国民文化的构造及其转换》，武汉大学出版社 2021 年版。

（一）结构性生态文明的外在形态

以领土版图和神圣地点为空间载体、包容历史—当下—未来三个维度的生态文明结构，中华民族文化共同体立基于这种生态文明结构之上。习近平总书记指出，"人与自然是生命共同体"，"生态兴则文明兴，生态衰则文明衰。生态环境是人类生存和发展的根基，生态环境变化直接影响文明兴衰演替"。[①] 从布罗代尔所提出的"长时段"（地理环境变迁）的视角看，既是一部人类文明史，也是一部人与自然互动关系的发展变迁史。

中华民族在五千年历史进程中逐渐形成"天人合一、万物一体"的宇宙观，蕴含"赞天地之化育"的生生意识、"民胞物与"的生命关怀，体现出人与自然和谐共生的生存智慧，进入现代社会后演进为一种结构性生态理论，进而实现了对西方以资本和技术为中心、人与自然两分、物质主义膨胀的工业文明范式的超越。

结构性文化生态学是中华民族现代文明的外在形态。作为民族特性的维系力量，中华传统文化本身就包含了古老的生态文明智慧，并深受生态环境和生态文化观念的影响。孟子有言："不违农时，谷不可胜食也；数罟不入洿池，鱼鳖不可胜食也；斧斤以时入山林，材木不可胜用也。"荀子也认为："草木荣华滋硕之时则斧斤不入山林，不夭其生，不绝其长也。"《吕氏春秋》说："竭泽而渔，岂不获得？而明年无鱼；焚薮而田，岂不获得？而明年无兽。"这些在轴心时代提出的顺应规律、适度节用、"取之有度，用之有节"的生态文明观，成为中华文化的重要内涵。美国学者斯图尔德主张从自然、人、制度、价值观等各种变量的交互作用中寻求不同民族文化发展的特殊形

[①] 习近平：《推动我国生态文明建设迈上新台阶》，《求是》2019年第3期。

貌和模式。文化生态系统的结构，与自然环境关系最近和最紧密的是科学技术，其次是经济体制和社会组织，最远的是价值观念。价值观与自然环境弱相关，对人的社会化影响却最直接。

冯天瑜先生从观察中华文化生成机制入手（从1990年的《中华文化史》、2013年《中国文化生成史》到2021年《中华文化生态论纲》），形成了一套比较完备的关于生态文明的解释体系。这一理论体系在中华文化生成机制中强化了生态内涵，如将地理环境视为"文化生态的物质前提"，将经济土壤视为"文化生态的基础与枢纽"，将社会制度视为"文化生态运行的操作中枢"，将文化的生成机制切入地理环境和经济政治结构之中，从而将文化从现象界推进到本质层次，将环境与人类互动关系拓展到人类与资源、生产、消费诸因子之间的互动关系领域，形成了以"弱人类中心主义"为基础的结构性文化生态理论。[①] 这一理论所体现出来的超越传统文化生态观念和文化生态结构的"整体主义东方智慧"，体现出中华民族现代文明的新形态。

结构性生态文明形态是一种包容性文明，立基于科学技术的应用之上。作为人类理性的创造之花，现代科技贯穿于人类社会的经济基础和上层建筑的各个领域，也是连接人类社会和自然界的桥梁。现代科技的发展和应用，构成了结构性生态文明系统中的动力机制。

当代中国继承和发展中华优秀传统生态文化，党的十八大提出了生态文明建设与经济建设、政治建设、文化建设、社会建设"五位一体"的总体布局，实行最严格的生态保护，加快推进生态文明顶层设计，构建产权清晰、

---

① 参见冯天瑜《中华文化生态论纲》，长江文艺出版社2021年版。

多元参与、激励约束并重、系统完整的生态文明制度体系,利用生态文化联通了中华民族的过去、当代和未来。

(二)"文化中国"的内隐结构

国家文明形态的演进与定型,并不仅仅受到外部条件的影响,更是由其内在的结构所规定的。2017—2021 年,武汉大学课题组借助文化类型学的方法对世界上一些主要国家的文化结构类型进行分析,发现中国的国家文化结构主要体现为一种以文化认同包容民族认同和宗教认同的"文化认同型"国家属性[1],这就是被西方汉学家视为"文化中国"的意蕴。英国汉学家马丁·雅克也认识到中国与西方民族国家不同的国家特性:"中国人并不像欧洲人那样将国家视为'民族国家',而是视为文明国家……中国人眼里的'中国'实则是'中华文明'的同义词。"[2] 其意是,中国从来就不是一个西方意义上的"民族国家",而是一个"文化国家"。

"文化中国"的本质是中华民族共同体的文化本质,文化认同是构成这一国家结构的逻辑起点:"中华民族共同体的文化标识作为中华民族区别于其他民族的根本特质,孕育了民族的根基与灵魂,同时承载着对文化身份的历史探寻和时代思考,并构成这一文化叙事结构的价值基础。"[3]

在五千多年漫长文明发展史中,中华民族不仅形成了以文化的统一性、包容性和和平性为支撑的文化认同结构,而且还形成了一种不断吸收其他先进文明成果、常变常新的开放性文化结构,即中华文化具有"苟日新,日日

---

[1] 参见傅才武、余冬林《国家文化与国民文化的构造及其转换》,武汉大学出版社 2021 年版。
[2] [英]马丁·雅克:《当中国统治世界:中国的崛起和西方世界的衰落》,张莉、刘曲译,中信出版社 2010 年版,第 161 页。
[3] 邹广文:《论中华民族共同体的文化叙事结构》,《哲学研究》2021 年第 11 期。

新,又日新"的开放性创新型特征。这种以文化认同为根基的"文化中国"的国家属性,反过来又成为保持这些突出特征的动力机制所在,并在不断的创造性转化和创新性发展中延续和强化。

四、国家文化公园背后的政策意义

作为应对全球化环境和数字信息技术环境进步的总体性反映,国家文化公园承载了文化认同型国家属性的政策转化通道功能。中华文明所具有的"突出的连续性、突出的创新性、突出的统一性、突出的包容性、突出的和平性"特征,必须通过诸如长城、大运河、长征、黄河、长江等地理空间符号具象化为国际竞争中的国家比较优势,才能将普遍的国家形象特殊化和对象化为在一定时空中制定宏观战略的关键指标。

(一)对外传播"文化中国"的国家形象

国家文化公园的设立和运行,使自然的地理标志从"文明的对立面"转化为一种"美学装置",以实践层面强化了文化认同型国家的历史主义审美范式。这种审美情感回避了近代西方民族国家建构中所经历的强权和暴力,支撑了中国文化映射下的历史记忆和文化英雄的结构性叙事,满足了中国人对于自身国民性的想象及建构。它以一种美学方式介入历史与现实,向世界输出中国信念和国家形象:"国家文化公园建设,就是要整合具有突出意义、重要影响、重大主题的文物和文化资源,实施公园化管理运营,实现保护传承利用、文化教育、公共服务、旅游观光、休闲娱乐、科学研究功能,形成具有特定开放空间的公共文化载体,集中打造中华文化重要标志。"①

长城、长征、大运河、黄河和长江五大国家文化公园包含了中国的地理空间特征和基于地理空间的经济文化结构特征。韩子勇敏锐地发现了五大国家文化公园蕴含了中华文化生长和发展的自然空间逻辑:"以长城、黄河、长江为轴线,向西连接丝绸之路,是绿洲、沙漠、雪山、高原、喀喇昆仑,向北连接漠南、漠北、游牧社会、无尽寒林和冻土带,向南连接日益富庶的江南、亚热带社会、南沙诸岛,向东是大运河、是大海的万顷波涛——这个四围如屏、形势完整、广袤多样、融会贯通的广大场域,为多元一体的大结构、大体量,奠定了大尺度的自然的人文的基因、基础。"② 五大国家文化公园的规划建设,即表征了中国广袤且丰富的地理空间对国家形成和演进的深刻影响。如长城通过隔离纵横于西北绿洲和北方草原上的游牧文明与中原地区的农耕文明,建立了五千年中华民族冲突与融合的文化地理符号,体现出中华文化突出的包容性特征。

基于这一理论逻辑,国家文化公园不仅有利于促进文化产品的生产与消费,更为重要的是,它有利于促进国家形象的营造与传播。政府、社会和企业借助于国家文化公园的共享平台,可以提高国家形象传达、对外文化交流和对外文化贸易的效率。

(二)探索中国特色学术话语系统和研究范式

如果单纯从技术层面看,国家文化公园体现为一种制度设计和管理范式

---

① 《探索新时代文物和文化资源保护传承利用新路——中央有关部门负责人就〈长城、大运河、长征国家文化公园建设方案〉答记者问》,人民网,2019年12月6日。
② 韩子勇:《新时代国家文化公园建设的理路与价值》,《中国艺术报》2022年2月11日。

的创新。它要求政府必须从一个宏观的层面上来讨论超大规模文化遗产的保护利用模式问题，因此必须对传统的管理体制进行较大幅度的改革创新。从宏观层面上看，"在建设社会主义文化强国背景下，国家文化公园的设立是一种集中体现国家性、文化性和公共性的宏大时空叙事表达，也是一次重要的体现中国道路话语体系的文化治理模式创新"①。

在全球化语境下，建构中国自主的文化认同型国家的知识体系，需要深入研究和阐释中国作为文化认同型国家不同于西方宗教认同型和民族认同型国家的基本内涵与特征，从而深入阐述中国式现代化的内涵和外延，借此摆脱西方构建的"唯一现代化逻辑"与西欧地方经验话语体系对中国式现代化道路的约束和局限，以期为下一步的中国式现代化的理论创新提供借鉴。

第一，要深化对国家文化公园当代价值的理论建构。建设国家文化公园、创新国家文化公园的概念，其目的并不是想证明中国的文明比西方强，而是要揭示东西方文明形态和发展路径上的差异性，以及中华文化共同体延续背后的公共观念和集体行动逻辑，由此奠定中国自身知识体系和话语体系的基石。

第二，要以当代中国学科体系、学术体系、话语体系建设为支点。习近平总书记强调："要建立中国特色、中国风格、中国气派的文明研究学科体系、学术体系、话语体系，为人类文明新形态实践提供有力理论支撑。"② 从国家文化公园建设与文化认同型国家属性之关系入手，研究中国的国家文化公园建设实践问题，必须以中国为观照、以西方为镜像，从新时代国家文化

---

① 钟晟：《文化共同体、文化认同与国家文化公园建设》，《江汉论坛》2022 年第 3 期。
② 《习近平在中共中央政治局第三十九次集体学习时强调　把中国文明历史研究引向深入　推动增强历史自觉坚定文化自信》，http://news.xinmin.cn/2022/05/28/32175131.html。

公园建设的生动实践中挖掘新材料、发现新问题、提出新观点，提炼出有学理性的新理论，建构中国自主的中国式现代化的学科体系、学术体系和话语体系。

第三，要努力建构与国家文化公园相关的知识体系。在交叉学科门类下强化"长城学""大运河学""长征学""黄河学""长江学"的二级学科和学术体系建设，深刻阐述自然环境、历史传统与中华民族共同体之间共存共荣的内在联系。

（三）探索创建文旅消费的新场景

通过规划建设国家文化公园，深度挖掘中华民族共同的历史文化记忆和共在的价值表达方式，向全体中华儿女清晰地展示中华民族共同体内在的文化叙事结构，将大叙事转换成族群个体及中外游客能够感知的文旅体验产品。这正是国家文化公园的独特功能。

国家文化公园所包含的神圣地点、遗产旅游、传统农业景观和商业体验场所，可以提供游憩与娱乐、气氛与美学、激励与灵感，以及教育、乡土、文化继承等体验价值。中华民族的文化自信必须建立在对本民族历史的高度认可之上，对传统的自豪感之上。规划建设五大国家文化公园，阐述中华民族和新中国诞生的过程，借助于国家文化公园所承载的文旅消费功能，让居民和游客了解我们的先民是怎样的一群人、中华民族是怎样的一个民族、中国是怎样的一个国家，人们才会深刻地爱上这片土地、这里的人民和这里的文化，形成真正的家园归属感。此即在国家文化公园建设过程中建设文旅消费新场景的独特意义。

陈波和庞亚婷利用场景理论对黄河和长江国家文化公园空间生产机理进行研究，针对消费主义导致的空间同构及碎片化问题，提出要在有限的物理空间内呈现富有特色的文化符号，以激活消费者的空间感知并完成其自我身份建构。在此基础上提出了建构国家文化公园消费场景的系列措施，包括：高度凝练的文化符号及认同体系，实施多元优化舒适物的场景布局，精准锚定居民及游客获得感和幸福度。① 要确立场景营造思维，通过强化公众地方感和文化认同感，科学组合空间内舒适物（包括自然风光、旅游装置、公共文化服务配套等）和事件（如旅游、民俗活动、节庆庆典等），引导公众在文化参与的过程中完成经验的积累，并与空间"他者"产生关联，实现空间感知尺度的转化。② 国家文化公园正是通过对这些体验空间和消费空间的科学调配，直接作用于消费者的在场感知，推进区域文化生产和大众文化（旅游）消费。

五、结论

维护文化共同体的统一、团结和凝聚力，是中国这样一个典型的文化认同型国家的重大公共事务。国家文化公园的实施，作为培育国民文化认同和文化身份的重要渠道，是文化认同型国家对在全球化背景下日益上升的强化文化认同和国家认同战略需求的整体性反映。

国家文化公园之所以能够成为中华民族共同的精神家园，就在于其代表了中华文明源远流长的文化符号，是中华儿女团结凝聚的精神纽带、中华民族生生不息的民族象征。③ 国家文化公园通过固有的文化记忆装置，架通了

---

① 参见陈波、庞亚婷《黄河国家文化公园空间生产机理及其场景表达研究》，《武汉大学学报（哲学社会科学版）》2022 年第 5 期。
② 参见陈波、庞亚婷《长江国家文化公园场景感知研究》，《江汉论坛》2023 年第 4 期。
③ 参见吴必虎、余青《中国民族文化旅游开发研究综述》，《民族研究》2000 年第 4 期。

连接中华民族"过去—现在—未来"的桥梁。

  国家文化公园是时间向度上族群文化记忆的物质结果。国家文化公园的形态源于族群文化记忆在当下环境中的重构及文化记忆的再现与实践，族群文化记忆的积累和重构使国家文化公园的物理空间拥有了社会意义和象征价值。正是在这一个空间平台上，族群文化的历时性变迁和文化空间结构实现了有机联结，形成了中华民族的精神家园。其间的原因，就在于国家文化公园本质上既是一种"地理媒介"又是一种"象征媒介"：国家文化公园借助于地理空间符号和文化记忆对"集体"进行界定，"集体"被定义为"由超越时空的象征媒介来自我界定的抽象的共同体"[1]。由此建构了集体记忆和个体身份认同的连接关系。正如法国学者雅克·勒高夫所言："记忆是构成所谓的个人或集体身份的一个基本因素，寻求身份也是当今社会以及个体们的一项基本活动，人们或为之狂热或为之焦虑。但是，集体记忆不仅是一种征服，它也是权力的一个工具和目标。"[2] 国家文化公园所固有的族群集体记忆功能，满足了人们对于集体身份的诉求，成为个体身份归属感的来源。

  以历史文化为核心组成的民族文化共同体，建构了当代中国人的精神家园："精神共同体在同从前的各种共同体的结合中，可以被理解为真正的人的和最高形式的共同体。"[3]

  中华文化建立了中国人的家园归属感，而长城、大运河、长江等国家文化公园则建立了中国人精神家园的表征系统。对于中国人而言，长城、大运河、长征、黄河和长江国家文化公园同样承载了中国人的家园感，"这是民

---

[1] 孙江：《皮埃尔·诺拉及其"记忆之场"》，《学海》2015年第3期。
[2] [法]雅克·勒高夫：《历史与记忆》，方仁杰、倪复生译，中国人民大学出版社2010年版，第111页。
[3] [德]滕尼斯：《共同体与社会——纯粹社会学的基本概念》，林荣远译，商务印书馆1999年版，第65页。

族文化、民族精神的标识和印记，是我们心灵家园的门楣和梁柱，是中华文化的大块堆垒，是我们纵到底、横到边、引以为傲的鸿图华构、灿烂文脉……从东到西，从北到南，横平、竖直、弯折钩，每一笔都光彩万里，每一画都写在灵魂血脉里"①。

国家文化公园的确立和实施，为中华民族提供了历史传统空间化建构的超级媒介，其意义在于"把高于历史的山水封为永久性的超越存在，使之成为永久性的隐喻"②。这也在一定程度上改变了中华传统文化在时间纵向度和空间横向度上的变迁轨迹，并建立起新时代中华文化发展的时空观。国家文化公园所固有的集体记忆和文化记忆，满足了人们对于民族和国家的发展愿景，成为个体价值感的来源。海德格尔说："历史不仅是人类的现在在过去的投影，它还是人类的现在中最具有想象力的那部分在过去中的投影，是自己选择的未来在过去中的投影，它是一种历史—科幻，反之也可以说是一种历史—愿望。"③ 国家文化公园通过提供一种宏大的文化场景，引导人们进入无限的时间和空间，对整个人生、历史、世界获得一种体验性的感受。其立足于中华文化突出特征的创造性设计理念，将会在中华民族的永续发展中展现出更多更大的价值。

[原载《山东大学学报（哲学社会科学版）》2023 年第 5 期]

---

① 韩子勇：《新时代国家文化公园建设的理路与价值》，《中国艺术报》2022 年 2 月 11 日。
② 赵汀阳：《历史、山水及渔樵》，《哲学研究》2018 年第 1 期。
③ [法] 雅克·勒高夫：《历史与记忆》，方仁杰、倪复生译，中国人民大学出版社 2010 年版，第 125 页。

大运河文化带国家重点文物保护单位分布特征及其影响因素[*]

焦 敏 路 璐 牛福长 和佳慧 穆学青

1961年3月4日，国务院发布《文物保护暂行条例》，正式规定全国重点文物保护单位、省（自治区、直辖市）级文物保护单位、县（市）级文物保护单位三级保护管理体制。文化部从省级文物保护单位中，选择具有重大历史、艺术、科学价值的确定为全国重点文物保护单位（以下简称"国保单位"）。同时，国务院公布第一批国保单位180处。自此，国保单位的评选定工作陆续展开，截至2019年10月16日，国务院已公布八批国保单位，共计5058处，包括古建筑、古墓葬、古遗址、近现代重要史迹及代表性建筑、石窟寺及石刻，以及其他类型。这一文化遗产从远古时期跨越至今，广布全国各地，尤以山西、河南、河北、浙江、陕西、四川等地居多。作为中华文明绵延赓续的重要载体，文物古迹展示并彰显了一定时期的人地关系、灿烂文明、民族精神，是不可再生、不可替代的中华优秀文化资源。中国大运河（The Grand Canal of China）是京杭运河、隋唐运河、浙东运河的总称，是中

---

[*] 本文系教育部哲学社会科学研究重大项目（项目编号：21JZD041）成果。

国古代劳动人民创造的一项伟大的水利工程。大运河始建于春秋时期，形成于隋唐，疏浚于明清，是中国古代沟通南北的重要交通大动脉，运河沿线承载与刻画了中国两千多年来社会经济文化的变迁。在"一带一路"倡议、加快构建中国话语和中国叙事体系、建设文化强国、实现中华民族伟大复兴的当下，深入解析大运河等巨型文化遗产具有重要的现实意义和理论价值。

国内外学界关于大运河的研究由来已久，主要从考古学、历史学、人类学、社会学、地理学、传播学、旅游学等学科予以探讨。具体来看，考古学和历史学聚焦大运河文化基因的考古发现、历史变迁、发展脉络。[1]基于此，学者们讨论了大运河研究的理论渊源[2]、内涵及价值[3]、规划设计与文旅发展[4]、立法体系[5]、生态环境[6]等。抑或聚焦大运河国家文化公园[7]，认为应深刻把握其内蕴的文化记忆[8]，做好运河文化的传播，试图将其建设成为对内坚定文化自信[9]，对外传播中国声音、展示中国形象的时代符号。[10]

---

[1] 参见段柄仁《流淌在大运河里的历史文化基因》，《前线》2020年第12期。
[2] 参见李伟、俞孔坚、李迪华《遗产廊道与大运河整体保护的理论框架》，《城市问题》2004年第1期。
[3] 参见俞孔坚、奚雪松《发生学视角下的大运河遗产廊道构成》，《地理科学进展》2010年第8期。
[4] 参见韩海青《讲好运河故事　增强文化自信——大运河文化带（江苏段）旅游产业与影视文化融合发展建议》，《唯实》2020年第6期。
[5] 参见夏锦文、钱宁峰《论大运河立法体系的构建》，《江苏社会科学》2020年第4期。
[6] Tang F., Wang L., Guo Y., et al., *Spatio-temporal Variation and Coupling Coordination Relationship between Urbanisation and Habitat Quality in the Grand Canal, China*, Land Use Policy, 2022, pp.106-119.
[7] 参见王秀伟、白栎影《大运河国家文化公园建设的逻辑遵循与路径探索——文化记忆与空间生产的双重理论视角》，《浙江社会科学》2021年第10期。
[8] 参见路璐、许颖《大运河文化遗产与民族国家记忆建构》，《浙江学刊》2021年第5期。
[9] 参见韩海青《讲好运河故事　增强文化自信——大运河文化带（江苏段）旅游产业与影视文化融合发展建议》，《唯实》2020年第6期。
[10] Zhang Y., "Research on the External Communication of Grand Canal Culture in the Context of 'the Belt and Road Initiative': The Case of Zaozhuang Section", 2020 International Conference on Language, Communication and Culture Studies（ICLCCS2020）. Atlantis Press, 2021, pp.168-172.

相比之下，历史地理学者则更倾向于运用遥感影像刻画运河遗产在地理空间上的分布和演变等。① 时代语境下，亦有学者认为应聚焦本土构建中国遗产话语体系。② 目前的以定性为主的研究方法在大运河的发展脉络、理论归纳、社会运作机制等研究中发挥着重要作用，很大程度上厘清了大运河在纵向过程研究的发展态势。综上，学界对大运河的内涵意蕴、保护与发展路径、时代建构等认知已较为完备且展现出极大的研究兴趣，但从地理时空视角来具体探究运河文物古迹在历时性、共时上的具体特征及变化的研究相对较少。

回归当下对国保单位的研究，不同于历史学、社会学等学科重点关注历史属性问题，地理学则从时空二维出发探讨文物古迹的地理空间分布。如胡娟等梳理了武汉市"士农工商兵"文保单位的时间演变和空间结构特征③；周成等立足中观尺度探究了黄河流域国保单位的空间密度、集散类型、方向特征。④ 当然，亦有学者聚焦某一类型文保单位探讨其空间集散、结构、类型等。⑤ 总的来看，现有研究已关注到文保单位在时空中的离散性、密度集、方位、形状等，但对其空间分布整体性特征的统计研究仍有待完善，尚未形成较为系统的地理空间分布整体统计理论框架。此外，目

---

① 参见奚雪松、秦建明、俞孔坚《历史舆图与现代空间信息技术在大运河遗产判别中的运用——以大运河明清清口枢纽为例》，《地域研究与开发》2010年第5期。
② 参见路璐、吴昊《多重张力中大运河文化遗产与国家形象话语建构研究》，《浙江社会科学》2021年第2期。
③ 参见胡娟、朱琳、唐昭沛等《武汉市文化遗产的社会记忆演化特征——以文物保护单位为例》，《经济地理》2019年第7期。
④ 参见周成、柳炳华、张旭红等《黄河流域文物保护单位空间分布特征及其影响因素》，《中国沙漠》2021年第6期。
⑤ 参见周成、周霖、吕炯彦等《山西省红色文化遗址的空间分异特征与要素关联分析——以不可移动革命文保单位为例》，《干旱区资源与环境》2022年第12期。

前研究较多关注全国尺度和省域尺度，对中观地域尺度的探析较为不足，这与当下黄河、长江、长城、长征、大运河等巨型文化符号的时代构建相对脱钩。

综上，本研究从理论基础、要素、方法、归因四个维度构建地理空间分布整体统计理论框架，以大运河文化带国保单位为研究案例，采用最邻近指数、核密度、标准差椭圆、规模度指数等方法分析其时空特征。在立足高标准建设国家文化公园背景下，从历史地理出发探究大运河文化带国保单位与区域自然、社会人文等之间的关系，为大运河文化带遗产的保护与活化利用提供相应的参考。这对于当下建好、用好国家文化公园具有重要的现实研究意义。

一、研究区概况与数据来源

（一）研究区概况

"大运河文化带"一般特指大运河流经的北京、天津、河北、山东、江苏、浙江、河南和安徽8个省、直辖市范围。大运河联通古今、贯穿南北，主要由隋唐大运河、京杭大运河和浙东运河组成，河道总长3200千米，北至北京、南至浙江杭州、西至河南洛阳、东至浙江宁波，融合了江南、江淮、齐鲁、黄河、燕北等文化，是中华民族多元文化的结晶。从历史、地理、时空维度来看，中国运河的开凿发轫于江淮地区，大运河始于公元前486年吴王夫差为讨伐齐国开凿的邗沟。秦汉灵渠和漕渠的开凿使运河网络向南延伸至珠江流域，向西扩至关中平原西部。魏晋南北朝时期，以军事行动为目的的地区间运河蓬勃发展，如广漕渠、破冈渎等。隋炀帝即位后，以洛阳为中心开挖了贯穿南北的大运河并沿用至唐朝末年，后人谓之"隋唐大运河",以南北走向联通海河、黄河、淮河、长江、钱塘江等横向水系,为地区间物资和文化的交流提供了从未有的便利。至两宋时期,运河交通网不断调整和扩建,并将商品运至各地,淮南、江南等地经济和文化空前繁荣。[1] 元朝截弯取直形成了如今京杭大运河的走向雏形。明清之际,运河的组织管理和运作达到了高度饱和,繁荣辉煌的同时也付出了代价。清末漕运改制,大运河渐衰。[2] 作为世界上最长、最古老的人工水道,也是工业革命前规模最大、范围最广的土木工程项目,大运河打破了南北之间的自然阻隔,维护了多民族统一的国家发展,促进了南北之间的经济联系和文化交流。大运河是世界建造时间最早、使用最久、空间跨度最大的人工运河,2014年中国大运河被列入《世界遗产名录》。大运河流经地区留下了众多的文物古迹,成为当下"构建国家记忆"和"增强民族认同"的重要历史文脉。自2017年以来,随着"五大"国家文化公园全面布局,标志着高质量推进国家文化公园建设成为"十四五"期间文化领域的重要战略部署。2017年6月,习近平总书记对建设大运河文化带作出重要指示,指出"大运河是祖先留给我们的宝贵遗产,是流动的文化,要统筹保护好、传承好、利用好"。党的二十大报告指出"加大文物和文化遗产保护力度,加强城乡建设中历史文化保护传承,建好用好国家文化公园"。作为"五大"国家文化公园之一,截至2019年,大运河文化带共有1809处国保单位,约占全国总数的35.8%,其中北京135处,天津34处,河北291处,江苏250处,浙江281处,安徽173处,山东226处,河南419处。(表1)

---

[1] 参见路璐、许颖《大运河文化遗产与民族国家记忆建构》,《浙江学刊》2021年第5期。
[2] 参见邹逸麟《舟楫往来通南北——中国大运河》,江苏凤凰科学技术出版社2018年版。

表1 各历史时期国保单位数量及类型（单位：处）

时期	数量	古建筑	古墓葬	古遗址	近现代重要史迹及代表性建筑	石窟寺及石刻	其他
远古时期	213	0	1	211	0	1	0
夏朝至春秋战国时期	156	8	28	117	0	1	2
秦朝至三国时期	94	9	44	33	0	8	0
两晋至南北朝时期	65	6	7	15	0	37	0
隋朝至五代十国时期	106	38	13	20	0	34	1
宋元时期	304	206	21	43	2	31	1
明清时期	622	508	26	12	65	6	5
近现代	249	7	0	0	240	0	2
共计	1809	782	140	451	307	118	11

（二）数据来源

研究中的1809处国保单位数据源于国务院核定公布第一至八批国保单位名录，坐标信息源自百度地图坐标拾取系统。在影响因素的数据获取上，自然地理环境因素中的高程、河流水系数据均源于地理空间数据云（http://www.gscloud.cn/sources/）和中国科学院资源环境科学与数据中心（https://www.resdc.cn/）。所有底图数据均采用"国家地理信息公共服务平台审图号为GS（2019）1822号标准地图"制作。

二、理论框架与研究方法

（一）理论框架

从文化遗产的研究来看，国内外均强调"整体性"保护与发展，但侧重点稍有不同。如欧洲文化线路立足遗产要素、环境、跨文化以及动态性；美国遗产廊道强调自然、文化、经济的整体发展，并突出文化与自然并重。[1]近年来，新兴信息技术的发展助推各类文化遗产的整体性实践研究，如将GIS信息技术运用至探讨工业遗产、国保单位、非物质文化遗产、传统村落等在不同地理尺度上的集聚、方向、类型等，这一研究成果在地理学当中尤为突出。当然，亦有借助遥感、地理信息系统进行遗产资源风险预估、建模等。[2]不难发现，现有研究中已内蕴地理空间分布整体统计。文物古迹形成于一定历史时期、区域环境之中，是人类从古至今重要生产生活的见证，对文化遗产资源的整体性把控要回归文化遗产本身，洞悉其集聚、形态、方向、规模、类型。同时也要注重回归历史时空，探究其演化特征。具体来看，本研究理论框架以"人地关系地域系统理论"和"区域可持续发展理论"为指导；地理方位、规模形态、类型等作为文化遗产资源的基本组成要素；各类地理空间分析方法作为检验工具，刻画各要素在时空上的演变；最终的检验效果即空间结构特征则是国保单位在历史地理多重作用下呈现的时代特征。

---

[1] 参见赵作权《地理空间分布整体统计研究进展》，《地理科学进展》2009年第1期。
[2] Agapiou A., Lysandrou V., Alexakis D. D., et al., "Cultural Heritage Management and Monitoring Using Remote Sensing Data and GIS: The Case Study of Paphos Area, Cyprus", *Computers, Environment and Urban Systems*, Vol.54, 2015, pp.230-239.

（二）研究方法

研究方法主要包括最邻近指数（Nearest Neighbor Index）[1]、核密度（Kernel Density）[2]、标准差椭圆（Stardard Deviational Ellipse，SDE）[3]和规模度指数[4]。

三、结果与分析

（一）总体集聚特征

由最邻近指数计算得出（表2），各历史时期平均观测距离均低于预期平均距离，平均观测距离整体为下降趋势，预期平均距离整体为增加趋势，最邻近比率均小于1，Z得分均为负值，且总得分为-65.54，随着时间的推移，国保单位空间分布整体趋于集聚，但不同历史时期空间集聚有所差异。明清时期集聚特征最为显著，Z得分为-38.80，其余依次排列为近现代、夏朝至春秋战国、宋元、远古、隋朝至五代十国、两晋至南北朝、秦朝至三国。引入核密度对各历史时期国保单位在空间上的集聚特征进行直观描述。整体而言，大运河文化带国保单位在地理空间上呈现典型的"西—北—东南密、中间疏"的空间格局，各历史阶段存在差异。整体以北京、河北、河南、江苏、浙江为核心区，此5省、直辖市为历史文物资源富集区，与古都

---

[1] 参见[加拿大]斯蒂芬·L. J. 史密斯《旅游决策与分析方法》，南开大学旅游学系译，何自强校，中国旅游出版社1991年版。
[2] 参见赵步祥《我国高新区地区创新能力差异及分布动态演进》，硕士学位论文，青岛大学，2020年。
[3] 参见樊涵、杨朝辉、王丞等《贵州省自然保护地时空演变特征及影响因素》，《应用生态学报》2021年第3期。
[4] 参见焦敏、陈亚颦、和佳慧《云南省养老旅游资源空间结构特征、规律及影响因素》，《西部林业科学》2021年第2期。

表2　大运河文化带国保单位最邻近分析表

时期	平均观测距离（米）	预期平均距离（米）	最邻近比率 R	Z 得分	集聚排序
远古时期	25 327.84	39 519.74	0.64	−10.03	5
夏朝至春秋战国时期	51 540.63	154 366.19	0.33	−15.87	3
秦朝至三国时期	37 101.85	53 079.22	0.70	−5.58	8
两晋至南北朝时期	38 443.59	64 376.75	0.60	−6.21	7
隋朝至五代十国时期	29 015.94	46 061.45	0.63	−7.29	6
宋元时期	21 300.77	34 685.38	0.61	−12.87	4
明清时期	14 858.86	79 542.53	0.19	−38.80	1
近现代	21 700.81	114 685.55	0.19	−24.48	2
合计	9 030.98	49 620.90	0.18	−65.54	—

城市具有密切关联性[①]，如坐拥众多历史文化名城的河南、"六朝古都"江苏南京、"五朝帝都"北京、"北方文化的代表地"河北、"文物之邦"浙江等，国保单位在以上5个省、直辖市的数量占总数的76%。

（二）各时期国保单位的集聚形态演化特征

夏朝至春秋战国时期国保单位在空间上的集聚特征承袭上一阶段，并在上一阶段的基础上有所拓展和强化。总的来看，远古时期、夏朝至春秋战国时期的国保单位呈"单核多中心"特征，且以河南为高密度核心区，江苏、

---

① 参见焦书乾《我国古都城市的历史地理特征》，《中南民族学院学报（哲学社会科学版）》1996年第3期。

浙江、山东为次密度核心区，这主要与该区域作为文化的华夏文明的重要发祥地之一、中华文明轴心区等相关。除上述部分地区外，远古时期的古遗址在其他地区呈分散分布。秦朝至三国时期演变为"一核独大，零星分布"的形态特征，"一核"主要以郑州一带为中心，且河南省这一阶段的国保单位占同期国保单位总数的39.4%，这主要受中央集权国家建都的历史驱动影响。① 两晋至南北朝时期国保单位在空间上的集聚分布更为广泛，在上一阶段的基础上增加了豫北、豫东北、冀西南、鲁中、苏中等地，呈"两核多中心"特征。这一时期，多元文化融合发展，佛教传入中国，因此造就了一系列与"佛教文化"密切相关的国保单位。② 此外，该时期各朝代都城变迁与国保单位的集聚态势具有高度的耦合性。

隋朝至五代十国时期为"多中心"分布。其中，西北方向以豫北、冀西为核心集聚区，东南方向以浙北大片区域和苏南局部区域交界带为集聚区。集聚特点同样与古代帝王建都密切相关，如隋炀帝迁都洛阳、唐朝以洛阳为东都、武周建都洛阳（称神都）以及后唐定都洛阳等。冀西则以石家庄、邢台、保定三个地区为聚集点。此外，隋唐时期大运河的开通促进社会经济、文化发生重大变化，造就了众多时代特征显著的国保单位，如大运河商丘南关码头古运河遗址。③ 再如，五代时期钱镠建立吴越国，使得浙北大片区域和苏南局部区域交界带遍布各类文物古迹。

宋元时期，国保单位呈现"三足鼎立"的形态特征。历史上，北宋建都东京（今河南开封），南宋建都临安府（今浙江杭州），元朝建都大都（今北

---

① 参见刘海旺《河南秦汉考古发现与研究概要》，《华夏考古》2012年第2期。
② 参见曹文柱《略论魏晋南北朝时期文化结构的更新》，《史学集刊》2001年第2期。
③ 参见邹逸麟《舟楫往来通南北——中国大运河》，江苏凤凰科学技术出版社2018年版。

京市），致使这一时期的国保单位具有显著的"都城核心"特点。明清时期国保单位的核心区出现分异，主要表现为豫中国保单位数量的减少和北京地区国保单位不断集聚，东南集聚区分异为以安徽、浙江两省交界的西部集聚区和以江苏、浙江交界处的东部集聚区，异化显著，表现为"单核多中心"特征。近现代以来，国保单位呈现以北京及其周边、南京及周边地区、苏州及周边地区为高集聚区，豫东和鲁中小区域性集中的"二元核心"分布态势。国保单位的空间形态特征与该阶段重大历史事件和革命活动区具有高度耦合的指向性特征。例如，北京、天津、河北一带的近现代重要史迹及代表性建筑占这一类型总数的29.2%，江苏、浙江范围内占比38.8%，河南和山东范围内国保单位占比大致一样，占比数值为12.9%。

（三）重心迁移方向演化特征

利用标准差椭圆分析不同历史阶段国保单位分布的范围、方向变化、重心迁移等特征。（表3）结果表明：国保单位分布的范围总体经历了"扩增—缩减—扩增"的过程，各历史阶段差异显著；重心迁移方向上具有显著的"西北—东南—东北—东偏南—东北—东南—西北"迁移特征，且重心迁移的区域集中在安徽、河南、江苏、山东4省交界周边区域；方向变化趋于扁平化，总体以大运河呈"中轴对称"，椭圆长轴与大运河走向渐趋垂直。

表3 大运河文化带国保单位标准差椭圆参数

时期	面积（平方千米）	重心坐标（X,Y）	标准距离的长轴（千米）	标准距离的短轴（千米）	旋转角 θ（度）
远古时期	44.86	116.693198,34.450675（安徽省宿州市萧县）	4.30	3.32	129.43

续表

时期	面积（平方千米）	重心坐标（X，Y）	标准距离的长轴（千米）	标准距离的短轴（千米）	旋转角θ（度）
夏朝至春秋战国时期	238.95	114.458857,34.899043（河南省开封市祥符区）	19.77	3.85	90.26
秦朝至三国时期	33.69	115.986194,34.573363（河南省商丘市虞城县）	4.04	2.65	125.10
两晋至南北朝时期	36.50	116.232332,35.133072（山东省济宁市金乡县）	4.39	2.64	136.09
隋朝至五代十国时期	40.35	116.428491,34.03441（河南省商丘市永城市）	5.54	2.32	137.02
宋元时期	56.33	116.790523,34.540935（江苏省徐州市丰县）	6.01	2.98	148.53
明清时期	167.13	117.099393,34.293609（江苏省徐州市铜山区）	9.68	5.50	104.59
近现代	287.47	116.19832,34.499844（安徽省宿州市砀山县）	18.35	4.99	94.23
总体	167.65	116.520753,34.463534（安徽省宿州市砀山县）	10.95	4.87	97.55

总体来看，国保单位的标准差椭圆面积为167.65平方千米，范围涵盖河南、天津、河北、山东、安徽、江苏、浙江等地区，椭圆重心坐标大致落于大运河中段，即安徽砀山县境内，整体趋于东西向分布特征。聚焦各历史时期，重心坐标分别位于不同区域。其中远古时期的国保单位重心位于安徽省宿州市萧县境内，夏朝至春秋战国时期的国保单位重心则往西北方向迁移至河南省开封市祥符区境内，标准差椭圆面积扩大至原来的5.33倍，呈较为规整的东西方向特征；秦朝至三国时期则又沿东南方向移至河南省商丘市虞城县境内，标准距离的长轴相对上一阶段缩减了约79%，短轴则小幅度缩

减，也致使标准差椭圆面积骤减至上一时期的约85%，空间方向为西北—东南分布特征；两晋至南北朝时期到宋元时期的标准差椭圆在各个方向变化幅度相对不显著，基本承袭秦朝以来的西北—东南分布特征，标准差椭圆面积变化幅度为10以内。但从重心迁移方向上看，两晋至南北朝时期的标准差椭圆重心往东北方向移至山东省济宁市金乡县境内。至宋元时期呈现"南下、北上"的迁移特点，其中，隋朝至五代十国时期则东偏南迁移至河南省商丘市永城市境内，宋元时期往东北方向迁移到江苏省徐州市丰县境内；至明清时期，国保单位的标准差椭圆面积扩增至167.13平方千米，为上一时期的2.97倍，标准距离的长轴和短轴亦同时小幅度增大，空间方向呈现西北偏西—东南偏东的空间特征。近现代以来，明显可以看出标准差椭圆重心往西北方向移动至安徽省宿州市砀山县境内，与国保单位总体标准差椭圆重心高度吻合，标准差椭圆面积不断扩增，达287.47平方千米，且整体趋于东西向分布特征。

（四）省域国保单位规模特征

使用标准差椭圆刻画国保单位分布的重心、方向等，难以避免其对国保单位空间位置的"均匀化"影响，与既往研究中集中分布于样本点的集中区域有所不同，标准差椭圆方向中重心所在区域并不一定位于国保单位的集聚地。由此引入规模度指数对国保单位在空间上的规模度进行佐证与辨析。由计算得出的规模度指数值可知，集聚规模从高至低依次为北京、天津、浙江、河南、江苏、河北、山东、安徽（表4）。而为何标准差椭圆重心点位于国保单位集聚特征较弱的安徽，实际上是由于大运河文化带国保单位在空间上虽集聚分布，但其集聚区分别位于三个不同的地理方位，因此，在进行标准差椭圆核算之时会均匀三个方位上的集聚情况，使得重心点位置并不总是位于国保单位的核心集聚区，所有不同历史时期国保单位标准差椭圆重心亦遵循此规律。此外，整体国保单位转角较大，椭圆的长轴为短轴的两倍，使得大运河文化带国保单位整体上呈现狭长形的东西向分布特征，范围基本囊括大运河文化带大部分国保单位。

表4 大运河文化带国保单位规模度指数表

省/直辖市	北京	天津	河北	江苏	浙江	安徽	山东	河南
数量/个	135	34	291	250	281	173	226	419
面积/平方千米	16 411	11 917	188 800	107 200	105 500	140 100	158 000	167 000
规模度指数	0.00823	0.00285	0.00154	0.00233	0.00266	0.00123	0.00143	0.00251

（五）不同类型国保单位的时空分布特征

借助核密度分析不同类型国保单位在时空二维上的演变特点，以明晰大运河文化带各省份文化资源上的差异性和互补性。在数量上，古建筑类的国保单位以782处占据榜首，其次为古遗址类451处、近现代重要史迹及代表性建筑类307处、古墓葬类140处、石窟寺及石刻类118处以及其他类型11处。在空间分布上，各类型国保单位具有多样化特征，且伴有一定的连贯性。整体而言，各类型国保单位基本呈现以三大片区集聚分布的特点，即豫中、北京、浙江和江苏交界处三个片区，但各历史时期集聚特点有所差异。在空间集聚上，国保单位中古建筑类在京中、豫中地区以及安徽、浙江、江苏交界地区形成高集聚区，其他地区较少分布；古墓葬类空间连片特征较为明显且呈现"人字形特征"，主要分布于豫中—北京—浙江连线一带；

古遗址类集中于豫中一带，鲁中地区和江苏、浙江两省交界处小面积集聚；近现代重要史迹及代表性建筑类在空间上具有明显的"两核、四片"分布特征，北京、南京—湖州连片区高度集聚；石窟寺及石刻类以河南—河北、浙江—江苏两大片区集中分布，其他国保单位类型在江浙一带形成高密度区，在天津、河北、安徽交界处形成次级密度区。另外，以北京为中心点的周边地区主要以古建筑、近现代重要史迹及代表性建筑两种类型国保单位居多，以豫中为核心的周边地区则以古建筑、古墓葬、古遗址、石窟寺及石刻为主，江苏、浙江一带则集中分布大量的古建筑、古墓葬、近现代重要史迹及代表性建筑、石窟寺及石刻以及其他类型国保单位。此外，在鲁中地区的古墓葬、古遗址、石窟寺及石刻类型是小范围集聚，其他地区相较于上述国保单位类型则较为分散。

聚焦各历史时期的国保单位类型，远古时期主要以古遗址类为主，占比99%。夏朝至春秋战国时期以古遗址类为主，以各类城镇遗址为典型代表。秦朝至三国时期以河南省所拥有的国保单位居多，古遗址、古墓葬、古建筑、石窟寺及石刻分别为15、15、5和2处。这与河南曾是多个朝代、政权的都城所在地高度相关；两晋至南北朝时期古遗址以寺庙类居多，古城、窑类占比较少，古建筑呈现与佛教文化紧密相连的特征。隋朝至五代十国时期国保单位类型多以古建筑、石窟寺及石刻居多，其中古建筑以塔林、寺庙、桥为主，石窟寺及石刻则以经幢、碑记、刻经为主要内容，古墓葬以皇陵为主，古遗址具有显著的"窑"特征，可见当时对陶瓷制品的重视。宋元时期国保单位类型上古建筑数量迅速猛增，达206处，占同时期国保单位数量的67.8%，古墓葬、古遗址、石窟寺及石刻、近现代重要史迹及代表性建筑以及其他类型国保单位数量分别为21、43、31、2和1处。明清时期国保单位数量达到顶峰，总数量为622处，占国保单位总数量的 34.4%，其中古建筑类 508 处、古墓葬类 26 处、古遗址类 12 处、近现代重要史迹及代表性建筑类 65 处、其他类型 5 处、石窟寺及石刻类 6 处。此外，近现代以来的国保单位类型深受战争、革命活动、名人事迹等的影响。

四、国保单位空间分布的影响因素

国保单位的集散位置、形态、方向、规模、类型是自然地理环境和人文地理环境等多重因素共同作用的结果。在考察国保单位的形成原因之时，必须将其置于当时的历史地理环境条件下。历史地理环境一般包括自然地理环境和人文地理环境。自然地理环境作为文明产生的基底，包括气候、地形、地貌、水文、植被、海陆分布等，人文地理环境包括疆域、政区、民族、人口、城市、交通、农业、牧业等。结合研究实际，自然地理环境主要考虑地形、水系、气候、植被等因素，人文地理环境主要考虑人口、政区、经济以及文化等因素。

（一）自然地理环境因素

1. 地形与水系

大运河文化带所处地区，地形、地貌从远古至今变化相对较小，故以现今地形、水系数据与国保单位进行叠加可视化处理。将案例区域的高程分为 5 级，结果表明：国保单位的分布呈现明显的低海拔趋势，且随着海拔的增加国保单位数量明显减少。

为科学量化河流水系与国保单位空间分布之间的关系，将案例区域 4 级及以上河流与国保单位的空间分布重叠分析，缓冲区设置为 5 千米、10 千米。结果表明：国保单位在时空分布上随着与河流距离的增加而减少，具有明显的亲水性特征。历史叙事下，各个历史时期5千米和10千米缓冲区下国保单位数量差异明显。5千米范围内国保单位数量达1070处，在该缓冲区尺度下，国保单位占比率从远古时期到秦朝至三国时期、秦朝至三国时期到宋元时期、宋元时期到明清时期、明清时期到近现代呈现"减—增—减—增"趋势。10千米范围内国保单位数量为1427处，介于5千米和10千米缓冲区范围内的国保单位占比率和5千米范围内的国保单位占比率变化基本趋同。（表5）

表5 不同历史时期国保单位在5千米和10千米缓冲区数量

时期	5千米（个）	10千米（个）
远古时期	129	176
夏朝至春秋战国时期	106	128
秦朝至三国时期	52	81
两晋至南北朝时期	38	51
隋朝至五代十国时期	61	82
宋元时期	186	243
明清时期	343	466
近现代	155	200
总体	1070	1427

2. 气候环境与植被

综合竺可桢[1]、张丕远[2]、文焕然[3]等学者的研究，并查阅邹逸麟的《中国历史地理概述》[4]，发现历史维度下黄河流域、华北平原、长江流域的气候整体上是由暖转寒，其中伴随两个明显的暖转寒、暖寒相间阶段特征。近代以后除个别年份气候极端寒冷外，整体呈相对温暖的变迁特点。相较于历史时期大范围内不同地区显著的气候变迁，大运河文化带地区 2000 多年来整体处于温暖气候时期，环境湿润，雨量也较为丰富。已有研究表明，国保单位作为人类历史活动的遗存，更多分布在气候暖湿地区。值得注意的是，在远古时期，历史文物古迹的最初雏形与史前气候环境变迁是紧密相连的。考古研究显示，远古时期国保单位形成深受气候环境制约。如吴立等的研究表明全新世以来环境变化深刻影响马家浜—河姆渡文化、良渚文化等的分布、演变与扩散。[5]这一结果亦在山东省中部大汶口文化、北辛文化、龙山文化等的历史考古中得以论证。[6]夏朝至春秋战国时期，环境变化较少，聚落人口变动小，古文化为小范围集中。[7]在后续历史朝代中，自然历史地理的驱动力显著减小，主要受人类活动范围逐步扩展的历史驱动力影响。另外，相较于今，此地区植被经历较大变化的原因主要源于频繁的人类活动。例如，开辟耕地、修筑城郭、兴建寺院、建造陵墓等。自然对人类活动开展的约束远远抵挡不住历史时期人类对外开疆拓土、广泛耕地等的社会

---

[1] 参见竺可桢《中国近五千年来气候变迁的初步研究》，《考古学报》1972 年第 1 期。
[2] 参见张丕远、龚高法《十六世纪以来中国气候变化的若干特征》，《地理学报》1979 年第 3 期。
[3] 参见文焕然、文榕生《中国历史时期冬半年气候冷暖变迁》，科学出版社 1996 年版。
[4] 参见邹逸麟编著《中国历史地理概述》，上海教育出版社 2007 年版。
[5] 参见吴立、朱诚、郑朝贵等《全新世以来浙江地区史前文化对环境变化的响应》，《地理学报》2012 年第 7 期。
[6] 参见丁敏、彭淑贞、庞奖励等《山东中部全新世环境演变与人类文化发展》，《土壤通报》2011 年第 6 期。
[7] 参见李水城《区域对比：环境与聚落的演进》，《考古与文物》2002 年第 6 期。

行为。因此，植被的变迁对国保单位的影响相对于人类活动对植被的改变而言较小。

（二）人文地理环境因素

1. 人口

国保单位作为历史时期人地交互的产物，人口与国保单位在时空上的演变大致呈正相关关系。通过查阅《中国分省区历史人口考》[①]等史料将历史时期分地区的人口统计，追溯至战国中期，进而回归历史人口背景。史前时期，大运河文化带所处8个省、直辖市大部区域为远古时期人类活动主要集中区，北京、浙江、山东等地所出土的新、旧石器时代遗址便是人类活动的证据。战国中期大运河文化带8个省、直辖市人口约1805万；西汉末年实际人口增加至约4011万；东汉中期稍有所增加，约4425万；至魏晋南北朝时期，由于政权更迭、动乱不断、人口迁移、流动频繁，使得这一时期大运河文化带人口发生重大变化，据统计这一时期人口约为2560万；从隋朝至唐朝中期，政局的相对稳定也促进了人口的增长，至唐朝中期，大运河文化带人口约4393万；南宋时期，这一区域人口约5231万；元朝后期至明朝后期，大运河文化带人口经历了元朝后期和明朝前期的波动下降，至明朝后期又增长至约7942万；而后至清朝初期，大运河文化带8个省、直辖市人口已增加至约1.72亿，占全国同期人口比例的42.89%。至1990年，该区域人口增长至约4.1亿。此外，从局部来看，河南、河北、山东、浙江、江苏作为历史时期人口高密度集中区，与各历史时期国保单位核密度的空间集聚分

---

① 路遇、滕泽之：《中国分省区历史人口考》，中国社会科学出版社2016年版。

布特征高度耦合。

2. 政区与经济中心

作为消费集中场所，城市自古便为古代商业的主要活动空间。根据以往的研究，经济发展中心必然为文化发展核心区。原始社会时期，大运河文化带大部分区域位于长江流域和黄河流域下游区域，是重要的农业种植和小农经济发展区，这已在众多考古发现中得以证实；从《六韬》《左传》等史书典籍中可知，夏朝至春秋战国时期的都城所在地经济繁荣。如河南、河北、山东、浙江等局部区域曾为这一时期的都城所在地，与上述该时期国保单位的集中分布区域呈正相关；秦汉时期，黄河中下游已成为我国经济最发达的地区，如东汉都城洛阳。两晋至南北朝时期，由于北方大量人口南迁，江南地区发展成为颇具特色的经济区，关中和中原两大经济区发展则远不及前朝；隋朝至五代时期作为相对统一和平时段，除黄河流域以都城洛阳作为主要经济区外，长江流域在这一阶段成为基本经济区，隋唐大运河更是将南北相连接；北宋以今河南开封为都城所在地，而南宋定都南方，经济也随之南移，长江流域正式成为古代经济中心。至元代，定都大都，政治中心北移，但经济中心依旧在江南一带；明清至近现代，北方政治中心和南方经济中心特征尤为显著。[①] 综上，结合各历史时段国保单位在时空上的分布特征，不难发现其与朝代更迭所带来的政区变化和经济的发展具有高度相关性。此外，从西周至1949年曾作为朝代都城所在地的时间长短来看，不难发现建都时间较长的城市往往亦是国保单位的核心集聚区，如北京（903[②]）、洛阳（885）、南京（449）、开封（366）、安阳（351）、杭州（210）、淄博（185）、

---

① 参见冀朝鼎《中国历史上的基本经济区》，朱诗鳌译，商务印书馆2014年版。
② 注：数字代表该地在西周至1949年间曾作为朝代都城所在地的时间。

邯郸（163）等。①

3. 文化

作为历史时期的文化载体，国保单位的类型深受历史时期文化发展水平的影响，且具有显著的时代文化烙印。从远古时期至秦汉时期，由于社会文化水平发展相对低下，国保单位主要为远古时期人类活动留存遗迹驱动，如分封诸侯、城郭、战争、生产工具不断改良等，因此主要以古遗址、古墓葬居多；魏晋南北朝时期上承两汉、下启盛唐，正值民族融合大发展时期，少数民族从边疆内迁至中原，汉民族则向四方辐射，极大促进了地区之间的交流，多元文化也在其间变迁、渗透、融合，使得中华文化结构不断得以更新和充实②，呈现异彩纷呈的特征。佛教在这一时期迅速传播，渗透到社会生活的各个方面，其中尤以将佛像雕刻在石洞中为典型代表，也因此这一时期的石窟寺、石刻艺术达到巅峰状态。③此外，隋唐时期大运河的开通使得江南、中原与关中地区紧密相连。大唐盛世，佛教、道教、儒教并驾齐驱等④，因此造就了具有时代特征的国保单位。明清之际，中西文化碰撞，小说、戏剧、书法、绘画等艺术蓬勃发展，建筑形制大多改用砖石建筑，江南的园林构景更是达到了很高的艺术水平，如此多重力量作用下，促使这一时期的国保单位增添了诸如宫殿、庙宇、书院、桥堡、洋故居、园林、乡村民苑、宗祠等类型。近现代以来，中西方文化交融碰撞，国保单位在建筑风格上注入了中西多元文化符号，如天津马可·波罗广场建筑群、清华大学早期建筑、北洋大学堂旧址等。

---

① 参见赵红军、胡玉梅《谁影响了中国历代都城地理位置的兴衰变迁？——一个基于量化经济史的实证分析》，《经济学（季刊）》2019年第1期。
② 参见曹文柱《略论魏晋南北朝时期文化结构的更新》，《史学集刊》2001年第2期。
③ 参见曹文柱《略论魏晋南北朝时期文化结构的更新》，《史学集刊》2001年第2期。
④ 参见魏道儒《隋唐五代宗教态势与思想发展》，《世界宗教研究》2022年第9期。

五、结论与讨论

（一）结论

以大运河文化带1809处国家重点文物保护单位为研究对象，在理论框架指导下系统分析了各历史阶段国保单位的集聚、形态、方向、规模、类型等演化特征，并从自然与人文两方面分析其关联性。主要结论如下：

①总体上趋于集聚分布，各历史时期集聚形态有所差异，但基本围绕"豫中、北京、浙江和江苏交界处三个片区"动态演变，空间集聚位置受大运河"核心—边缘"辐射作用明显。

②演化方向整体趋于扁平化，重心落于大运河中段，迁移轨迹集中于"豫鲁苏皖"四省交界区域，不同历史时期演化方向和角度大小不同。

③在规模空间分布上，较大的团块状集中分布在西北—东南侧，不同类型和不同省市的国保单位空间规模差异显著。

④不同历史时期的国保单位类型差异较为明显。远古时期主要以古遗址为主；夏朝至春秋战国时期古建筑和古墓葬数量有所增加；秦朝至三国时期，河南省拥有的国保单位位居首位，以古墓葬、古遗址为主；两晋至南北朝时期受佛教文化的传播影响，国保单位类型呈现与此紧密相连；隋朝至五代十国时期多以古建筑、石窟寺及石刻为主；宋元时期古建筑数量迅速猛增；明清时期的国保单位数量达到顶峰，各类型均有增加，且时代特征显著。

⑤在影响因素上，远古时期自然地理环境因素为主要驱动力，之后主要受人文地理环境因素影响。具体来看，自然地理环境因素通过影响人类生产生活，进而影响国保单位在空间上的分布。其中，气候环境变化影响远古时期国保单位的空间布局与形成；植被的影响不显著；地形上国保单位数量随海拔的增加而减少；水系上具有明显的亲水性特征。人文地理环境中，远古时期之

后国保单位的时空分异受人口活动、朝代更迭所带来的政治经济中心转移以及文化发展水平及文化融合的影响。且政治因素统摄其他人文地理因素共同塑造国保单位的空间形态和类型，如战争、都城建立、人口迁徙、革命活动等。

（二）讨论

自国家文化公园这一概念提出以来，对其文化内涵、时代价值等的认识不断随着社会经济背景而发生改变。大运河作为其中的活态文化遗产之一，见证中华民族辉煌古今，有必要不断对其沿线文化遗迹进行多学科、多角度思考，以便精准匹配当下建设文化强国、实现中华民族伟大复兴等的时代需求。已有研究中对大运河文化带安徽、河南、浙江、江苏等省域层面的聚落景观、传统村落、人类遗址、特色小镇的研究取得了有效进展，为各省文化资源的分类和优化调控提供了研究参考。而从当下大运河巨型文化符号来看，本研究分析了其国保单位的时空分异特征及归因测度，一定程度上明晰了大运河文化带中观尺度上的部分资源本底，对整个大运河国家文化公园的建设具有重要的现实意义。

当然，在文化高质量发展背景下，对跨区域、大范围内历史文物古迹的理解亟须多学科对话共通，这将有助于从整体上深挖国家文化公园古往今来一脉传承的文化基因及时代价值。当下对"国家文化公园"巨型符号如何构建集体记忆、增强民族认同等的重视便为大运河国家文化公园的研究提出了更深一步要求。总之，在时代号召之下，肩负起历史文脉延续与发展的使命，让城市留住记忆，让人们记住乡愁。

（原载《经济地理》2023 年第 3 期）

国家文化公园的旅游者文化认同生成机制研究
——以黄河国家文化公园标志性自然景观为例*

戴靖怡　黄潇婷　孙晋坤　安红敏　郭秋琪

引　言

  我国首创的国家文化公园体制强调了具有国家代表性和民族象征性的宏观尺度文化遗产在建构国家形象、凝聚民族精神、培育集体文化自信中的重要作用。在国家文化公园建设中，文旅融合区作为四类主体功能区之一，其发展目标与普通文旅产业发展不同，强调文化旅游活动为大众提供文化体验情境和休闲消费渠道的同时，将文化价值放在首位，重视唤起民众对国家层面并具有民族意义的文化遗产的保护意识以及对中华文明和中国精神的认同感。[1]

  黄河国家文化公园作为区别于人工修建或以人文活动为主的大运河、长

---

* 本文系国家自然科学基金项目"基于旅游者时空行为规律的旅游活动空间生产与建构研究"（项目编号：41871138）和山东省社会科学规划研究项目文化旅游专项"基于知识图谱技术的山东文化旅游智能解说词库数字化路径与机制研究"（项目编号：21CLYJ01）成果。

[1] 参见秦宗财《大运河国家文化公园系统性建设的五个维度》，《南京社会科学》2022 年第 3 期；王健、彭安玉《大运河国家文化公园建设的四大转换》，《唯实》2019 年第 12 期。

城、长征国家文化公园,它的文化本位是流域文明。黄河文化内涵的变迁基于其流域的自然景观特质,并伴随着不同历史时期人的审视观念和使用需求的变化使其自然属性生活化、意义化和文化化。[①] 当前黄河国家文化公园这一文化工程的建设推进,可以从更广阔的文化旅游活动空间探讨以自然景观为主的文旅体验如何联结国家文化形象与个体文化认同感。本文运用质性研究方法的扎根理论,在对黄河壶口瀑布旅游区(宜川段)和黄河口生态旅游区两个案例地进行实地调研的基础上,以随行纪实方式获取旅游者文化认同过程的基础资料,在进一步整理、分析的基础上,实证性地建构了具身体验视角下的旅游者对黄河国家文化公园标志性自然景观的文化认同生成机制的理论框架。

一、研究进展和理论基础

(一)黄河标志性自然景观的概念界定

19 世纪德国地理学家亚历山大·冯·洪堡(Alexander von Humboldt)提出"景观"(landscape)一词代表某个区域的总体特征。虽然后来景观作为呈现客观物质实体特征和区域群体主观意识形态的"人地关系的表征"的意涵不断发展,但始终都围绕自然和/或文化相互作用的关系。[②] 因此,景观本质上就含有主客观统一的意义。与此同时,不同于西方笛卡尔主义主导的环境观——将物质与精神、自然与文化二元分离,我国在"天人合一"思想

---

① 参见赵旭东《流域文明的民族志书写——中国人类学的视野提升与范式转换》,《社会科学战线》2017 年第 2 期。
② 参见薛芮、闫景娟《景观管理嵌入乡村旅游人地关系研究的应用框架建构》,《地理科学进展》2022 年第 3 期。

的影响下，传统的环境观中物质与精神、自然与文化相互影响交融。[1] 因此，在中华文明的历史演进过程中，自然景观具有显著的文化属性，沉积了丰富的文化表征，产生了大量具有文化认同的自然景观。[2] 黄河就是其中极具代表性的自然景观之一。

根据我国国土景观的多样性分类[3]，黄河流域内的景观可以分为自然景观和人文景观两大类。自然景观主要是由地球生态环境变迁中自然要素相互作用而形成的。原始自然景观例如黄河上游的黄河源、星宿海等，由于偏远、人迹罕至而人为干扰较少，原始风貌得以保留；而其他大部分黄河自然景观都附着着人文活动的痕迹。黄河人文景观是人类不断为满足生存生活需要而改造利用黄河后形成的，一部分是在原有自然的基础上叠加了人工要素，例如龙羊峡水电站、三门峡水库等，另一部分则是完全由人工建造失去自然原貌和特征。本文所讨论的黄河标志性自然景观，例如黄河第一湾、壶口瀑布、乾坤湾、几字湾、黄河石林和黄河入海口等，在黄河流域众多的自然景观中具有形态上的典型代表性，展示了黄河九曲蜿蜒、澎湃激荡、辽阔壮观等生态特质。与此同时，历史沿革中人的生产生活与黄河自然生态互动产生的政权、制度、文化、历史等文化特征以"自然文化"（nature cultures）[4] 的形式相融于标志性自然景观物质载体之中。因此，黄河标志性自然景观凭借其典型的生态特质和文化特征在当前国家文化公园建设中具有触发文化认同的效应。

---

[1] 参见谢冶凤、吴必虎、张玉钧《东西方自然保护地文化特征比较研究》，《风景园林》2020年第3期。
[2] 参见吴必虎、盈斌、杨秋风《中国自然保护地体系建设：红线管控、旅游发展与文化表征》，《中国生态旅游》2022年第2期。
[3] 参见王向荣《自然与文化视野下的中国国土景观多样性》，《中国园林》2016年第9期。
[4] 参见〔澳〕史蒂文·布朗《"连接自然与文化"：西方哲学背景下的全球议题》，韩锋、程安祺译，《中国园林》2020年第10期。

（二）旅游与文化认同的研究

已有不少研究论述了旅游促进文化认同理论逻辑。[1] 在实证研究中，国内外学者关注人文景观尤其是文化遗产旅游景区如何促进旅游者文化认同的建构和维持，例如文化遗址[2]、历史纪念地[3]和非物质文化遗产[4]等，但未能看到各类旅游资源，如自然景观与民族风情等，均有可能积极地建构文化认同感[5]，自然景观也是宣扬民族、国家认同感的重要代理人[6]。与此同时，现有实证研究大多将文化认同作为一种具体的旅游情感来进行研究，广泛应用"认知—情感—意动"（cognitive-affective-conative，CAC）理论模型[7]，将其作为影响旅游者对旅游目的地整体形象、满意度、重游度的因素。针对国家文化公园旅游和文化认同的研究较多关注国家文化公园文旅

---

[1] 参见陈才、卢昌崇《认同：旅游体验研究的新视角》，《旅游学刊》2011年第3期；赵志峰、李志伟《旅游研究中的认同话题——基于CiteSpace Ⅲ的知识图谱及可视化分析》，《旅游论坛》2020年第1期；周宜君、冯耕耘《旅游促进文化自信的作用机制研究》，《三峡大学学报（人文社会科学版）》2018年第1期。

[2] 参见何金璐、艾少伟《大明宫国家考古遗址公园旅游体验对游客文化认同影响研究》，《地域研究与开发》2021年第3期；Palmer L., "An Ethnography of Englishness: Experiencing Identity through Tourism", *Annals of Tourism Research*, 2005, Vol. 32, No.1, pp. 7-27.

[3] 参见张圆刚、刘鲁《红色旅游资源地游客国家认同的影响因素与多元路径研究——基于模糊集定性比较分析》，《自然资源学报》2021年第7期。

[4] Butler G., Khoo-Lattimore C., Mura P., "Heritage Tourism in Malaysia: Fostering a Collective National Identity in an Ethnically Diverse Country", *Asia Pacific Journal of Tourism Research*, 2014, Vol. 19, No.2, pp. 199-218.

[5] 参见刘逸、李广涵、李晓娟《基于UGC评论和TSE模型的我国游客爱国情感研究》，《旅游导刊》2021年第4期。

[6] Pretes M., "Tourism and Nationalism", *Annals of Tourism Research*, 2003, Vol. 30, No.1, pp. 125-142.

[7] Agapito D., Oom Do Valle P., Da Costa Mendes J., "The Cognitive-Affective-Conative Model of Destination Image: a Confirmatory Analysis", *Journal of Travel & Tourism Marketing*, 2013, Vol. 30, No.5, pp. 471-481.

体验客体的开发规划[①]、文旅空间的生产表达[②]等,对旅游者作为国家文化公园文旅融合体验主体的观照不足,对旅游者主体文化认同的具身性内在生成机理剖析不足。

因此,本研究通过对旅游者在真实黄河自然景观旅游情境下文化认同生成的身心活动的系统性分析,对文化认同生成的基础条件、关键环节、影响因素、传导路径和作用表现等进行全面细致的概念性和范畴性界定,阐明黄河国家文化公园自然景观旅游目的地可以提供高质量文化认同体验的合理性。

二、研究方法和数据来源

(一)案例地选择

壶口瀑布以其澎湃、磅礴、激荡的形态特质和承载的民族精神、集体力量等文化内涵,被誉为"黄河之心,民族之魂",在黄河自然景观中具有较为突出的群体认可度。另外,选择黄河口生态旅游区作为另一个案例地,是因为在壶口瀑布(宜川段)调研时,很多旅游者都对"君不见黄河之水天上来,奔流到海不复回"这句诗词有着深刻的印象,会将前后两句诗的意象分别联结到壶口瀑布和黄河入海口两个景观上,由此发现这两个黄河标志性自然景观在群体中已经形成了黄河文化意象的代表性和关联性。与此同时,选

---

① 参见李月、吴贵华、冯萍《黄河流域文化产业与旅游产业耦合度测评及影响因素研究》,《福建农林大学学报(哲学社会科学版)》2021年第1期;王秀伟、白栎影《在文化旅游发展中讲好"黄河故事"》,《福建论坛(人文社会科学版)》2021年第8期。
② 参见陈波、庞亚婷《黄河国家文化公园空间生产机理及其场景表达研究》,《武汉大学学报(哲学社会科学版)》2022年第5期。

取第二案例地也是为了在前几轮编码结束后再收集一些基础数据来进一步检验理论是否饱和。

（二）研究方法

认同作为人主体行为和意义建构的一种社会心理现象，定性研究更能突出主体性。[1] 选取扎根理论研究方法，一是因为扎根理论尤其适合研究未被详细了解的现象，或者"未被充分发展的概念；即使有些概念被厘清了，但是之间的关系也没有被完全了解，或在概念发展上也尚未臻于成熟"[2]。二是因为扎根理论通常使用实地调查和深度访谈。[3] 三是因为适宜使用扎根理论的问题是微观的、以行动为导向的、过程类的问题。[4] 本研究需要解决的问题同时满足上述扎根理论的三个选择标准，厘清旅游者对自然景观的文化认同生成机制并完善目前旅游具身体验理论研究上的缺口，结合实地调研和游客访谈获取数据，关注微观旅游者个体文化认同生成路径。使用 Strauss 和 Corbin 的程序化扎根理论的数据处理程序，通过开放式编码—主轴编码—选择性编码[5]，逐渐对原始资料进行概念化、范畴化和理论化处理。

---

[1] 参见李志伟、赵志峰《现代旅游语境中的认同——基于 SSCI 文献的科学计量学方法分析》，《旅游学刊》2019 年第 7 期。

[2] Strauss A., Corbin J.：《质性研究概论》，徐宗国译，台湾巨流图书 1997 年版，第 69—70 页。

[3] Corbin J., Strauss A., *Basics of Qualitative Research: Techniques and Procedures for Developing Grounded Theory*, Thousand Oaks: Sage Publications, 2015, pp. 29, 34, 80, 163.

[4] 参见苗学玲、解佳《扎根理论在国内旅游研究中应用的反思：以旅游体验为例》，《旅游学刊》2021 年第 4 期。

[5] 参见 Strauss A., Corbin J.《质性研究概论》，徐宗国译，台湾巨流图书 1997 年版，第 69—70 页。

（三）数据来源

笔者 2022 年 7 月 25—29 日在黄河壶口瀑布旅游区（陕西省延安市宜川段）、8 月 11—13 日在黄河口生态旅游区（山东省东营市）开展实地调研，以随行纪实的体验式和参与式方法获得研究材料。在征得被访旅游者同意后，跟随游客从检票口进入离开景区的游览全程，重点记录在不同景区节点位置的语言对话、行为表现、情绪状态等。同时，主要围绕旅行方式及选择旅行目的地的原因、当下的心理活动、对黄河的认知和印象等对旅游者进行半结构式访谈。在记录访谈内容的同时尽量详细地描述记录旅游体验发生的现场情境信息。研究共获取 43 位旅游者的有效访谈信息，访谈对象信息编码见表 1。

表 1 访谈对象概况

编码	性别	年龄	客源地	职业	旅行方式	编码	性别	年龄	客源地	职业	旅行方式
黄河壶口瀑布旅游区（宜川段）										
H1	女	60后	延安	教师	夫妻	H16	女	90后	开封	大学生	朋友
H2	男	40后	昆明	农民	家庭	H17	男	70后	广州	自媒体	朋友
H3	男	90后	包头	企业职员	独自	H18	男	60后	韩城	退休	家庭
H4	女	00后	西安	初中生	家庭	H19	女	80后	厦门	企业职员	家庭
H5	男	70后	西安	公务员	朋友	H20	女	10后	厦门	小学生	家庭
H6	男	80后	西安	企业职员	朋友	H21	女	90后	西安	公务员	家庭
H7	男	50后	西安	退休	朋友	H22	女	60后	北京	公务员	朋友
H8	男	70后	西安	公务员	家庭	H23	男	80后	淄博	公务员	家庭
H9	女	10后	西安	小学生	家庭	H24	女	50后	长春	退休	夫妻
H10	女	90后	北京	大学生	朋友	H25	男	40后	西安	退休	家庭

续表

编码	性别	年龄	客源地	职业	旅行方式	编码	性别	年龄	客源地	职业	旅行方式
H11	男	00后	鄂尔多斯	高中生	家庭	H26	女	70后	西安	教师	家庭
H12	男	50后	榆林	退休	家庭	H27	男	70后	宝鸡	公务员	家庭
H13	男	70后	咸阳	公务员	家庭	H28	女	80后	上海	企业职员	家庭
H14	女	10后	香格里拉	初中生	研学	H29	男	70后	郑州	公务员	朋友
H15	女	00后	东营	大学生	跟团						
黄河口生态旅游区											
R1	女	60后	北京	退休	家庭	R8	女	10后	保定	初中生	家庭
R2	女	80后	石家庄	公务员	家庭	R9	女	00后	徐州	大学生	朋友
R3	男	70后	北京	企业职员	家庭	R10	女	80后	北京	企业职员	朋友
R4	男	60后	郑州	退休	家庭	R11	男	60后	东营	退休	朋友
R5	女	90后	济南	公务员	独自	R12	女	70后	枣庄	公务员	家庭
R6	女	50后	沈阳	退休	跟团	R13	女	70后	上海	公务员	家庭
R7	男	70后	秦皇岛	教师	家庭	R14	男	80后	烟台	企业职员	夫妻

（四）饱和检验

在实地调研过程中，资料收集和资料分析同时交替进行。在壶口瀑布旅游区（宜川段）每天完成调研访谈后立即对资料数据进行编码，不断进行比较分析。前三天采用随机抽样，后两天主要采用目的性抽样。当受访者提供的信息一再与已有样本信息重复时，即信息已达到饱和，停止继续寻找受访对象。①笔者团队一共四次进入景区，重复理论抽样扩充访谈数据，直到第四天未发现新的类属，则模型中的发展类属和类属间关系建立已经饱和。随后在黄河口生态旅游区一共两次进入景区，重复访谈收集和分析过程进行比对分析，也并未发现新的类属和类属关系，只是发现两个案例地在某些类属表现及关系强弱上的差异，因此认为理论已经饱和。

三、扎根理论分析过程

（一）开放性编码

首先进行概念化。对原始文本逐句阅读和分析，从包含旅游者体验内容的语句中提取精练化的语言，尽量使用原始的词汇或短句作为初始符码。经过两次独立性编码和多次比较、筛选、修正后，最终提取162个初步的概念。然后进行范畴化。根据研究主题进一步分析概念之间的语义属性和关系，将相关概念整合在同一类属之下，并对各类属进行抽象命名。共提炼出包括资源特征、场景气氛、感官接触、近身冲动、动作倾向、生理感受、印象比较和感知情绪等26个对应范畴，详见表2。开放性编码举例见表3。

表2 主轴编码形成的主范畴

主范畴	对应范畴	包含概念（列举）
生态特质	资源特征	黄色的水、激流涌动、陡峭、河海交汇、飞流直下、大片的芦苇荡
	场景气氛	震耳欲聋、原生态、气势磅礴、开阔、幽静、充满生机

---

① 参见潘绥铭、姚星亮、黄盈盈《论定性调查的人数问题：是"代表性"还是"代表什么"的问题——"最大差异的信息饱和法"及其方法论意义》，《社会科学研究》2010年第4期。

续表

主范畴	对应范畴	包含概念（列举）
联觉感知	感官接触	呼吸新鲜空气、一望无际、漫步、水滴溅在身上、踩在黄土上
	近身冲动	身临其境、亲身感受、近距离、亲眼所见
	动作倾向	张开双臂、鼓掌、跳跃、慢步、快走
	生理感受	热泪盈眶、心跳加速、热血沸腾、心胸开阔、身心放松
	印象比较	比我想象的要好、真的是那样、比图片里更震撼、不如视频里、感觉不一样
	感知情绪	震撼、壮观、放松、神奇、平静、舒畅（正面）；失望、遗憾、害怕（负面）
文化表征	场地表演	情景剧表演、歌曲播放、鸟类放飞表演、湿地舟游、泥滩捉蟹、VR体验
	符号混搭	标语牌、黄河大合唱、红领巾、故道遗迹、木栈道、农民造型、南泥湾
	时空重合	以前、历史、现在、此刻、将来
集体记忆激活	文化意象	母亲河、精神家园、黄河之水天上来、黄河入海流
	记忆媒介	诗词、歌曲、影片、课文、纪录片
	集体无意识	油然而生、流淌在血液中、莫名、从小就知道
群体间交互	人际互动	与同行人、与服务人员、与游客群体、与时空人群
	活动参与	合唱、背古诗词、看表演、坐游船、喂食大雁、骑驴拍照
心理距离	旅行动机	特意来、顺便看看、临时决定、过来打卡
	游览线路	跨省自驾游线路、临近选择、延安一日游安排、省内游
	年龄认知	刚学过课文、听过歌曲、熟悉革命历史、了解延安
	生活经历	来自兰州/河南/东营、曾经到过其他黄河景区、家里人与黄河有关
情感向度	情境情感	激动、难忘、亲切、感动、尊重、自豪、归属、浪漫、怀旧、希望
	身份归属	中国人、共产党、我们家里、我们这代人、祖国、中华民族

续表

主范畴	对应范畴	包含概念（列举）
认知内容	知识充实	陕北民俗、延安红色、鸟类科普、黄河自然知识、湿地生态
认知内容	旅游意愿	再来看看、到其他黄河景区看看、走读中国、多接近大自然
行为选择	仪式动作	装一瓶黄河水、一块儿歌唱、拍家庭合影、跟母亲吿别
行为选择	行动承诺	精神弘扬、教给孩子、记忆传承、敬畏自然、人与动物和谐相处

表3　开放性编码示例

原始语句	概念化	范畴化
现场看更直观震撼，黄河流水的力量感和从电视上看感受完全不一样	震撼	感知情绪
和大自然亲密接触让自己很放松，释放压力	放松	感知情绪
一望无际的湿地，原生态超赞，在这慢悠悠地走一圈，感觉身心舒畅	舒畅	感知情绪
真正看到昏黄的黄河水和墨绿色的海水的交界，感觉大自然造物真的很神奇	神奇	感知情绪
坐着小船在芦苇荡里穿行，听着船上播放的小曲儿，我放空自己，内心很平静	平静	感知情绪
现场看到的实景比视频里看到的差太多了，总之对这个景区挺失望的	失望	感知情绪
交汇处风浪很大，船左右摇摆得很厉害，挺害怕的	害怕	感知情绪
开了6个多小时的车过来就为了看交汇线，结果今天不开船，没看到太遗憾了	遗憾	感知情绪
万里黄河从青藏高原奔流而来，在这里河海相拥交汇，我觉得太浪漫了	浪漫	情境情感
因为以前在大学参加过《黄河大合唱》，今天身临其境还是很亲切的	亲切	情境情感
听着两岸的《黄河大合唱》，看着这奔腾的黄河水，我的心情其实是挺激动的	激动	情境情感

续表

原始语句	概念化	范畴化
看着周围白发苍苍甚至拄着拐杖、坐轮椅来的老人，还有怀里抱着孩子来的人，大家都是来看一眼母亲河，我觉得这个场景让我很感动	感动	情境情感
我们应该尊重这些经济落后地区每一个靠自己劳动致富的工作人员	尊重	
在旅行中为孩子的成长经历中多创造一些难忘的家庭回忆	难忘	
虽然年青一代了解革命历史的少，但还是希望他们能够传承中华民族不屈的斗争精神	希望	

（二）主轴编码

在该阶段，回归原始资料依据因果关系、并列关系、情境关系、类型关系等，反复梳理比较并建立开放性编码中初始范畴之间的有机关联，对独立的范畴进行进一步聚类，归纳出更简练的体现研究主题的主范畴。最终将 26 个初始范畴凝练为黄河标志性自然景观旅游者具身文化认同生成机制的 9 项主范畴，分别为生态特质、联觉感知、文化表征、集体记忆激活、群体间交互、心理距离、情感向度、认知内容和行为选择。各主范畴与初始范畴的逻辑关系以及各范畴关系内涵的主轴编码过程见表 3。

（三）选择性编码

选择性编码是对主范畴更高层级的抽象和整合，主要分析主范畴之间的关系，发展能概括全部现象的故事线，并通过不断对比分析，挖掘能统领所有概念或范畴的核心范畴。① 根据主范畴的基本含义识别其中存在的典型逻

---

① 参见吴毅、吴刚、马颂歌《扎根理论的起源、流派与应用方法述评——基于工作场所学习的案例分析》，《远程教育杂志》2016 年第 3 期。

辑关系结构如图1。以此为基础，发展串联并描述旅游者在黄河标志性自然景观具身文化认同生成的故事线，即自然景观的生态特质激活联觉感知是旅游者对自然景观的文化认同生成的基础环节，而自然景观的文化表征通过激活集体记忆和群体间交互达到深化拓展文化认同生成的作用。总的来说，黄河标志性自然景观的生态特质和文化表征联合激活旅游者联觉感知、集体记忆激活和群体间交互，最终作用于旅游者情感向度、认知内容和行为选择的文化认同生成表现。与此同时，心理距离的差异使得旅游者个体间存在着文化认同生成表现上的不同。综上所述，通过对9个主范畴之间关系的不断对比、验证和整合，并根据上述故事线，本研究将"旅游者对自然景观的文化认同生成"作为核心范畴。

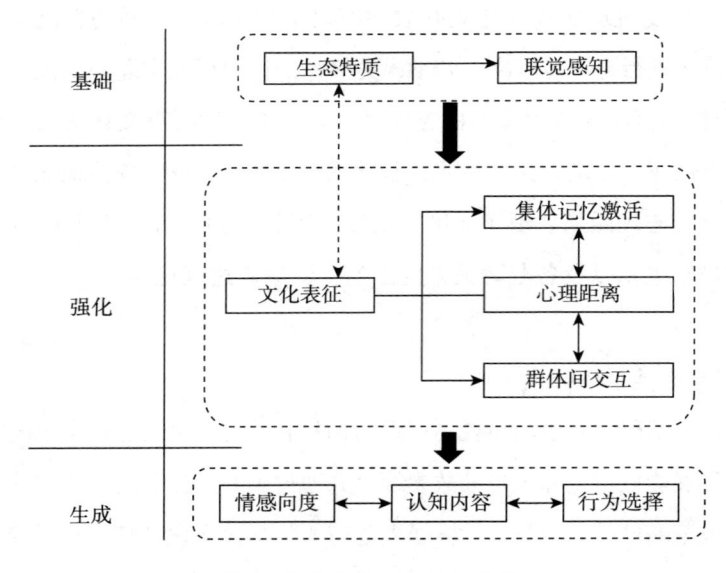

图1 主范畴的典型关系结构

（四）模型建构与讨论

围绕核心范畴和故事线，构建旅游者对自然景观的文化认同生成机制模型如图 2 所示。

1. 基础条件

文化动态建构理论认为，对一个人已获得的文化观念提取和启动，需要依靠情境中具有典型性代表意义的文化符码①，文化符码的提示足以刺激个体从心理状态中提取文化意义，进而影响到个体的认知、情绪和行为。本研究借鉴文化动态建构论的观点，认为黄河标志性自然景观所呈现的生态特质和文化表征是启动旅游者在场具身文化认同的基础条件。前者发挥主要作用，后者发挥间接作用。

（1）生态特质

景区中由多个景观点位组成，尤其是那些视觉形态特征鲜明的景观在旅

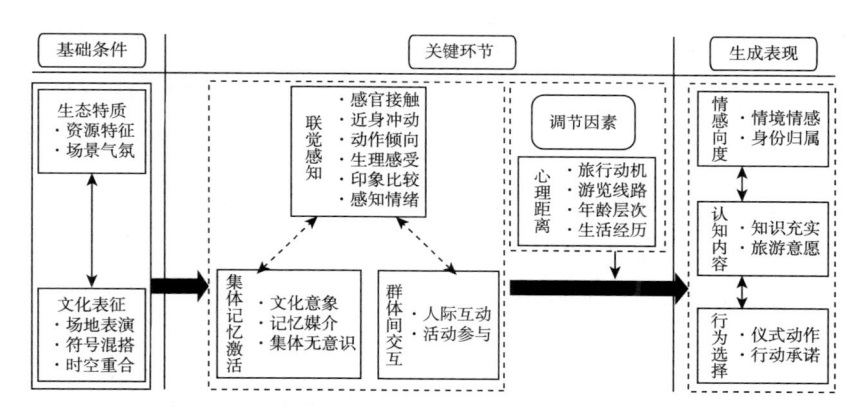

图 2 旅游者对自然景观的文化认同生成机制模型

---

① Morris M. W., Chiu C., Liu Z., "Polyc Ultural Psychology", *Annual Review of Psychology*, 2015, Vol. 66, No. 24, pp. 1-24.

游体验活动中对游客有明显的刺激性、指向性、唤醒性和聚集性，吸引旅游者最强烈的注意力。无论是壶口瀑布（宜川段）还是黄河口景区，游客造访的主要吸引力在于其标志性的"瀑布"和"河海交汇线"。与此同时，黄河不同形态景观自身的生态特质在很大程度上直接决定了旅游者的感知基调。壶口瀑布奔腾的水流和震耳欲聋的声音，黄河口葱郁的芦苇荡上空盘旋着飞翔的大雁，不同的声景元素的结合塑造了两个景区截然不同的场景气氛，直接决定了旅游者不同的情景交融体验。

（2）文化表征

黄河文化在当前壶口瀑布（宜川段）和黄河口景区中主要通过游览线路的设计、旅游景观的设置、文化活动的展演、商业模式的导入等进行符号化重组共现。旅游者对于旅游景区特殊性的识别、感知以及印象深刻的场景，通常都具有较强的符号性。"黄河之水天上来""黄河大合唱""黄河入海流"等是壶口瀑布（宜川段）和入海口景观认同的重要文化符号。同时，旅游者借由文化符号表征建立在实际情境上对景观的理解和对旅游目的地感知的强化。"我听着两岸的《黄河大合唱》，看着南泥湾情景剧，甚至看到旁边这些老农民，我觉得这里是很明显体现中国革命历史的场景。"（H19）文化表征联结黄河自然景观的文化属性和旅游者的文旅体验，也联结群体性文化记忆共识和旅游者差异性的文化认同表现。

2. 关键环节

（1）联觉感知

联觉（synesthesia）是指当个体受到来自一种感觉通道的刺激时会同时自动体验到另外一种感觉的心理现象。① 黄河标志性自然景观鲜明的生态

---

① 参见何静《生成的主体间性：一种参与式的意义建构进路》，《哲学动态》2017年第2期。

特征与旅游者的通感相互交织,壶口瀑布澎湃的水流、激荡的水声、险峻的崖壁带给旅游者"心跳加速""热血沸腾""激动"的生理感受,黄河口宽阔的水面、摇曳的芦苇荡、一望无际的原生态湿地环境带给旅游者"心胸开阔""身心放松"的生理感受,从而引发了"加快脚步""张开双臂""慢游""走慢点"和"震撼""壮观""平静""舒畅"等不同的动作倾向和感知情绪。

环境心理学主张当人在一定环境中时,环境会直接作用于人的情感[①],有形的环境因素相对于无形的文化氛围因素,对游客感知的唤起具有更强的刺激作用[②]。在景区内旅游者总想靠近最佳景观点来获得最优的体验。"坐船行进在黄河水中,这么近距离地接触黄河让我很兴奋"(R2);"当我站在瀑布旁边,这种壮观的感觉非常震撼"(H18)。当旅游者与外部旅游环境深度融合,情绪的产生是通过视觉、听觉、触觉等感官刺激直接作用于心理感知,"奔腾的黄河水一下子把我的激情点燃,我真的都有点热泪盈眶了"(H17)。这类基础情绪的产生往往是即刻的、无须转化的,而且在人群中有很高的同质性。

(2)集体记忆激活

历史文化记忆将一个民族或国家历史沿革中的核心文化价值在代际间传递,并基于现实需求不断补充、重构,为不同时代人们认知和理解世界提供文化解释、象征体系和意义支撑[③],因此具备了塑造集体意识和认同趋

---

① Mehrabian A., Russell J. A., *An Approach to Environmental Psychology*, Cambridge: The MIT Press, 1974, pp. 29.
② 参见牛璟祺、刘静艳《具身感知情境下的游客环境责任行为意向——敬畏感与预期自觉情绪的唤起》,《旅游学刊》2022 年第 5 期。
③ 参见左路平、吴学琴《论文化记忆与文化自信》,《思想教育研究》2017 年第 11 期。

向的心理建构功能。阿斯曼（Assmann）认为，地点可以超越集体遗忘的时段来证明和保存一个记忆。①黄河标志性自然景观形象或者说物理特征的稳定使得黄河文化价值和意义有了可视、可听、可感的景观载体，不仅实现了同一时代文化记忆的横向传播，也完成了中华文明几千年发展中代际集体记忆的纵向传承，最终黄河自然景观被建构为保存和展示中华民族集体记忆的场所。

无论是"君不见黄河之水天上来，奔流到海不复回""白日依山尽，黄河入海流"等诗词，还是"黄河在咆哮……保卫黄河"——《黄河大合唱》对黄河景色的咏赋，还是初中课文《壶口瀑布》中的描写、电影《黄河绝恋》的镜头刻画，文化生产将黄河自然景观转化为凝聚着历史记忆、时代烙印的文化符号，形成了不同年龄层次的旅游者群体认可度较高的黄河文化意象群。因此，置身其中的旅游者无意识的心理活动、不自觉的认知和不经意的体验，将个体和其所处的文化共同体联系在一起。"到了母亲河，我的爱国情感是油然而生的，我觉得这是在我血液里面流淌的，没有原因，每个中国人都会有的吧。"（H29）

（3）群体间交互

旅游者之间具身互动形式体现在梅洛-庞蒂提出的"身体间性"，即人与人之间具有相同的身体结构和感知系统，在同一个旅游场景中的旅游者之间基于当下身体的感同身受，双方通过情绪感染、情绪共鸣以及身体姿势、面部表情和语音语调等方面动态交互②，将"我的"感受、体验变

---

① 参见［德］阿莱达·阿斯曼《回忆空间：文化记忆的形式和变迁》，潘璐译，北京大学出版社 2016 年版，第 13 页。
② 参见黄希庭《心理学导论》，人民教育出版社 2007 年版，第 293 页。

成了"你的"感受、体验，完成了双方的、交互的、参与式的旅游体验构建。《黄河大合唱》响起的时候，我爸爸和我，还有我孩子，我们都在跟着唱，对这个歌曲我们是没有年龄代沟的。"（H26）在实地调研中发现，很少有游客会选择独自出行，与朋友、家人结伴旅行在两个景区较为普遍。因此，在景区内旅游者群体选择采取不同的体验活动，"与谁如何同游"是影响旅游体验和创造旅游高光时刻的重要组成部分。"我们几个朋友一起在瀑布底下淋黄河水，浑身都湿透了，成年后好像很少有这样一起尽情开心的时刻。"（H6）

3. 调节因素

本研究采取心理距离来解释在同样的文旅场景中旅游者个体所产生的文化认同体验的差异表现。心理距离是个体感知到某事物与自己距离远近的一种主观体验，如果将自己此时、此地、确定的个体直接经验作为原点，那么任何非直接经验和自己心理上都是有距离的；时间距离、空间距离、概率距离和社会距离等都会影响外界事物与我们之间心理距离的产生。[1] 在此概念基础上，调节旅游者对黄河标志性景观的文化认同表现形式以及所能达到的程度的心理距离因素，主要包括旅行动机、游览线路、年龄层次和生活经历等。

例如旅行动机上，那些"特意来""专程来看看"的游客比那些"临时决定""顺便来"的游客有更强的目的地认同感和期待感，在场的体验如果符合他们的游前景观想象，会产生更为强烈的认同感。"我妈妈专程带我来

---

[1] Liberman N., Trope Y., Mccrea S. M., et al. , "The Effect of Level of Construal on the Temporal Distance of Activity Enactment", *Journal of Experimental Social Psychology*, 2007, Vol. 43, No.1, pp. 143-149.

看看课文里壶口瀑布的样子，亲眼看着感觉更壮观"（H4）；反之，也会产生更明显的负面情绪，"我们从北京开了6个多小时的车来看黄河入海的奇观，结果今天船不开无法去看交汇线，只看了半天的芦苇荡，很没意思，这趟来得太不值了"（R3）。旅游者生活经历中与黄河的因缘际会会缩短与黄河的心理距离，在景区内会有更直接的情感认同。来自河南、兰州、东营和包头等黄河流经地方的游客会对黄河有天然的情感上的亲切感，"我原来小时候住的房子就在包头的黄河边，开窗就看得到，对黄河还是很亲切的"（H3）；"我年轻的时候在兰州工作了40多年，半辈子都和黄河打交道，对黄河的感情很深"（H25）。

4. 生成表现

旅游者在知觉、情感、想象力和记忆等多重心理活动下构建其文化认同，生理感受、情绪激活、认知评估和行为倾向是完整的具身文化认同生成机制的组成部分。旅游者对自然景观的文化认同具体表现在认知内容的扩充、情感向度的丰富以及行为选择的多元等方面。

（1）认知内容扩充

在壶口瀑布，旅游者可以明显地感觉到景区所营造的红色文化、陕北民俗文化；而到了黄河口，大面积的原生态环境提供更多的是湿地生态变迁、鸟类科普等自然知识。"孩子来入海口这一趟，看了灰雁的放飞，坐船到交汇线看到黄河注入渤海，这种亲身体验后学到的知识他很难忘，你要是让他从书上看他可能记不住。"（R3）已经有研究证明了亲身体验的记忆比纯粹精神性、观念性的语义记忆要深刻持久，因此旅游中身心"知情一体"的体验会扩充强化文化认同中知识性内容的习得。

（2）情感向度丰富

旅游者基于自身的体验不断丰富已有的情感向度，既有历史的追忆，也有当下的思考和对未来的期冀。具体来说，从黄河"母亲河"意象所承载的集体文化心理、爱国情怀、族群意识，扩大为对孩子的希望——"旅游也是带着孩子走读中国，希望他可以更好地感悟祖国的大好河山"（H8），家庭的期待——"旅行为我们创造了更多的家庭回忆"（R1），自然的敬畏——"对大自然的力量我们还是要有敬畏心"（R9），旅游目的地的关怀——"旅游发展政策更应该支援这些偏远的旅游景区，让这样重要的地方发展建设好"（H1）等，进而也将旅游前黄河意象扩大为一个关于个人、家庭以及群体的心理产物。

（3）行为选择多元

在壶口瀑布，游客会有更多样的仪式性的动作。例如戴着红领巾来的小学生会在瀑布前合影时敬少先队队礼；一个白发苍苍拄着拐杖的老人在临走前对着黄河挥手告别；一群年轻人在看到研学旅行团的孩子合唱《黄河大合唱》气势不够时，激情昂扬、振臂挥舞地加入他们的合唱中，吸引了全场很多游客的驻足。旅游者通过各自差异化的仪式行为增强对黄河的熟悉感、参与感和关联感，将景观客体逐渐转化为与"我的"身体认知、情感的一部分，这种"我的"的心理状态会让旅游者产生对目标物的心理所有权[1]，从"我的"旅行体验中构建对黄河文化新的认同。"以前看宣传片我很想到入海口这边看看，现在我真的来过了，感觉非常不一样。以后在电视里再看到，我可以跟别人说我也来过，我觉得很值得炫耀。"（R14）

---

[1] 参见徐宁宁、郭英之、柳红波《文化认同对游客环境责任行为的影响：一个链式中介模型》，《干旱区资源于环境》2021年第8期。

四、结论与讨论

（一）结论

本文扎根于黄河国家文化公园标志性自然景观旅游情景，探讨了旅游者"身—心—境"一体的文化认同体验过程，构建了旅游者对自然景观的文化认同生成机制的理论模型，由此引出如下结论。

第一，"身临其境"完成了对自然景观文化认同的具身转换。旅游者的具身体验使得个体记忆、情感、认知等认同心理与景观的联结性逐渐增强，由此将文化认同生成的载体从对客体的记忆转向临场的自身。这种从"我知道""我听说过"到"我到了""我来过"的具身转换过程，在自然景观的文化认同生成中发挥着重要作用。

第二，认知并不一定是旅游者对自然景观生成文化认同的必要中介要素。在壶口瀑布（宜川段）和黄河口两个案例地，由于两个自然景观在其文化属性上的差异，旅游者在具身文化认同生成的环节上有较大的差异表现。在黄河口景区，主要是自然景观生态特征启动联觉感知，这也是旅游者对自然景观的文化认同生成的基础路径。具体来说，由于缺乏旅游情境中建筑、文字和图片等认知性信息的提供，旅游者在自然生态环境中意识、情感的产生是以身体感官为中介的，或者说，景观的生态特质会直接作用于个体的感官刺激并间接影响心理活动。而在壶口瀑布（宜川段），由于在历史发展过程中被赋予了更多的文化内涵以及景区内文旅体验项目的提供，使其叠加了显著的文化表征，因此除了生态特征启动联觉感知的基础环节外，呈现更多的文化表征启动集体记忆激活和群体间交互的强化环节。

第三，黄河国家文化公园标志性自然景观可以提供高质量文化认同体验。地标意义景观的原址原真性承载的场所基因① 对于承续地方文脉和历史记忆有着不可替代的价值。标志性的黄河自然景观不仅展现了黄河典型的生态特征，也在人与黄河的互动发展中承载了不同时期的特定事件，成为烙印了黄河文化演进历程并具有人文意义和家国情怀的历史场景。② 黄河国家文化公园标志性自然景观是黄河生态流域和中华民族文化圈的联结点，当前置身于标志性自然景观文旅场景内，不单是与自然景观物质性客体的对话，更通过与历史和未来对话来构建新的集体文化记忆，传承黄河文化所承载的国家文化认同。

（二）讨论

在本文研究基础上，未来相关研究仍然需要在以下视角中持续进行探究。

第一，通过壶口瀑布（宜川段）和黄河口两个景区的实证调研，已经发现了旅游者在两处景观中文化认同程度上明显的不同。旅游者在对黄河国家文化公园不同区段节点的游览造访中，在增强对每个独立标志性景观形象认知的同时，如何在差异化点位形象的基础上形成形象叠加③，进而产生对于"一条大河"文化意象的认同，需要更多的实证研究来推进旅游者对黄河国家文化公园文化认同的细化研究。

第二，旅游在场体验所带来的认知和情感是短暂的、强烈的，尤其是情感的生成与旅游体验的即刻刺激相关，那是否所产生的认同也是暂时性的？

---

① 参见汪芳、吕舟、张兵等《迁移中的记忆与乡愁：城乡记忆的演变机制和空间逻辑》，《地理研究》2017年第1期。
② 参见吴必虎、王梦婷《遗产活化、原址价值与呈现方式》，《旅游学刊》2018年第9期。
③ 参见杨振之、陈谨《"形象遮蔽"与"形象叠加"的理论与实证研究》，《旅游学刊》2003年第3期。

是否能在离开旅游场景后可持续地发挥积极作用？旅游者在场产生的文化认同在离开旅游场景后的效果应如何评价或者追踪？这些问题需要后续更多综合性的研究方法来深入探讨。

(原载《旅游学刊》2023年第1期)